花开有声

——襄城实验小学教育文集

主　编:张德兰

副主编:马　勇　焦　莉　吴　平

编　委:吴厚珍　徐永红　李运梅

　　　　刘晓云　邱晓莉　梁玉梅

　　　　刘湘丽

世界图书出版公司

广州·上海·西安·北京

图书在版编目（CIP）数据

花开有声——襄城实验小学教育文集 / 张德兰主编．
-- 广州：世界图书出版广东有限公司，2014.6
ISBN 978-7-5100-8012-8

Ⅰ．①花…　Ⅱ．①张…　Ⅲ．①小学教育－文集　Ⅳ．
① G62-53

中国版本图书馆 CIP 数据核字 (2014) 第 117806 号

花开有声——襄城实验小学教育文集

策划编辑： 李　平

责任编辑： 廖才高　　王梦洁

封面设计： 谷风工作室

出版发行： 世界图书出版广东有限公司

地　　址： 广州市新港西路大江冲 25 号

电　　话： 020-84459702

印　　刷： 虎彩印艺股份有限公司

规　　格： 787mm×1092mm　1/16

印　　张： 20

字　　数： 280 千字

版　　次： 2014 年 6 月第 1 版　2014 年 10 月第 2 次印刷

ISBN　978-7-5100-8012-8/G・1632

定　　价： 39.00 元

作者简介

【主编简介】

张德兰,女,中国西部教育顾问,全国创新型校长,全国百强校长,襄阳市十大教育人物。特级教师,湖北名师,中学高级教师。现任襄阳市荆州街小学校长。她是全市第一个获小学语文全国优质课一等奖的教师;她是全市第一个一次性带出13名省级骨干教师的校长,她是全市第一个人人争创"燃烧课堂"的激情团队的领头人,她曾连续五届辅导青年教师获全市小学语文优质课大赛一等奖;她是第一个获湖北名师称号的市区教师。2004年9月,全国政协主席、原湖北省委书记俞正声亲自为她颁布发湖北名师奖牌。

【副主编简介】

马勇,湖北襄阳人,华中师范大学教育博士,在湖北省普通教育干部培训中心工作,一直从事基础教育校长培训工作。参与教育部哲学社会学研究重大课题攻关项目"全面加强学校德育体系建设研究",及湖北省教育厅"十二五"重点课题"健康课堂"研究等多个重点课题研究。

焦莉,中学高级教师,襄阳市荆州街小学副校长,湖北省特级教师,湖北省首批骨干教师,隆中名师。

在20多年的教育教学中,她视教育科研为乐趣,勤耕耘,善总结,撰写的60多篇教学论文、设计,在国家、省、市级刊物发表或获奖。

吴平，小学高级教师，襄阳市荆州街小学副校长，隆中名师。

教坛耕耘20多年，她形成了灵动活泼，情意浓浓的语文课堂风格。优质课在全国获奖，在全市比教学活动中获小学语文第一名。撰写的50多篇教学论文、设计，在国家、省、市级刊物发表或获奖。

▶序一

华中科技大学 于海琴

如何在教师漫长的职业生涯中不断注入成长动力，促进教师的专业成长，是我国教育界关注的热点问题。

襄城实验小学以楹联教育为抓手，促进教师专业发展、探索特色学校建设，做出了卓有成效的成就，培养湖北名师 2 名，特级教师 5 名，隆中名师 10 名，省级骨干 13 名，市级骨干 30 多名……这本集子记载了全校教师在发展与成长中的故事、心得，是该校教育行动研究的成果。在该书付梓之际，我作为学校发展壮大的见证者、研究者，分享一点这本集子背后的故事，谈谈对襄城实验小学教师专业化队伍建设经验的认识。

与德兰校长相识于我 2010—2011 年在襄阳教育界的挂职经历。在长达一年多的实地考察、座谈、促膝长谈中，我一次次被德兰校长的激情感染，被她的教育理想唤醒，更被她的执着精神所折服。从惊讶到钦佩再到合作，在德兰校长的世界里，我找到了理论研究与实践工作接轨的"结点"。此后，我推荐了华中科技大学教育科学研究院专家团队先后数次到襄指导工作，经过质询、解读、碰撞、规划等等深度接触，在学校发展目标、发展思路上取得共识，其后的三年历程，我们亲眼见证了她的学校是如何起帆、远航的。如今，学校特色建设已经走上新的台阶，教师的专业化素质不断得到提升，最卓有成效的是克服了教师职业倦怠的难题。德兰校长带领的实验小学教师们激情饱满、奋进诗性，以一种别样的生命感受叙说着对生活的热爱，对教育的热情。回想这些年来的经历，在与焦莉校长、吴平校长、骨干和青年教师的接触中，印象最深的就是他们的变化与成长，每隔一段时间就能听到他们的新故事、新感悟、新发现。在讲述、蹙眉、写作中，我发现，他们不再疲惫、他们更有耐心、更有信心，头脑更清醒了，因此，我认为本书是教师专业发展的途径与成果的写实记录。

此外我想谈谈，他们的"成功之道"——教育叙事，在教师专业化成长中的意义。

教育是用一个心灵感染另一个心灵的过程，然而长期以来，这种情感、思想的交流碰撞却被隐藏在功利的教育目标之下，师生之间相互"物"化，因此教师难得以一种"人"的方式实践教育过程，而教育叙事研究打开了这一缺口。语言、叙事，编织出了一个精神的、文化的世界，因此，叙事表达的不单只是故事，建构着人们的心理和现实，更是生命历程的隐喻。一套话语的表达，隐含着一种情愫、一个观点、一缕信念，记载着一段经历、一个故事、一种关系，借助于教育叙事，教师们"活"起来。

教育叙事研究是以叙事的方式开展的教育研究。它是研究者（主要是教师）通过对有意义的校园生活、教育教学事件、教育教学实践经验的描述与分析，从而发掘或揭示内隐于这些生活、事件、经验和行为背后的教育思想、教育理论和教育信念，建构教师自己对教育的理解、教育的规律和价值意义。

1. 它的最大意义恐怕就在于真正能使教师成为"研究的主体",使教师人人都可参与教育研究,使教师有话可说,有事可写,使教育研究从专家手里回到教师手里,从神秘走向世俗,从根本上解决长期以来教育研究与教育行动分离,教育理论与教育实践脱节的状况。教师这个长期以来消极被动的"教书匠"形象便彻底改变,代之以积极、主动的新形象和新角色。

2. 教育叙事研究是一种事实性、情境性、过程性的研究,是从自然教育情境出发所进行的研究,这种研究的显著特征在于"实",是教师在教育活动中对实事、实情、实境和实际过程所作的记录、观察和探究,从而可能获得对事实或事件的亲历性解释,因此才有可能在教师的工作实践中真正执行下去,而不是外来的"植入"的理论。

3. 教育叙事研究的根本特征在于反思。教师在叙事中反思,在反思中深化对问题或事件的认识。在反思中提升原有的经验,在反思中修正行动计划,在反思中探寻事件或行为背后所隐含的意义、理念和思想。离开了反思,叙事研究就会变成为简单的叙述,从而失去它的研究价值。

德兰校长长期将教育叙事研究与特色学校建设、教师专业成长紧密结合,定期召开教师叙事的经验交流,这些看似平常的叙说,调动着教师的主动性——必须要用心,成就了教师的真实性——实践自己的理论,促进了教师的反思性——不断发现与进步。

"上帝的小花",是德兰校长的网名,我觉得这个名字非常贴合她和她的学校:一个名不见经传的小学,却在叙说着传奇的故事。

2013 年 11 月 18 日晚于喻家山

▶序二

张德兰

　　这是一部襄城实验小学教师的成长史。

　　这是襄城实验小学师生的精神史。

　　这是襄城实验小学教育的发展史。

　　当我用了整整一周的时间读完老师们用心血凝成的叙事,反思时,我深深地震撼了。感动如潮水一般涌来,溢满了我的胸膛。

　　这些生活在我身边的可爱的同事们,他们的微笑是那么熟悉而亲切,他们的平凡成就了襄城实验小学教育的辉煌,从这些真挚而热切的叙事与反思中,我被他们的道德境界所震撼,为他们的教育良知所折服,为他们的教育智慧所倾倒。我品味着他们的语言,思索着他们的困惑,体会着他们的心境。我的心从来没有像今天这样和他们这么近,一幅幅画面像放电影一般在脑海中浮现,他们微笑着向我走来,身后有了光一样,熠熠生辉：

　　李运梅满头大汗地带着孩子打扫卫生，

　　张慧老师把微笑当成最好的化妆品，

　　焦莉老师巧将错误化成美，

　　吴厚珍老师的爱叫放手，

　　刘晓云老师，吴平老师……

　　这些名师用高尚的师德，巧妙的育人艺术演绎着"德为人师，行为世范"。

　　韩凤老师为了孩子与家长沟通时的潜然泪下让我泪流满面，

　　田华老师巧妙的班级管理智慧令我拍案叫绝，

　　陈丽老师执着于传统文化的痴情让我感慨万千，

　　王萍老师，梁玉梅老师……

　　这些 80 后的老师，年轻的肩上承载着沉甸甸的爱与责任。

　　"咱二班那些事"，

　　"闪光的发现"，

　　"儿歌伴我成长"，

　　"孩子呀，你就是我的儿子"，

　　杨丹老师 ，郑亚莉老师，邱俊老师……

　　这些 90 后年轻老师的真情告白，那么骄傲那么自豪地诉说着自己和孩子们的共同成长。

　　桩桩教育故事，充满人性的温情；篇篇教学反思，留下探索的足迹；件件育人案例，闪耀着智慧的光辉。细细致致，点点滴滴，琐琐碎碎，拳拳心，切切情，裹挟着巨大的力量扫向我，包围我，燃烧我。

　　我亲爱的老师们啊！我彻底而深刻地理解了他们对孩子的爱，对事业的爱，没有惊天动地，没有豪言壮语。他们的微笑，叹息，责备，惋惜，泪水；

他们的抚摸,拥抱,牵手,放手,呵护;他们的着急,心疼,激动,宽慰;他们的鼓励,注视,远望,守护,他们所有的表情,所有的动作,所有的心情,所有的愿望都为学生绽放。

有一天,他们会老去,当他们微笑着回顾这一切时,相信他们一定会无悔于这段经历,无悔于这精彩的人生。

夜已静,人未央,心潮起伏,写下这段文字。

目 录

教学感悟:

教育随笔：

师生关系:

第一部分

管理智慧

班主任工作不仅是一项事业，更是一门艺术。

它需要班主任有织女般的细心，用一针一线绣出锦绣华章；它还需要班主任有铁匠般的韧劲，一招一式彰显力度；它更需要班主任有玉匠般的恒心，切磋琢磨尽显章法。

襄城实验小学的校园中，就有这样一群可爱的班主任：

他们，热爱自己的学生，了解自己的学生，时刻把学生放在心上，体察学生的内心世界，关注学生的健康发展，与学生建立和谐、民主的师生关系，用尊重和信任为学生撑起了一片五彩的天空。

他们，用自己的真实经历记录着学生成长的点点滴滴，享受着属于自己的简单而平凡的幸福——那，是用自己的心血和汗水换回的一枚枚果实，是用自己的真情和执著赢来的一片片温馨。

▶让教育与阳光一起飞扬

邱　俊

题记:让我们多给孩子们一点温暖,用我们的爱心"温暖"千千万万我们的学生,把温暖洒向每一位学生的心田,实现教育与阳光一起飞扬的美丽梦想。

前几天,有幸阅读了陈震老师著的《做温暖的教育者》一书。初读,耳目一新,直觉春风拂面,欲罢不能。再读,让我领略到一种情绪和谐的欣然,感受到精神的愉悦和意识的充盈丰满。

"温暖的教育者"是一个充满爱心的人,"以爱满天下之爱心爱自己的学生";"温暖的教育者"是一个充满真心的人,以陶行知先生的"千教万教教人求真,千学万学学做真人"为己任;"温暖的教育者"是一个充满公心的人,做到公平、公正、公开;"温暖的教育者"还是一个充满智慧的人,有着乐于助人、善解人意、巧于疏导的教育机制。陈震先生的"爱心、真心、公心和慧心"给我们每一位教育工作者构筑出追求温暖教育的最高境界。

联想到我校上学期开展的"雅行教育",教师的雅行之一要求做到尊重学生、爱护学生,把温暖洒向每一位学生的心田。这不正是陈震老师所说的"爱心"和"公心"吗?

回归现实,扪心自问:面对性格各异的学生,我们能始终保持爱心吗?面对成绩不同的学生,我们能始终保持公心吗?如何能让教育始终与阳光一起飞扬,始终保有阳光般的温暖?

工作十余年来,我由先前教育中的"冷冰冰",把"学生"当作要"加工"的机器,逐步做到把学生本身作为教育的出发点和归宿,给予学生一份自然、纯净,让一个个儿童"性本善"的心灵充满爱,从中也感受到了一丝温暖。

我班有一个极调皮的孩子,上课时调皮捣乱,扰乱课堂纪律,影响整个班的班风班貌,课后疯疯打打,不团结同学,回家后不写作业,经常空本子交上来,连续几学期期末考试成绩很差。对于这样一个学生,我真是头痛不已,曾几何时,真想甩包袱似的一下子把他赶出去,管他有没有学上,管他给家长增添了多少麻烦。于是今年开学初,我就严肃地建议家长给他换个环境,实则让他转学,以图这学期的轻松自在。可是,看着家长无可奈何带着乞求的神情,想着张校长说的"挺可怜的一个孩子,教育他,不也是自己教育生涯的一种尝试和探索吗?"想想也是,他是家里唯一的孩子,也是家里唯一的希望和寄托呀!虽然性格怪戾,成绩极差,难道我不能给他多一点爱吗?难道我不能对他和其他学生一样保持公心吗?教育学生难道就只这样遇到困难就退缩、打退堂鼓甩包袱吗?试试给他多一点温暖、多一点爱心和公心吧,我相信,再冰冷的心也会融化,再调皮的学生也能教好。

孩子再次走进课堂已是开学一周后。前一天下午第三节课,我专门在班上召开了"爱心帮助同学"的主题班会,号召全班学生都来从学习上、生活中帮助他,让他尽快融入到班集体这个大家庭。第二天,他来了,没有歧视、没有嘲笑,他安静地坐在位置上,按时完成了作业,就像班里其他孩子一样,特殊的是我多了对他的鼓励,特殊的是他向同学请教问题,有人乐意给他讲了。一天、两天过去了,虽然他不时在上课坐不住了,下课又打人了,但我总是克制住自己,时刻保持阳光般的温暖,因为我知道,我的每一份关怀每一句鼓励,都无异于一缕春风、一片阳光、一束鲜花,所有的一切都是温暖。虽然现在这个孩子仍然落后,但他会微笑着喊"老师好!"会勤快地帮老师搬凳子了……这些变化,不正是一条通向成功的阳光之路吗?

感受着春日温暖,让我们也多给孩子们一点温暖,用我们的爱心"温暖"千千万万我们的学生,实现我们的教育与阳光一起飞扬着美丽梦想。

▶沉默的男孩说话了

邱　俊

题记:每个孩子都有一把心锁,要紧的不是要用多大的力量去撬开它,而是要用有效的方式去了解它,研究它。

今年刚开始,我班转来了一位男生小军,他矮矮的个子,是由妈妈陪同来报名的,看见老师也不打招呼,只默然地站在那儿一动不动。妈妈叫他喊老师,他也没反应。当时我想,可能我是新老师,孩子不熟悉,不好意思。临走时,妈妈让他与我再见,孩子还是一言不发。当时,我出于十几年教师的职业敏感,意识到孩子可能有些心理问题,于是决定开学后详细了解他的情况。

我先向家长了解情况。孩子妈妈说,小军这孩子非常内向,在幼儿园时从不与老师交流,上课从不举手发言,动作缓慢,写的字像蚯蚓爬似的,但是很少出错。孩子妈妈又说，由于性格不合，和孩子爸爸很早就离婚了，平时工作较忙，也很少与孩子交流。噢，原来小军是一个单亲家庭成长的孩子呀。

开学没几天，我主动与小军聊天，小军显得十分焦虑、紧张。我和蔼地对他说："小军，不用怕，老师只想和你交朋友，你愿意吗？"他面无表情，沉默不语。我又说："你可以暂时不回答我，也可以用点头或摇头表示你愿不愿意，表示好了就回教室，好吗？"他点了点头，转身回到教室。根据小军的表现，我认为小军有社交功能障碍，而不是语言障碍，智力发育也无异常。

为了帮助小军融入同学中间，享受学校生活的快乐，我决定从以下几个方面入手来帮助他。

首先与家长及时沟通，请家长配合帮助孩子。我建议小军妈妈每个周末至少用半天的时间带小军到户外活动，让孩子走进大自然，亲近大自然，融入社会生活，多接触同龄的孩子，让其在游戏中学会交流。另外，还要减少对孩子的粗暴呵斥，鼓励他主动用眼神、手势或身体语言分别与人交流。

其次，我循序渐进地鼓励他开口。当小军刚开口说话时，我及时给予鼓励和表扬。我为小军布置了心理作业：每天坚持与老师交谈10分钟；下课后主动找同学游戏；上课争取举一次手，回答老师的问题。如果他做到了，就可以得到一定的奖励。

通过一段时间的努力，我惊喜地发现，小军进步特别大，能回答老师的提问，上课能举手了，书写的速度也在提高，数学、语文成绩都也比以前提升了。家长感激地告诉我："小军回家说老师是他的朋友。孩子对此充满了喜悦。"是啊，精诚所至，金石为开，只要我们老师多一份耐心，多一份细心，再沉默的孩子也会开口说话。

▶用心做好班主任工作

赵凤玲

题记:班主任工作不仅是一项事业,更是一门艺术。在与学生的朝夕相处中,我经常被教育着,也更加明白为人师应该具有的心怀和情操,并坚定一个信念:力争让我教过的学生在他的学生时代感受到人生的快乐。

我2007年来到襄城实验小学,接手五年级语文课及班主任工作。这是我第一次当小学班主任,之前教了很多年的初中语文,班主任工作经验不足,所以心中仍有一些忐忑。通过一段时间的观察和了解,这个班的特点是:(1)学生活泼、好动,思维活跃,情感丰富容易被调动。(2)学习主动性强,学习自觉性较高。(3)综合能力及素质有待提高,因为学生的家庭环境影响,所以许多良好的行为习惯还没有形成。在管理这个班级时,我经常通过活动的方式,调动学生们的学习自觉性,培养他们良好的心理及人格品质。

一、增强班集体的凝聚力

1.正人先正己,老师的一言一行、一举一动,对学生有潜移默化的影响。因此,要求学生做到的,老师首先要做到。每天课间操回来,我都是走在学生队伍前面。一天上楼梯时,我随手捡起一根笤帚把儿,当时没想什么,回到班里,孩子们陆续进班,居然有好几个孩子的手里攥着小纸片或小棍,直奔讲桌旁边的垃圾箱。

2.关爱学生,爱护班级,让学生感受集体的温暖。天气凉了,学生下课出去时,我总要嘱咐一句"把衣服穿好",放学时我总要告诉学生"靠边走,路上注意安全"。老师关爱学生,不仅体现在语言上,更要落实在行动上。有一次,我们班一个学生病了,我打电话通知了家长。下班回到家,又打电话问孩子好点没有,如果还没好,明天就再休息一天,落下的课来了再补。家长似乎没想到我会打电话,很是惊喜;孩子来上学后,我又帮他补课。那孩子很聪明,一点就会,从那以后我觉得孩子跟我更近了。在我的带动下,学生之间也互相帮助了。谁没戴红领巾,没有钢笔水了,就会有孩子主动相送。有个同学还买了一瓶钢笔水放在班级里公用。

通过以上一些具体做法,班级有了一定的凝聚力。

二、培养学生的集体荣誉感

1.通过各种活动培养学生的集体荣誉感。集体活动是富于教育力和感染力的课堂,学生从中可以受到教育,得到启发,得到激励,从而使集体荣誉感不断增强。教师要有意识地引导,调动每个人的积极性,充分发挥其作用,使其感受到集体荣誉感跟每个人的努力分不开,以便增强其上进心和自我克制能力。同时要鼓励学生齐心合力,为班集体争光,学生取得成功会产生自豪感和荣誉感,当他们尽情体验胜利的欢乐时,集体荣誉感便形成了。

2.培养学生的集体荣誉感,必须增强主人翁意识。主人翁意识是学生自律向上的动力。有了动力,他们对集体的事情热心参与,为集体的成绩而欢欣,为集体的困难而焦虑,感觉到集体的一切与他们息息相关。现在孩子多数都是独生子女,家长的宠爱与呵护,使其主人翁责任感弱化,这就需要班主任有意识地引导、激发和培养,让他们在实践中得到锻炼,觉得自己是集体的主人,为集体服务是自己义不容辞的责任。增强主人翁意识的教育,可以体现在学生生活的方方面面,不论是募捐活动,还是每天的卫生扫除,只要教师的理念清晰,方法得当,就会有润物无声的效果。记得那是刚接手这个班不久,一天中午我忘了督促值日生打扫,下午上完第一节课,我发现班级地面很脏,学生座位下,什么纸片、包装袋,相当乱,我当时没说什么。上课后,我便组织全班同学一起打扫卫生,彻底清扫,并要求把桌椅收拾干净。一切收拾完毕，我问学生："刚才的教室和现在的教室，哪种让你感觉更舒服呢?"学生一齐回答："现在的。""如果你的家又脏又乱，有客人来访时，你感觉如何呢?班级就是我们共同的家。有谁愿意不洗脸就出门吗?"孩子们笑了，他们的笑意说明他们开始明白了怎样做才叫主人翁意识。从那以后，学生更爱班级了，主人翁意识明显增强。

三、针对学生特点因材施教

书上说："学生是教育的主体。"一点不错，学生好比一个铁盒子，不是要你去一拳砸扁它，而是要你细细地去找到那把对号的钥匙开启他们的心扉。作为老师，先得把学生研究透，各个年龄段各个层次的学生生理、心理特点都不一样，你要知道他做些啥、想些啥，怎么让他接受你的教导。兵法有云："知己知彼，百战不殆。"要针对学生的特点，设身处地以他能够接受的方式进行启发引导。其实，学生到学校来，谁都想成为好学生，他们对老师充满了尊敬和依赖，只不过因为智力的差异和自制力水平的不同，导致学生良莠不齐。我们就要区别对待，好比有的人，他是种田能手，你非要让他去钻研高尖新技术，怎么可能呢? 不要高尖新技术没研究成，搞成个心理不健康就麻烦了，所以要因材施教，教师的心态要放宽一些，任意拔高要求无异于拔苗助长，得不偿失。学生年龄小，在严格要求的同时，尽量多鼓励他们，多表扬他们，这就要求班主任在批评和表扬的时候掌握好火候，并尽可能多地让学生受到赞扬，让他们感受到成功、感受到学习的乐趣，形成良性循环。

我们教育的对象是学生，是一个个鲜活的生命，是一个充满着变化的生命体，我想，可能没有一个放之四海而皆准的标准法则让我们去效仿，然后毕其功于一役，一劳永逸。学生一茬一茬地带出了校门，一个个长了翅膀飞走了，留给老师的是什么? 难道只是亚健康状态的身体? 难道只是身无长物的退休生活? 这些思考的结果是:一个人生活在人世间，总得有一个安身立命之本,否则无法生存。我们当老师的,教书育人就是我们安身立命之本,把书教好了,把班主任当好了,就心安理得了,其他事情也就更加舒心顺畅了。

▶如果我是学生

赵凤玲

　　题记:有时我们当老师的也应该换位思考——如果我是学生,那样我们老师的工作就少去了一份失误,多了一份真诚和宽容!

　　今天早上,我正在上语文课,同学们都听得津津有味。突然一声"报告",安静的教室一下有了声音。"你看看都几点了!"我停下讲课,站在门外的是经常迟到的学生梁文旭,只见他背着书包,拿着雨伞,用怯怯的目光看着我。我环视一下教室,同学们个个都坐得端端正正的,真是气不打一处来,厉声说道:"就站在门外!"

　　我接着讲了一段课文,扭头看看门外的他,心中还是有些不忍。我又想借此杀鸡儆猴,问道:"你怎么搞的? 都上四年级了,连学前班的同学都不如!"听到我的训斥,他的眼泪在眼眶中打转,"老师……我……我……""别说了,迟到了,还有理!"看到他大大的眼睛里带着惊恐和祈求,我把他叫进了教室,并说:"以后别睡懒觉了,知道吗?"他放松了许多,说:"我爸爸要做生意,每天早上5点就走了,我要做早饭,饭做完了……"我将信将疑,"那你妈妈呢?""老师,我爸妈离婚了。"他的眼圈红了。

　　我心中一震,原来如此。我没有问清原因,把他乱批评一通。顿时,我一肚子的气和要说的话全没了。我轻声道:"你先回到座位上去吧!"此时我的心中很不是滋味，走到他面前，摸摸他的头说："以后别迟到了，好好听课！"他用力点了点头。

再接着上课时，我发现他听得比以前都认真。下课以后，今早的一幕让我深深思索：教书育人，以人为本，有时我们当老师的也应该换位思考——如果我是学生，那样我们老师的工作就少一些失误，多了一份真诚和宽容！我想，我以后在工作中要多问一下为什么，才能做得更好。

▶咱二班那些事

王　玲

题记：从自编自演的相声和小品中，孩子们找到了快乐，找到了自信。

说起相声、小品，大家并不陌生。在襄城实验小学有这样一群孩子，他们在自编自演的小品、相声中，快乐地生活着。提起这群孩子，还要从几年前说起。

那是三年级的时候，元旦即将到来，迎春联欢会在筹备中，班长按我提出的要求把活动方案交上来。呀！好家伙，阵容这么强大，有独舞、唱歌、电子琴、单口相声、小品等，真是令人期待。

第一个节目就是冯赟翔的单口相声《新编宇宙牌香烟》，他那幽默、风趣的语言，逗得大家哈哈大笑。听完这段相声，我就在想，班上像他这样的孩子还不少。于是，我提议把这些爱好相声和小品的孩子聚集在一起，让他们自己创编小品和相声，孩子们欢呼雀跃。就这样，我班成立了"自编自演"活动小组，编导冯赟翔，策划刘成博。

我校每周都有班队会，孩子们围绕班队会主题来编排相声和小品。语文课上，我们"开心一刻"，也是孩子们来表演自创的简单的小品或相声；孩子们还把课文改编成小品、话剧等。

经过几年的锤炼，孩子们不负众望，在即将毕业的时候，给我送上了一份最珍贵的礼物。他们把这些年演的小品、相声全都重新演了一遍。特别是冯赟翔的单口相声《老师，您辛苦了》，回顾了六年来的师生经历，表达出对老师的爱；刘成博、张怡莹等自编的小品《没有你的日子》，充满了对同学、老师的难舍之情。看完后，我真的觉得孩子们长大了，成熟了。

孩子们在自编自演的相声和小品中，找到了快乐，找到了自信。他们还应邀参加襄阳电视台"今日播报"栏目组的拍摄，把他们的快乐带给了更多的人。

▶寻找明媚的春天

江中明

题记：尊重、沟通、理解、换位思考是教师必备的素养。

星期六上午，我和陈老师迎着秋风淋着秋雨，来到居住在"河畔林语"小区的徐卓凡家。为了不让家长措手不及，我们提前电话联系说一个小时后到他家家访。

当我们俩按响单元楼的门铃后，传来稚嫩的声音"老师请上来"。我和陈老师一边爬着楼梯，一边说家长肯定会像其他家长一样在门口等着我们。当我们气喘吁吁爬上五楼后发现房门紧闭，敲了几下门，迟迟来开门的是小男孩。他招呼我们坐下，说："我们刚起床"。当我们坐下后看到墙上挂钟正指着十一点。孩子的妈妈穿着睡衣,睡眼惺忪地从楼上下来,嘴里也说着和孩子同样的话:"我们刚起床"。我和陈老师连说"对不起,打扰您休息了"。

看到家长对我们的来访毫不在乎的样子,我的心一下子凉了一半。于是我和陈老师就直奔主题,说明我们来访的目的:(1)孩子经常不完成家庭作业;(2)本学期孩子学习成绩下滑严重。说着我们把孩子的作业给他妈妈看。妈妈说学习是孩子的爸爸管,她每天工作很忙,从没检查过孩子的作业。听了此话,我的心比那天的天气还冷,有种寒风刺骨、冻彻心扉的感觉!

事后细细考虑,自己作为班主任在处理问题时也有欠考虑的地方。如何让我们彼此找到明媚的"春天"呢? 反思中我琢磨出家访时有三点需要特别注意:

一、尊重——家访的前提

由于家长和教师扮演着不同的社会角色,处于不同的社会环境,他们在经历、经验、思想水平、知识能力上存在着明显的差异,这就决定了教师与家长在教育孩子方面具有互补的必要性和可能性。老师与家长谈话时,要尊重家长,面带微笑,微笑的魅力是无穷的,它就像巨大的磁场吸引磁铁一样让人无法拒绝,不能一见面就告状,埋怨数落家长。结果,使家长产生逆反心理,与教师对着干。事实上,我们能够从家长身上得到大量信息,能从家长的厚望中激起从事教育事业的崇高感和责任心;很多家长也对孩子能从老师身上汲取教育的知识技能并为教师的师德精神所感动。这样,教师与家长结成和谐融洽、互相信赖、彼此合作的教育同盟力量,共同完成把孩子教育成材的重任。

二、沟通——家访的奠基石

与学校教育相比,家庭教育有一个显著的特点,那就是"个性"突出。

因为家长的组成是非常复杂的,其知识结构、职业类别、性格气质、修养程度等都参差不齐,没有哪一种家庭教育方法是万能的,某种方法在这个家庭有效,但到另外一家则可能不灵。班主任应对学生家庭进行调查分析,对家长的文化水平、职业状况、年龄、家教思想、家庭关系等做到心中有数。对待不同层次的家长,可以用书信、电话、家访等多种形式,与家长取得沟通。在与家长沟通的过程中,要有针对性和实效性。例如对那些失去信心而放任孩子的家长,自己要及时将学生的点滴进步反映给家长,激发他们对孩子的信心;对因生意繁忙而不管孩子的家长,要劝他们不要因忙碌而疏远孩子,帮助他们在孩子的教育上尽到自己的义务和责任。

三、换位——家访的必备

家访中,教师与家长接触,往往离不开评价学生,切忌一味的指责学生。换位思考,如果是自己的孩子,你会怎么做,怎么说。每个家长都有一个"望子成龙,望女成凤"的思想,"庄稼别人的好,孩子自己的好",在他们心里,自己的孩子是最好的。在家长面前评价学生,可以先请家长谈学生在校外的表现,而后教师谈学生在校内的表现,肯定主流,肯定进步,肯定成绩,这样彼此之间容易达到心理平衡。应该极力避免在与家长的交谈过程中,由于学生所出现的问题,产生老师和家长相互责备对方"没有教育好学生"的心理阻碍,导致搞僵关系。要树立正确的"学生观",客观地、全面地评价每一个学生,使家长听后,觉得这是教师的肺腑之言,感到学校教育的目的和任务是与家长的愿望相一致的,从而做到心理相容,共同教育学生。

做好以上三点,家访也就成功了一大半。我们不仅仅要与孩子多交流多沟通,也应与家长如此。只有这样,我们的教育才会迎来更加明媚的春天。

▶见证成长的奇迹

康　艳

题记:教师最大的幸福就是所教的孩子逐渐成长起来。

9月1日,开学日。日子还是和以前一样繁忙,却也井然有序,虽然都是一些每个开学日必须干的事,我心里还是显得格外激动。是的,每个开学日都是新的开始、新的旅程、新的起航……

来到学校,秋天的味道在校园里显得特别浓厚,秋日的阳光更是灿烂得像学生们的一张张笑脸,天空特别干净、蔚蓝,教室门口的桂花也比往常要开得早些,散发着香甜的味道。我还惊奇地发现在桂花树旁边亭亭玉立的玉兰花树竟然抽出了一些枝条,泛着嫩黄的枝条和成年的玉兰树相比是那样的娇柔,格外蓬勃有生机。

啊! 校园的一切都显得那么亲切!

开学的第一天让我激动的是,我的学生似乎长高了,长壮了,也更加结实,说起话来也是彬彬有礼。我惊奇地发现,我的学生成熟了……

新学期年级升高, 教室也做了相应调整。原来教室里存放的所有东西,像什么课外书籍、书柜、卫生工具等,都要搬到新的教室。看着走进来的升入高一年级的孩子不费吹灰之力把原属于他们的物品一一搬走,我真是羡慕,什么时候躲在我身后的那些孩子,也能像他们一样成为真真正正的男子汉呢? 还好,有同事的帮忙,一些大件的物品已经从原教室搬到了我们的新教室,还剩下一些自己能搬动的小件东西。

放学后我开始行动起来, 两手不闲地从原教室提起一些物品往楼上的教室走,尽管路程不远,可仍感到沉甸甸的,我走走停停。班上做完值日的三个男孩子从我身边经过,异口同声地嚷着"老师,我来帮忙!"没经我同意,他们已抢过我手中的物件,抱着往教室奔去。重物搁在孩子们胸前,他们步伐跟跟跄跄,可还忘不了时不时你撞撞我,我碰碰他,一路嬉闹着。紧随其后的我担心地喊道"不要疯打!小心!"

此时情景,有一股不知名的情感,涌入我的心田。我意识到孩子们的肩膀坚硬起来,开始用他们的肩膀让老师可以依靠。

此情此景,我想我把青春奉献给他们,我无怨无悔。

此情此景,我自豪地说,作为老师,我见证着孩子们成长的奇迹。

▶"闪光"的发现

秦 雨

题记:相信每个孩子都有闪光点,再戴上一副"优点放大镜",你会发现他们都是一颗颗稀有的钻石。

一直相信每个孩子都有闪光点,看到孩子吃力地搬着牛奶箱——"多能干的孩子啊!"看到孩子用力地拿着拖把拖地——"多认真的孩子啊!"看到孩子用湿抹布认真地擦窗台,我又会激动不已——"多可爱的孩子啊!"在批作业劳累时,感到肩上有几只小手在轻轻地捶打着,心中就会涌起一股暖流——"多懂事的孩子啊!"学生回报我的点点成绩,丝丝温情总让我感叹:只有孩子才是这世上最可爱的人!

但是每当上课看见学生交头接耳时、批到邋遢的作业时,我就全忘了他们的闪光点,真有一股恨铁不成钢的失望,于是总忍不住咆哮起来。学生就在我严厉的目光下开始躲躲闪闪,在我转过身的时候做鬼脸,在我不在班时开"茶话会",不管自己有多努力,始终没看见自己所希望的"风平浪静"，于是越发地心浮气躁，形成一种恶性循环。

什么是孩子们所需要的？难道我这样严格要求他们，不知疲倦地唠叨，错了吗？夜深人静时，我总是问自己。看了许多名家著作，经历了许多故事之后，我才明白，真的错了！知识和能力固然是孩子们所需要的，但他们更渴望的是理解、沟通、交流，需要一种老师从心底流淌出的温情关怀。教育不仅仅是知识的传递，也应该是智慧的碰撞、情感的交融；不仅需要教师的召唤，更需要学生的回应。课堂也不应该是一座精心修筑的围城，更应拆除墙壁，让学生感受生活的美丽，呼吸鲜活的气息，吹拂携带着花朵幽香的微风。

"蹲下来看孩子。"回忆一下自己的童年，是否也有过他们一样的恶作剧，是否也曾令老师头疼过？不久前，翻开自己中学时代的一篇作文，才记忆起小时候我也曾在泥沟中流连忘返而丢了书包，也曾用七彩水笔抄写过词语。那么，今天我有什么理由要求学生必须像盆栽一样循规蹈矩呢？人为地修剪或移栽，如果过分抑制了自身的天性，结出的果子只可能是苦涩的。载歌载舞、琴棋书画、文学经济，我也并非无所不能，学生又怎可能是全面发展呢？明白了这一点，看待学生的目光就宽容多了。

有人交头接耳，稍停片刻，当作是课间的歇息，然后俯身探询："有什么要紧的事需要大家帮你参谋的？"回应我的多半是羞涩的微笑、战战兢兢的眼神："对不起，老师！"事情就这样过去了。

早操时有人做错了，我睁大眼睛，一努嘴，一个怪脸，学生一伸舌头，回我一个怪脸，从此再不犯心不在焉的错了。语文听写竞赛，一学生只考了28分，整天提心吊胆，垂头丧气。我平心静气地告诉他，老师三年级期末语文才考了63分，比他强不了多少；并要求其父母正确对待竞赛的分数，以自己的温情赠予学生信心和勇气。

相信每个孩子都有闪光点,戴上一副"优点放大镜",你会发现他们都是一颗颗稀有的钻石。再把学生放到属于他们的那片阳光中去吧!美术不行的到赛场上去,体育不行的到舞台上去,艺术不行的到科技园去吧!让钻石的光芒不仅点亮他人的眼,更让阳光的温度暖透钻石的心。传递给学生一片温情,这一缕温情将照亮他们前进的道路,促使他们不断进步,走向成功。

▶为什么我戴眼镜了

田 华

题记:因为自己的一个小小举动,给工作减少了许多烦恼,也使学生能"明亮"地学习,何乐而不为呢?

有不少同事发现我最近经常戴眼镜了,甚至经常有人问我"你怎么也戴眼镜了",我总是一笑而过,其实我这么做是有原因的!

我的眼睛属于深度近视,左右眼均为500度,如果不配戴眼镜,我什么也看不清,连作业也无法批改。以前,为了方便,更是为了爱美,我总是戴隐形眼镜,只有在家时,我才戴镜框眼镜,那么是什么使我改变了呢?

我们四(二)班的家长在本年级是出了名的难缠。平时,只要给哪个学生稍微动下座位,隔天就会有好几位家长找来,有的打电话,有的托关系,也有的亲自到校,要求给自己的孩子换一个靠前点的座位。大多数家长的理由就是孩子的眼睛近视,可是爱漂亮、怕别人笑……不好意思戴眼镜。你要是不同意,没调,他们一般不会善罢甘休,一定会经常

"光顾"，想各种办法让你同意给调个位子，而且不给孩子配眼镜，班上也有几个眼镜近视的学生明确表示，不愿意戴眼镜！一次偶然的机会，让我找到了办法！

有一天早上，我的眼睛不太舒服，不便再戴隐形眼镜，于是戴上了我新配的红色镜框眼镜。可能由于颜色比较亮，许多学生在我一进教室时就发现了，并且有一些人开始小声交谈，有一名胆大点的学生站起来就问："田老师，你怎么也戴眼镜啊？"我告诉他们，是因为我和许多同学一样也近视，那个学生又问道："那以前您怎么不戴呢？"我说："以前戴的是隐形眼镜，所以看不出来。可是隐形眼镜对眼睛总有一点儿伤害，不戴眼镜对眼睛的伤害又更大，会快速加深近视，并且眼睛会不舒服。配戴适合的镜框眼镜，可以缓解视疲劳，防止近视加深，保护眼睛……"然后，我又讲了自己小时候眼睛近视后的一些小故事。立刻，就有几名学生对班上几个近视的同学说："听见没，要戴眼镜！"当时，就有一名学生表示要让家长带他配眼镜。我立刻鼓励了他，并告诉他："别怕不好看，将来还可以矫正的，等你配了眼镜，老师和你一起戴！"

渐渐地，班上许多近视的学生都藏起自己的羞涩，开始戴眼镜了！这个学期开学一个多月了，几乎没有因为近视来要求换位子的家长了，甚至，有一位家长专门到学校来找到我说，不要再照顾他们的孩子坐前排了，因为一直坐前排对眼睛也不好，要求也和其他孩子们一样，从第一排轮到最后一排，我当然是欣然同意了！

因为自己的一个小小举动，给工作减少了许多烦恼，也使学生能"明亮"地学习，我何乐而不为呢？

▶"爱心"风波

田 华

题记:教会一个孩子心中有爱,远比灌输知识来得重要。

班上一个孩子得胃炎住院了。

昨天我和班上的学生一起商量决定去看看那个生病的孩子。讨论怎么表达自己对同学的关心, 有孩子说可以带点礼物去。带什么礼物好呢? 我想到以前教的学生都是每人带一个水果,装进袋子里拎去。可这帮小鬼太小了,我担心他们带了水果偷偷吃了,天凉容易咳嗽。于是和孩子们一起想出了带学生奶去看望的办法。当然是本着孩子自愿的原则,献出自己的一盒学生奶。我刻意留了一中午的时间让孩子自己考虑这件事。

下午第一节课,我开始发牛奶。因为这几天天气不太好,班上生病的孩子也多,从前天开始牛奶都没发,所以今天每人要发三盒。怕个别孩子不好意思领三盒, 我让孩子们用手势2或3来表示自己要领几盒。我发现:早就考虑好只要两盒牛奶的孩子一直用又自豪又期待的目光注视着我,当我发到他们那里时,他们的小手伸得直直的,比出一个"2";而要领3盒的孩子眼睛根本不看老师,发给他牛奶时,也是快速比个"3"就将手放下,然后头也不抬地假装在写作业;有几个孩子既不比2也不比3,只是嘴里"嗯——"着,我用鼓励的目光看着他们,但最后却都是领了三盒;还有几个孩子比出了1,我肯定了他们的做法,但还是发给他们两盒。

牛奶发完了,有三十几个孩子少领一盒牛奶,说实话,我有一点失望！我原本以为不是全部也应该有五六十个吧。但是他们毕竟是一群小孩子，我不能批评那些领了三盒牛奶的孩子，因为这无所谓对与不对。但是，我有责任教育这些孩子表示对同学的关心和爱！怎么办呢？我站了一、两分钟，临时决定：奖励只领两盒牛奶的孩子一枚"爱心"大拇哥，表扬了这三十几个孩子，并且记下了他们的名字，说不光老师表扬你、奖励你，还要发短信告诉家长，让家长也表扬你、奖励你，把你献的牛奶"补"回来（后来因为有几位家长来访，短信没有及时发，很是遗憾）！一番话说完后，立刻有很多孩子纷纷表示要退回来一盒牛奶，这我早已经料到了。我没有立即表示同意或不同意，只是又说："大家先安静下来想一想，你是想对生病的同学表达关心，还是想得到老师奖的爱心大拇哥？如果是表达关心，老师接受；如果是想要大拇哥，老师不能接受。你要想清楚，如果老师这次不奖励你大拇哥，你还愿意退回一盒牛奶吗？"教室里沉默了一会儿后，只有三个孩子表示愿意退回一盒。当然，这三个孩子没有得到大拇哥。

随后，我宣布：从献了牛奶的孩子中选4个与我和郭老师一起去医院看生病的同学！这又使全班孩子神色各异：期待的、开心的、惊喜的、懊悔的、不屑的，甚至还有生气的！我对孩子们说："同学们，什么时候我们都应该关心同学、爱护同学，这样你才会得到同学们的关心和爱护！"有许多孩子纷纷点头……

放学后，4个被选上的孩子根本不要老师动手，他们兴冲冲地搬着牛奶出发了，路上我们还买了一束代表阳光的太阳花……

相信这件事会在很多孩子心中留下印象，我想：教会一个孩子心中有爱应该远比灌输知识来得重要吧！

▶儿歌伴我成长

杨　丹

　　题记:入学教育是孩子们走入小学的第一课,必将在孩子今后的人生道路上留下永不磨灭的记忆。只要老师用心观察,多多思考,用孩子们喜闻乐见的方式开展教育,学生就会学得轻松,教师也会乐在其中。

　　又是新的一学期开始,告别了上一届学生,我从头开始了一年级的教学。

　　谁知这届一年级学生出奇的多,开学几天了,想想每天的局面,我真是哭笑不得,脊背发凉:七八十多个小毛孩乱哄哄地挤满了教室,窗外,挤满了孩儿他爸妈的黑脑袋。我这个老师呀,俨然是个耍猴的,又喊又叫,手拍疼了,脚跺麻了,人家依旧我行我素,说话的、打闹的、谈笑的、走动的,简直是大闹天宫。上课了,我再三强调发言先举手,人家还是想说就说,毫无顾忌,你按下葫芦浮起瓢,真叫我气得七窍生烟。编排放学路队,我费尽了心机,眼都不敢眨一下,可到了散队地点,免不了有家长惊慌失措地嚷着找我要孩子,吓我一身冷汗,四处一找,发现小东西迷迷糊糊地走到了其他班的队伍里……两天不到,我就成了“哑葫芦”——发不出音来了。唉!

　　我躺在床上想了好多,入学是儿童的第一个人生转折点。入学以前,儿童处在大自然、游戏、美、音乐、幻想、创造的一个迷人世界的包围中。入学以后的生活环境发生了较大变化,而要适应的常规、养成的习惯涉及到方方面面,课前、上课、放学、作息……该怎么做,不该怎么做,无一不需要老师的引导和教育,如此多的“该”与“不该”往往使懵懂的孩子顾此失彼、应接不暇,老师的说教很难达到教育效果,批评也不起作用;搞不好还会增加孩子对新学校、新老师的敌对情绪,厌倦上学。怎么办? 想着想着,我还真有了主意:何不根据儿童的年龄特点、心理特点,寓教于乐,利用一些耳熟能详的儿歌,让其在诵读儿歌的过程中愉快地接受教育,养成习惯呢?

你听,这些儿歌中,有教他们团结友爱的:七十九个兄弟七十九朵花,七十九个兄弟姐妹是一家。老师爱我我爱她,我的老师像妈妈,我们是亲亲热热的一大家。

有教他们守纪律的:上课铃声响,快快进课堂,起立要站直,坐正不乱晃,不做小动作,专心来听讲,发言先举手,回答不乱抢,答问题声音响,别人讲认真听,争做守纪律的好学生。

有教他们正确的握笔、写字姿势的:老大老二对对齐,中间留缝隙,后面跟着三兄弟;写字做到"三个一",一尺一寸一拳头,小拳头,当警察,请你帮我查一查(念到这儿,就用拳头检查一下),眼离本子一尺远,胸离课桌一拳远,手离笔尖一寸远。

有课中整理运动的,师:"我的小手拍一拍,"生:"拍拍拍,拍拍拍。"师:"我的小手顶一顶。"生:"顶顶顶,顶顶顶。"师:"我的小手挠一挠。"生:"挠挠挠,挠挠挠。"师:"我的小手勾一勾,"生:"勾勾勾,勾勾勾。"师:"我的小手写一写。"生:"写写写,写写写。"师:"我的小手不见了。"生:"不见了,不见了。"师:"我的小手放好了。"生:"放好了,放好了。"

有课间注意事项的:下课了,换书本,先入厕,再休息,安全第一要牢记,不打不闹不拥挤,文文明明游戏;铃声响,进课堂,坐端正,大声唱,书本文具准备好,等待老师把课上。

有教他们放学整理教室、站路队的:小朋友,低低头;有纸屑,捡一捡;桌椅歪,排一排;比整齐,我第一。小火车,出发了,不看左,不看右,就看前面小朋友。

　　……

两天的入学教育时间,我就一边教孩子们念儿歌,一边带着他们照儿歌要求做一做,并随时表扬按要求做的同学;对于不规范的孩子,我耐心地提醒:"儿歌里是怎么说的?"他一般就会立刻会意,马上改正。就这样,儿歌记心中,时时来提醒,不用老师过多的唠叨,孩子们对于如何做一个合格的小学生也便心中有数了,琅琅上口的行为习惯儿歌如一缕清新的风吹进孩子们心田,伴随孩子成长,于潜移默化中,帮助他们养成良好的习惯。

从手忙脚乱地应付到从容地面对,除了艰辛更有收获。我深深地体会到,入学教育是孩子们走入小学的第一课,必将在孩子今后的人生道路上留下永不磨灭的记忆。只要老师用心观察,多多思考,用孩子们喜闻乐见的方式开展教育,学生就会学得轻松,教师也会乐在其中。而这,不正是新课改所追求的教育艺术吗?

▶荷叶上的露珠

焦 莉

题记:作为教师,要爱每一位学生,善于发现学生身上的闪光点,用心呵护,走进学生的心灵,用爱架起师生之间的桥梁。

"焦老师,你快去看,王锐把张子航的手弄破了,流了好多血!"刚进办公室水还没喝上一口,几个学生就来喊。

怎么又是王锐?!说实话,这是个让人一看就不会喜欢的孩子,倒不是说他长得丑,而是这个孩子给人的感觉是那种调皮蛋,坐不住,喜欢撩人,没事儿他也总能给你惹点儿事。

得,赶紧处理恼人的事情吧。原来王锐把坐在他前面的一个男孩子的水杯打掉地上，杯子摔破了，那个男孩儿蹲下去捡，他竟然用脚踩男孩的手，结果玻璃把那个男孩儿的小拇指割了好长的一个口子，鲜血直流，到医院缝了好几针。

由于王锐喜欢惹人，同学们不怎么爱和他一起玩儿。然而就是这样一个孩子，我发现他也是爱听好话、爱表现的，轮到他扫地时也很认真。我们班每学期开学后班干部都要竞选。本学期开学后的一天，他缠着我，问："焦老师，我想当劳动委员，你说行吗？""你自己觉得呢？"他低下了头。依他的表现，他是很难选上的，我转念一想，何不给他这个机会，也好借此教育一下他呢？于是，我在班上宣布劳动委员这一职位不用选由他来当，不出我所料，同学们都反对，直嚷："凭什么？"我和同学们说："他和自己相比还是有很大进步的，他也很想为大家服务，再说了，人嘛，哪还能没点儿缺点，我们就给他一次机会吧，试用期一个月，到时候我们再决定是否转正，行吗？"同学们勉强同意了。事后，我找他谈话："王锐，每个人身上都有或多或少的缺点，有缺点不怕，怕的是不改，珍惜这次机会，要好好表现，否则，我就不能再为你求情了，加油吧！我期待着。"他坚定地点点头。从那以后我发现他比以前来得早了，下课时看见地上有纸片他弯腰捡起，桌子歪了他主动扶正，笤帚乱了他去摆整齐，带头扫地拖地，教室的卫生比以前更干净了。课堂上听讲也认真了，尤其是以前拖拉作业的现象减少了，学习成绩有了提高。慢慢地，同学们都认可了他。一个月后，我问同学们："他能转正吗？"同学们都笑了。

记得苏霍姆林斯基曾经有个十分精彩的比喻，他说："教师要像对待荷叶上的露珠一样，小心翼翼地保护学生的心灵。晶莹透亮的露珠是美丽可爱的，却又是十分脆弱，一不小心露珠滚落，就会破碎不复存在。"作为教师，要爱每一位学生，善于发现学生身上的闪光点，用心呵护，走进学生的心灵，用爱架起师生之间的桥梁。

▶放手真好

罗　静

题记：班主任的幸福是用自己的心血和汗水换回的一枚枚果实，是用自己的真情和执著赢来的一片片温馨。

到天门杭州华泰中学参观学习之后，我感触很多——三千多人的学校秩序井然，学生行为规范。无论是在教室还是学生宿舍，我们看到的都是整洁有序的景象，这都得益于该校实施的"一三九"学生自主管理制度。我不禁思考，这种科学的管理制度在我自己的班级能用吗？

学习回来第二天，我决定在班上试行分组管理。先在全班范围内选九个有组织能力、有威信的学生做大组长，再把班上最调皮、成绩差一些的学生分给这九个组，剩下的学生可以选择小组。九个小组分好了，全班学生8个学生一个小组，四张桌子集中在一起，小组长根据学生情况分好位子，形式上的小组分好了。我告诉学生：九个小组长要负起责任来，组织本组的同学搞好学习，互相帮助、共同进步。小组之间要展开竞赛，比一比哪一组纪律好、作业交得齐。

小组分好后，就看效果了。第一节课下来，数学王老师兴奋地说："这节课纪律好极了，每个小组都争着抢着回答问题，生怕拖了小组的后腿。"小组长发挥作用了，他们都尽职尽责管理自己小组的同学，经常能听到"赶快写作业！""不要说话了！""快坐好！"这些善意的提醒声。课间，疯疯打打的现象不见了；教室里的卫生也改善了许多；拖欠作业的学生少了。我们看到可喜的变化，周一的班队会及时进行评比，对表现好的小组、组长、组员进行表扬、肯定。我们老师初尝"变革"后的甜头。

以前班主任仅凭两个人的力量管理七十多人的班级，心力交瘁还效果不佳。没想到现在放手让学生管理学生,用"一十九"学生自主管理模式(即一个学生班主任、十个值日班长、九个小组长)班主任及时对各小组的表现给予评比,发现问题及时指正。学生之间的凝聚力增强了,集体荣誉感也加强了,一个个小干部承担起管理班级的责任,成为班级的小主人。现在只是尝试阶段,在以后的实践中会不断完善,也让班主任从管理班级的繁琐中解脱出来。

▶给优生降降温

罗　静

题记:"爱过则溺纵,严过则凶暴,信过则奢求,细过则越俎代庖。"班主任工作只有适当、适中、适度,才能水到渠成,事半功倍,取得更好的教育效果。

听到这个消息,让我很吃惊,这个孩子身为学校大队部的大队长,又连续几年担任班长,有很强的组织能力,是大家公认的品学兼优的学生。没想到他居然为了解决与四年级学生的小摩擦,跑到人家班主任面前去兴师问罪,根本不把老师放在眼里。他这种过激的行为让我这个班主任深感意外。不行,必须得调查清楚。

询问了事情的原委,才知道是四年级的孩子在足球场上冲撞了他,害他摔了跤,并且把刚买的新裤子也摔破了,他去找人家班主任是为了讨回公道。我把他叫到面前,说:"你去找老师反映情况,这没有错,但是你身为班干部、大队长,你用这种态度对待老师,对吗?"他听了先是一愣,继而流下了眼泪。我说:"这样吧,你先去给袁老师认个错,然后我们再来解决你的裤子问题。"他哭得很伤心,但还是向老师承认了错误。晚上,他爸爸打来电话告诉我:孩子感觉很委屈,觉得伤了自尊心,一晚上都把自己关在屋里不肯出来。

放下电话,我不禁在想:这些优生是怎么了? 这一点小小的批评都不能接受。难道他们只能听好话?

想想也是,他们真的是让老师给惯坏了。这些平时学习成绩优秀、组织能力强的学生被老师委以重任,长期担任班干部,协助老师管理班级,在同学中间有一定的威信。老师不在班上,他们就相当于半个老师了。身为老师的左膀右臂,深得班主任的信任和喜爱,于是把太多的荣誉和机会都给了这些优生。他们在一片赞扬声中成长,在荣誉中飘飘然起来,以至于迷失了自己,变得很自负、很敏感,甚至很脆弱。

是该给他们降降温了,对待这些优秀学生也要经常给他们上上"紧箍咒",及时指出他们的缺点。这样才能更有利于他们健康成长,才能让他们更加优秀。

▶一分钟啊一分钟

陈 霞

题记:班级管理工作是一项极其复杂而又细致的工作,需要班主任把握好每个教育契机,这不仅仅需要教师的爱心、耐心与细心,更需要教师的创造力。

"哈哈哈,快跑呀,追上了……""快上位读书,读书!"刚走到一楼拐角处,就听见了从教室里传出一阵阵嬉笑和叫喊声。唉,这帮孩子! 二年级时,在学习和纪律上都能严格要求自己,但一进入三年级,就松懈了,尤其是早读课,他们有的聊天,有的发呆,有的相互打闹,还有的无精打采地趴在桌上好像没睡醒似的,任凭值日生千呼万唤也"视死如归"!"一日之计在于晨",美好的时光白白流逝,多心疼人呀!我又气又急,快步冲进教室,将课本往桌子上一摔,怒发冲冠,霎时,教室里沉寂了。片刻,一声,两声,三声……此起彼伏的读书声响了起来。可是,第二天,第三天,早读情况依旧糟糕。唉,真让人伤脑筋,怎么办?

"妈妈,和我比赛,一分钟看谁踢毽子多,好吗?"一天,女儿向我提出比赛要求。我眼睛一亮:一分钟虽短,但我们可以做许多事呢!我知道,困惑我多天的难题可以解决了!

我决定进行一个小测试。首先请出了两位同学——一个是最爱说话的焦梓铭,一个是最爱运动的郭甘洋,他们一个抄写词语,一个转呼啦圈,俩人同时进行,时间是一分钟。随着一声"开始",只见他俩飞快地写着、转着,其他同学见状,一个劲地喊加油。结果,焦梓铭写了八个词语,郭甘洋转了98圈。

接着,我又请班上的"小神童"王予瞻背诵《三字经》,时间当然也是一分钟。"人之初,性本善,性相近……香九龄,能温席……曰南北,曰东西……""天啊,背了好多呀!"同学们不约而同地大声叫起来,掌声也响起来了。

"同学们,我们一起大声朗读课文,时间也是一分钟。开始!""清早,我到公园去玩,一进门,就闻到一阵清香……"一分钟过去了,同学们读了三个自然段。

后来,我让同学们自主选择做一件事,时间照例为一分钟。"老师,我一分钟拍了108个球!""老师,我和曹璨一起背了七首诗!""我一分钟可以折一只千纸鹤!"……

好，时机到了！"同学们，一分钟可以做这么多的事呀！要是10分钟，20分钟呢？那要干多少事呀！"单纯的孩子们开始掰着指头算起来。

过了一会儿，调皮的邱乐天站了起来，不好意思地说"老师，我明白了。今后我会抓紧早读时间，再也不打闹了。""老师，我也是。我一定不在早读时间聊天了！""老师，我知道了，短短的一分钟能干这么多事，别说二十分钟了。"

听着孩子们真诚的表白，我心中一阵窃喜：好，测验成功！快趁热打铁！"同学们说的都很好。时间是宝贵的，它如流水，一过没处找。怎样才能利用好每一分钟呢？聪明的你一定知道，对吗？"

"碧玉妆成一树高，万条垂下绿丝绦……"

听，从教室里传来一阵阵琅琅的读书声，声音是那么悦耳，那么动听！

▶"友情提示"让教育无声胜有声

陈　霞

题记：一个善于发现和思考的班主任吧，这能让班主任工作得心应手，收到事半功倍的成效！

"什么东西都不带，咋上课？自己安排！"刚从办公室里出来就听到一阵怒吼声从教室里传出来。经询问得知，上节美术课老师已布置这节课要做鸡蛋彩绘娃，可一大半同学都没带材料，计划好的课怎么上呢？我不由得用责备的眼神扫视着他们，懊恼、后悔写满在他们脸上。唉，类似这样的事已发生多次，教训倒不少，但没有任何改观。我能说什么呢？只能在心里埋怨这一帮不长记性的家伙！

　　一日，闲暇下来的我打开电视，正在播放王小骞主持的旅游景点推荐，景点介绍完后，她出示了一块上写"友情提示"字样的牌子，内容包括旅游线路、住宿、费用等注意事项。看着看着，我的灵感也随之而来：这样的"温馨提示"我为什么不能让它出现在班级呢？

　　第二天，我将这个想法一说，得到了同学们的一致认可。于是，"友情提示"就出现在了黑板一侧醒目的地方。

　　起初，"友情提示"内容由我写。有时是"下午美术课请备好材料"，有时是"下午大扫除，请带劳动工具！"那段时间，"没记性"的同学少了，"小马虎"也少了，是"友情提示"立了功！

　　一段时间之后，我将书写"友情提示"的重任交给了班委会成员。

　　一天，"友情提示"换了内容：昨天打扫卫生发现许多同学的桌子有点脏，下午带干净抹布擦一擦吧！要讲究卫生爱护公物哟！嘿，"友情提示"变成了警示栏，真棒！自此，"友情提示"内容越来越丰富，涉及范围也越来越广！

　　——续云森同学捡到三元钱交给老师，他这种拾金不昧的精神值得学习！

　　——大扫除干劲大的同学有：黄不为、谭天奇、来珺珂……向他们学习！

　　——上周我班纪律卫生均为第一名，祝贺！继续努力！

　　——大队部表扬我班路队整齐，歌声嘹亮，要保持哦！

　　——明天有雨，请带雨伞，别淋湿感冒了！

　　——今天"六一"儿童节，祝节日快乐！愿我们都拥有快乐幸福的童年！

　　——老师嗓子哑了，请大家上课别吵闹，静静听讲！

　　……

多么温馨的提示！"友情提示"让孩子们自律了，让孩子们自信了，让孩子们微笑了，让孩子们快乐了！它代替了无谓的说教，代替了讨厌的批评。它让教育无声胜有声！它架起了一座爱的桥梁，一座心心交汇的桥梁。有了这座桥梁，班级工作怎能不得心应手呢？

感谢"友情提示"！

▶孩子的一句话"刺激"了我

冯玉玲

题记：只有敢说的学生，才是有主见的学生，才是敢于思考的学生，也才是最有创造力的学生。这样的学生敢于担当生，我很欣赏。

星期五上午早操开始前，我所教的三(4)班孩子正在站队，隔壁班级有几位男生互相追着同班同学在操场上疯打。看那动作那架势已超过了"玩"的限度，并且就算是"玩"，也不应该在站队做操的时间"玩"，显然学生的这种行为老师是应该加以制止的，但是这个班的老师没能按时到场。小学生缺乏自觉性，没有老师管肯定乱了套。出于老师的责任心，我喝止了这群疯打的学生。

过了一会儿，这个班的老师过来了，把学生带到了操场的另一个空地上做操去了。

然而，当我看着自己班上的学生做操的时候，一个小女孩嬉笑着对我说了一句："冯老师，你真是多管闲事。"

我震惊？不，你想错了。我的学生敢当面给我提意见，她们有胆提，是因为我有足够的肚量接着。我并不吃惊，甚至一点儿也不生气。但我立即非常严肃地回答了她："什么叫多管闲事？我是老师，遇到学生犯错误我就必须管。就算真的是与我无关，我也不能视若无睹，我管他是帮助他，如果我不管，任由他们打架，打伤了人我不是害了他们吗？如是人人都事不关己，高高挂起，那人与人之间还有什么感情可言？"

结果你猜怎么着？她居然回了我一句："那又怎么样？现在社会不都是这样？"

我喜欢这样的学生。只有敢说的学生，才是有主见的学生，才是敢于思考的学生，也才是最有创造力的学生。这样的学生敢于担当，我很欣赏。

但学生的这句话，刺痛了我的心。一个小学生，居然对社会问题有了自己的理解。她说的无疑是事实，但我又怎么能让我的孩子就这样看不到人性的光明？

做完操，我把这个孩子喊到一边，认真地回答了她："是的，现在社会上有很多事不关己高高挂起的人，也有很多自私贪婪的人。但这个社会并非一直就是这样，也不是每一个人都是这样，至少你们的老师我就不是这样。我就是一个爱管闲事的人，我就是一个会去关心别人的人。

如果你看到别人的做法不好，你为什么要跟着一样去做？你为什么不能做一个乐于帮助别人的人？做一个有爱心的人？爱心是一种奉献，一种付出。帮助素不相识的人，那才叫无私，那才叫有爱心。如果我不管闲事，我给你们讲这么多道理干什么？如果我不管闲事，我只需教完你们的数学课，管好你在学校的安全，我的责任就尽完了。我跟你们费这么多的口舌干什么？我凭什么要给你们讲这些道理？你们又不是我的孩子，你们做错事情与我何干？

人不能这样冷漠，打个比方说：我们看到有人要跳崖，救或不救？按你的思维，这个人自己想死，与他人无关。救人不是吃多了撑的吗？但如果连生命都可以漠视，那还有人性吗？人不能只管自己，当自己有能力帮助别人的时候,应该多关心一下他人。这种无私的帮助就叫爱心。只要人人都献出一点爱,世界将变成美好的人间。"

正在交流的时候,跑过来一个学生,向我检举一位同学因"管闲事"拉架而被同学打了。我当场表扬了这个因"管闲事"而被打的同学,这位同学冒着被人打的危险去阻止同学之间打架可能导致的更大危险,他这种敢于奉献、敢于担当的精神是值得学习的。

我的这位"管闲事"的学生,他所做的事不是跟我正在做着的一些事情如此的相似吗?

▶唱响歌谣　规范行为

李运梅

题记:儿童不是用规则教育可以教育好的,规则总是被他们忘掉,你觉得他们有什么必须做的事,你便利用一切时机,甚至在可能的时候创造时机,给他们一种不可缺少的练习,使它们在他们身上固定下来,这就可以使他们培养一种习惯,这种习惯一旦养成以后,便不用借用记忆,很容易地、很自然地发挥作用了。

一年级新生,六岁左右的年龄,他们大多是从幼儿园来到小学,一天的生活环境变了,学习任务变了,如何帮助他们规范自己的行为,养成良好的学习和生活习惯,这就需要我们一年级老师做大量细致的工作。

一年级孩子的思维以形象思维为主,认识世界,理解事物,主要是平实而直观的,而歌谣以儿童的思维和眼光观察世界,用儿童的语言和情感描述他们的生活状态,实际的演练又具有一定的操作性、趣味性,可以为他们认识、掌握一日生活常规提供更直接的实践机会。

每当上课铃声响起，教师里会传出"上课铃声响，快快进课堂，学习用品放整齐，静等老师把课上"的诵读声，孩子们唱着歌谣，自觉做好课前准备。

"集合队伍快静齐，前后左右呈直线，一切行动听指挥，遵守纪律我牢记。"教会孩子怎样集合站队，保持队伍井然有序。

第一次带领学生刷洗教室地面时，我利用午间把自编的歌谣写在黑板上："小刷子，手中拿，今天我把地板刷。一二三四，五六七八，二二三四，五六七八，喜刷刷，喜刷刷；再用抹布擦一擦，左擦擦，右擦擦，哈哈哈，哈哈哈，地板变得干净啦！"下午到校后，学生一见这首歌谣就摇头晃脑地读起来，一遍遍诵读中明白了清洁地板的步骤方法。到第三节课开始劳动时，不需再费多少口舌，学生积极行动起来，干得热火朝天，有些学生边干边唱儿歌，不到半小时，地板刷干净了，教室更清爽了，孩子们纷纷表示"刷地板太有趣了"、"劳动真有意思"。

《弟子规》这部经典自入学以来也一直陪伴着我的学生们，从言行举止、待人接物等方方面面规范着他们的行为。

在教学实践中，我会继续引导学生唱响童谣，借助演练，不断规范学生的行为习惯。因为我深深懂得，正如教育家洛克所说："儿童不是用规则教育可以教育好的，规则总是被他们忘掉，你觉得他们有什么必须做的事，你便利用一切时机，甚至在可能的时候创造时机，给他们一种不可缺少的练习，使它们在他们身上固定下来，这就可以使他们培养一种习惯，这种习惯一旦养成以后，便不用借用记忆，很容易地、很自然地发挥作用了。"

▶丢分的收获

李运梅

题记：面对学生过错，老师应理解和引导，以诚挚的爱心来尊重每一位学生敏感、脆弱的心灵，学生会更快地改正错误。

早上，我还没走进教室，几个学生就围上来七嘴八舌地报告："昨天，我们班被扣卫生清洁分了。"我问道："怎么回事？"有个学生道："我看了公示栏，说是因为扫地扫得太慢了，值日生来查时还没有扫完。"大家有的说："真气人，这个月的流动红旗得不到了。"有的说："可不是吗，我们努力了三个星期，都没丢分，都怪昨天的值日生，给班上抹黑了。"每个卫生值日小组安排的都是七人，大家各负其责，开学以来不是干得都挺好吗，今天是为什么呢？ 小女孩婉妮背着书包走进教室，见大家正在议论，愤愤不平道："昨天我也扫地，去参加鼓号队训练的有三个人，一个同学看病了。本来人就少，谁知连组长也跑了。我和王杨两个人紧赶慢赶，可惜在值日生来检查时还是没扫完，只有扣分了。"听了婉妮的话，我对情况有了些了解。看看值日表，组长是我一直信赖的女孩丽君，这次怎么让老师不放心了呢？

不一会儿，丽君匆匆忙忙走进教室。我迎上去，问："昨天怎么没扫地就走了？"她露出诧异的神色，说："不会吧！"我有些生气了，语气严厉起来："你是不是星期三的卫生组长？"她似乎有话要说，却又低下头沉默不语。"昨天卫生扣分了。你怎么让老师信任你呢？先上位好好想想吧！"我的话语里透出几分埋怨、几分失望。

早自习下了，我站在讲桌前批改着作业。"李老师，我……"听着声音我抬起头，只见丽君志忑不安地站在我身边，看来是向我说明情况的。

我一脸严肃："你说说吧！"丽君不好意思地对我笑了笑，认真地说："昨天中午上学时，妈妈说有事，让我放学到幼儿园接弟弟，我一心想着可别耽误了，就忘记扫地的事儿啦。"听着她的话，我也有些吃惊了，只知道能干、懂事的她家离学校很远，班上其他住得近的孩子时常还让家长接送，她每天自己搭公共汽车上下学，却不知道她还要经常帮妈妈分担一些家事。我被眼前这个十岁的女孩所感动，说话的语气缓和起来："是这样的呀！不过，因为你没请假就先走了，影响了集体的荣誉……"我的话还没说完，她恳切地表示："老师，请给我一个机会，我向同学们承认错误，保证以后一定认真负责。我从今天起还要和其他组的同学一起扫三次地，惩罚我的失误。"

课前，我用了几分钟总结前一天的学习生活，特别提出卫生扣分的事。丽君走到讲台前，愧疚地对同学们讲了事情的经过，为自己使班级丢分表达深深的歉意，并自愿惩罚自己扫地三天。同学们纷纷发言，发表看法。有的说："原谅丽君一次，她又不是故意的。"有的说："就是惩罚也换不回扣掉的分呀！以后注意就是了。"有的说："我觉得婉妮和王扬值得表扬，尽管只有两个人，没按时扫完地，但他俩坚持在检查后还是把地扫得干干净净。""作为鼓号队员，我应该先把属于我的任务完成好再去训练，我完全可以在第二节课间扫地的。"还有的说："不过，昨天我也有责任，我走时看见扫地的人少，也没有留下帮助扫一扫。""是呀，如果大家都帮一把，不就可以节省时间了？"

听着此起彼伏的议论声，同学们能从丽君的责任、当天值日生的责任想到了自己应对班级负的责任，这真是一个惊人的收获！我激动地说："尽管我们丢失了一次卫生清洁满分，但从同学们的讨论中我收获了很多，我们班级也收获了很多，同学们明白了以后再遇到类似事情究竟该如何面对，如何为班级争荣誉。我相信我们今后会做得更好，让卫生清洁满分永远属于我们,让流动红旗永远住在我们班。"顿时,班上响起一片掌声。

随后的一段时间,不经意间我总会看到丽君和其他同学课间随手捡起地上的垃圾,摆正交错的课桌椅,教室显得更加整洁、明亮了。

这一事例引起了我深刻反思。苏霍姆林斯基曾指出:"学生幼小的心灵好比荷叶上的露珠,晶莹透亮而又十分脆弱,一不小心就会滚落,就会破碎,应加倍呵护。"对学生学习生活中的一些不理想的表现,我们应多从心理学、教育学等角度来思考,学会理解和科学地引导,允许孩子们犯错,不要斤斤计较他们的过错,如果老师能做到宽容他们,以诚挚的爱心来尊重每一位学生敏感、脆弱的心灵,学生会更快地改正错误。

同时作为老师,还必须深入地了解学生,了解他们的困难和需要,了解他们的兴趣和爱好,了解他们的苦恼和欢乐,了解他们的性格和才能,了解他们的理想和追求,了解他们的家庭环境及在家中的地位等等。只有做到全面了解学生,才能有全面的关怀,使学生情感上受到安慰,理智上得到调剂,自尊心得到补偿。只要我们细心地去了解学生,平等地去和学生交流,在他们犯错误的时候给予宽容,在他们退步的时候给予进步的空间,用欣赏的眼光去挖掘他们的优点,把平凡的爱毫不吝啬地送给学生,学生就能够与老师缩小心理差距,对老师产生依赖感,在师爱这片肥沃的土壤里活泼、健康地成长。

▶温和比严厉更合适

王　曼

题记：实施教育时，不能过于简单粗暴，要根据不同孩子的具体情况来对症下药，这样可能会收获不一样的效果。

因为教室离办公室很远，一年级的孩子又太小，为了防止意外发生，我和搭班老师天天课间守在教室里，直到上课铃声响起，才匆匆返回办公室，即便是如此小心，意外还是时有发生。孩子年纪小，同学们之间磕磕碰碰本是难免的，可有些孩子明明犯错误，偏偏不愿承认，或者说他根本意识不到自己所犯的错误。比如，下面这个小男生。

那天下午，我刚进教室，就听到了哭声，原来祁桐书的头上鼓起了两个大包。一问才知道，刚才在走廊上，聂浩东拽着他的衣领往前跑，一下子把他拖倒在地，额头磕在了地板上，顿时鼓起了两个包。听完孩子的讲述，我好言好语地安慰了一番，总算止住了哭声。接下来我把聂浩东叫到了身边，问他为什么要拽着同学跑，还让他摔了一跤，结果这小子头一扬说："谁让他跑得慢"，言外之意就是：摔跤是因为他自己，跟我没关系。看着他那满不在乎的神情，我气不打一处来，本来不想发火的我，终于没能忍住，将聂浩东狠狠地批了一顿。

过后，我开始上课。突然我发现平时课堂上很活跃的聂浩东神情落寞地坐在那里，也许是我刚刚的态度太过严厉，吓到了他吧！下课后，我主动走到他的座位旁，用一种温和的方式让他知道了自己的错误，显然孩子更乐于接受这种方式的批评教育，他主动跟我承认了错误，也诚恳地跟受伤的同学道了歉。

通过这件事，我发现在教育孩子时，不能过于简单粗暴，还是要根据不同孩子的具体情况来对症下药，这样的教育效果会更好。

▶给学生慈母般的爱

韩　凤

题记：热爱学生，必须了解学生，尊重学生，时刻把学生放在心上，体察学生的内心世界，关注他们在学习、生活等方面的健康发展，同情学生的痛苦与不幸，与学生建立起和谐、友爱的师生关系。

热爱学生是教师最基本的行为准则，是师德范畴的一项重要内容。教育学生是艰巨的灵魂性格塑造工程，作为一名人类灵魂的工程师，在培养教育学生过程中，应该像斯大林所说：要小心翼翼地培养人，就像园丁栽培心爱的花木一样。孔子倡导因材施教，就是要我们学会用不同的方式去教不同的学生，用不同的爱去感动不同的学生。我相信"没有爱就没有教育，师爱就是教师的灵魂"，管他是聪明伶俐的，还是憨厚能干的，要热爱你所有的学生。

我班上有一个孩子，父母离异，跟随父亲。父亲作为单位领导，无暇顾及孩子。这个孩子天天上学迟到，家庭作业不能完成。上课同学们都拿出削好的铅笔写作业，他呢，文具盒里就一支光秃秃的铅笔，本子也不知塞在什么地方。我每次主动给他几支笔和本子，可是今天给的明天就不见了，天天如此。我耐心地教他要学会整理自己的东西。"唉！要是有妈妈在身边就好了。"我常想。

每次放学，别的小朋友都有家长接，他却站在学校门口，一等就是半个多小时，风吹得小脸通红，一个接一个地打喷嚏，眼泪汪汪的。我看着心里真难受，摸着他的小脑袋问："爸爸什么时候来接？""唉，我也不知道"。听着孩子那充满无奈又无助的声音，我的心里无比酸涩。我拉起他的小手说："外面冷，到我办公室写作业，边写边等吧！""不，爸爸看不见我会着急的。""那我给你爸爸打电话？""不了，爸爸说忙完了就来接我。"多懂事的孩子呀！"这个爸爸到底在干什么？！"我心里越想越有气，"一定要找他好好谈谈。"真不忍心撂下孩子一人等他爸爸，我低声说："那我和你一起等等吧。"此时，孩子的眼睛闪出一丝喜悦。我拉着他一起坐在门房里，用我的身体紧紧挨着他，把他的小手攥紧在我的手里。怎么办呢？我想：问题出现在学生身上，可责任却是在家长和教师身上，大人没有尽到应尽的责任哪。

第二天，我找到他的爸爸准备和他谈谈。话题刚一打开，说到孩子的种种情况，我的眼泪就止不住地往下流，可把这位家长吓了一跳。我带着怨气和怜惜，和家长做了一次真诚的长谈。孩子的爸爸深受感动，也深刻认识到孩子教育的重要性。

一段时间里，在我和家长的齐心努力下，孩子取得了巨大的进步，现在看着孩子漂亮的作业，听着他开心的笑声，我的心里有说不出的喜悦！

从这件事中，我感到要做好学生的辅导工作，首先要怀着一颗火热的心去热爱学生，了解他们，关心他们，与他们真心实意交朋友，使他们能够信任老师、喜欢老师，从老师身上感到如父母就在身边的温暖。

▶孩子，绽开你自信的笑容

郑亚莉

题记：把每位学生看作蕴含着丰富宝藏的土地，即使是贫瘠的，也要以地质勘探员的努力发掘宝藏。

"加油！""没关系的，不要怕！""我们支持你！"……一声声鼓励的话语,一次次热情的掌声在教室里回荡。大家的目光都紧紧注视着台上这个白净文弱的小男孩, 只见他手里紧紧握着一张写得满满的稿纸, 满脸通红,不时咬着下唇,露出羞涩的微笑,似乎想极力掩饰自己的紧张不安。好几次当他昂起头、挺起胸想张口说话时,又不知怎么一次次泄气了。站在一旁的我和江老师的心也随着这个小男孩的表现一起一落,喜的是他敢于走上台的勇气,忧的是他还是不能最终战胜自己。

这时江老师把他轻轻唤到身边,低头在他耳边说了几句。望着老师充满关爱的眼神,孩子点了点头,又转身回到讲台上。这次他深吸了一口气,一下子高高举起稿子,把脸完全遮住。"今天,我发言的题目是……"虽然声音小得似蚊子,但教室里安静极了,每个人都尽力听着。他一鼓作气把稿子念完,笑了,是那么轻松、自信。大家不约而同热烈地为他鼓掌,为他战胜自己而祝贺。我们两个老师此时也深深感动了,不仅是因为这个孩子,更是因为所有的孩子。

回想起刚接触这个男孩时,他的表现确实让我们头疼过。这是个成绩优异、但极其胆小内向的孩子,没有男孩的阳刚自信,课上不敢发言,课外不敢大声与人交流,一说话脸就红,半天不吭声,总像一只裹着翅膀的小鸟,畏畏缩缩不敢直冲蓝天。孩子其实很有潜力,但将来怎么有勇气面对现实社会,怎么有勇气面对更大的挑战? 实在令人担忧。我们决心帮他走出去,勇敢地挑战自己。平时多与他聊天交谈,课堂上多给他发言机会,多在大家面前表扬鼓励他,并推荐他当了班上的小组长、大队部的值日干部。虽然他还是那样害羞,但我们惊喜地发现,其实他正开始悄悄地发生着变化。上课敢发言了,课外主动参加班级活动。当然,我们会不失时机地给予他鼓励与关爱。从他脸上绽放出的开心轻松的笑容,我们似乎看到他正一步步战胜自己,找回那份失去的自信。大家都说他变了。

苏霍姆林斯基说过:"把每位学生看作蕴含着丰富宝藏的土地, 即使是贫瘠的,也要以地质勘探员的努力发掘宝藏。"由此我想到了作为一个教育工作者,要做一个有心人,抓住每一个孩子的特点,扬长避短,用一个关心的眼神、一句温馨的话语、一次会心的微笑……让他们坚强自信。聚沙成塔、集腋成裘,只有一个个微小的进步才能构筑孩子们成长的一个个台阶,不断改变他们的心态、性格、习惯、能力。

▶默哀进行时

郑亚莉

题记:每个孩子的内心世界绝不是一色的冰天雪地,并不是孩子们缺少爱,而是缺少爱的教育。身为教师应善于捕捉教育的良好契机,用心灵与智慧让学生懂得爱,学会爱。

"14:28分"曾是个触目惊心的时刻,一个沉重心酸的时刻。今天全校师生井然有序,集合在大操场上举行默哀仪式。孩子们的动作比以往更快,声音比以往更轻。校园里已没有往日的喧闹,有的只是浓浓的哀伤。当绵长而哀怨的警笛声响起时,不需要口令指挥,我身边的孩子们行动是那么一致,缓缓地低下头,双手合十放在胸前,轻轻地闭上双眼,默默哀悼着。孩子们似乎丝毫没有感到烈日的炙烤,人人纹丝不动,没有哪一次比这一次站得更直,没有哪一次比这一次更虔诚。我知道那是悲痛的力量,在这一刻,孩子们都有一个共同的心愿,那就是祈祷,愿逝者安息、生者平安。这三分钟里,时间仿佛静止了,这个世界也静止了,大家的心都被揪疼了,眼泪情不自禁夺眶而出。孩子们一声声坚定的口号响彻云霄,又让我感到从未有过的坚强与团结。

静静地回到教室,孩子们奋笔疾书。他们用笔、用文字传递对地震中受难同胞的无限哀思,对中国凝聚力的无限崇尚。此时的情感,已不再是泪水的流淌,而是心灵的流露。有的这样描述道:"那警笛声就像是遇难者一声声痛苦的呻吟,就像幸存者一个个悲惨的故事,就像是为死难同胞演奏的一曲曲哀乐,刺的我心如刀绞。""校长带着我们把那些四周的标语读了一遍,每一句话都是那么刻骨铭心。声音传遍了整个校园,不知道那些受灾的人们和已经消失在这个世界上的人们是否听见我们的呼喊声!""我的背汗湿了,可是我没有感到炎热,而是感到一丝丝寒意,感到这次汶川大地震是多么的冷酷无情!""校长用她那沙哑的声音带我们一句句读着'地震无情,人间有爱……'我听到校长哭了。顿时,我的心痛了,像针扎一样。""我们的祖国是一朵花,我们是花的瓣,四川是其中一片。四川毁了,花瓣掉落了,祖国伤心了。"

还有的这样感伤道:"刺耳的警笛,那声音包含着四川那撕心裂肺的哭喊;那声音,有太多人的沧桑和苦难;那声音,充满了中华民族的齐心协力。""就在这瞬间,我感觉到身边的花草树木都在默哀。空气是那么哀伤,生命是那么脆弱,仿佛身边一切都是死气沉沉。""这平时短暂的三分钟,今天却如此漫长而沉重。""三分钟,对于我们来说不算什么,可对灾区人们来说,那三分钟就是希望的光芒"……看,这每一字、每一句、每一篇,甚至每一个标点都那么感人至深。我真想把孩子们的每一句话都记录下来,因为我知道这些绝不是矫揉造作之作,而是孩子们发自内心的真情流露。

每个孩子的内心世界绝不是一色的冰天雪地,并不是孩子们缺少爱,而是缺少爱的教育。身为教师应善于捕捉教育的良好契机,用心灵与智慧让学生懂得爱,学会爱。相信,每一个孩子心中必会生长出一片青青的芳草地。

▶危情时刻见真情

范智红

　　题记：教师身上所具有的人格魅力，在危急时刻得到最真切的显现，他们首先想到的是学生的安危，为了学生，他们置自己的安危于不顾也要保护好学生，这正应了那句话"患难见真情，真情暖人心"。

　　5月12日的下午2：10分，我依然像往常一样来到学校，直奔教室去收作业。刚收完作业，上课铃就敲响了，这时和我搭班的罗静老师准时来到教室准备上第一节课。

　　我抱着作业本转身离开教室到办公室。刚走进到办公室的门口立刻感到一阵天旋地转，站立不稳，我还以为是自己身体突有不适。这时同办公室一个反应极快的老师立刻冲出办公室，边跑边低声说："不对，有地震，快通知学生立刻到楼下操场。"一听说是地震，我立刻放下手中的作业本，奔楼上的教室而去。

　　到教室门口我转念一想：我班属于全校楼层最高的一个班，若真是地震现在往下跑肯定是来不及；另一方面若过于惊慌，学生会一片混乱可能会更糟糕。于是我悄悄地对正在上课的罗静老师说："有地震！我们楼层最高，现在是立刻往下冲还是让学生先藏在课桌下面？"罗静老师一听，果断地对学生说："同学们，刚才感觉有地震的迹象，请大家别慌张，先在课桌下避一会儿，我们看情况听安排。"这时全班同学一改往日的热闹劲，都赶紧乖乖地躲在课桌下面。此时，操场上也响起了紧急集合的哨声，而先前那种头昏目眩的感觉也没有了。这时我和罗老师赶紧对学生说："同学们，现在什么东西都不要带，立刻以最快的速度离开教室到操场上集合。"同学们听到命令，立即箭一般直冲楼下，看到有速度稍慢点的孩子，我们不停催促："快点，快点。"直到最后一名学生离开教室后，我才舒了一口气来到操场，立刻安排几名学生清点人数，听到全班人数是68个时，我那一颗悬着的心才放下来。

一下午的时间，根据学校的安排孩子们集合在学校的大操场上，我和罗老师寸步不离一直守护在全班同学的身边，始终与他们在一起，生怕有偶尔的闪失，就连孩子们说要去上厕所我都为他们担心，反复交代"以最快的速度上厕所，上完厕所立刻回到班上来"。

回想这次余震中带离学生的每个细节，作为老师身上所具有的人格魅力在此时得到最真切的显现。在这危急时刻，我们首先想到的是学生的安危，为了一切学生，我们置自己的安危于不顾也要保护好学生，这正应了那句话"患难见真情，真情暖人心"。

▶良好的卫生习惯这样养成

程 勇

题记：要经常去开发快乐的宝藏，快乐就会长久的伴随着我们的教书生涯。

在综合组的时候，我负责打扫电脑室，任务艰巨。同时被分到这一组的有八九名老师，大家脸上都有一百个不高兴，嘴里有发不完的牢骚。

原来电脑室卫生最难打扫，主要是学生没养成良好的卫生习惯，又怕老师说上课吃东西，所以学生把吃完的垃圾，不是扔在地上，就是塞在电脑桌的缝隙之中，很难打扫。因此，我暗下决心，一定要想出一个好的办法来让学生养成良好的卫生习惯。但是工作繁忙，想法也不了了之了。

后来我从综合组调到了三年级组，成了一名数学老师。第一节课我满怀信心地走进教室，可是站在讲台上，我的教本却无处安放，讲桌上层厚厚的粉笔灰是擦之不去、挥之而起,再向地上一看,狼藉一片,学生课桌下边的纸片大小不一,有小片的,有一团的,有餐巾纸,有草稿纸等,真是千奇百怪,不堪入目。压抑着干掉这些垃圾的激情,上完了第一节数学课,我就采取了措施。

首先,我让学生带来了一个空盒子,把课桌上所有粉笔装了进去,然后找到一个小桶、一块抹布,让值日生每天下课的第一件事就是擦讲桌。这种方法真不错,讲桌干净、亮丽了,上课时感觉神清气爽。

可怎么样让学生保持地面的干净整洁呢?找找原因,是教室内没有垃圾箱。于是我让四名学生每人带一个纸箱,经过我的制作,成了一个个实用的垃圾箱。在教室的每个角落放一个,我想这下总该可以了吧?还行,比以前强多了,但还是解决不了问题,有的学生离垃圾箱较远不方便。怎么办?人手一个垃圾箱是不可能的。我又想起了,在电视里看到的一个情景:每个学生在课桌边用胶带粘一个塑料袋,这样一有垃圾就随手放入袋中,下课再倒入垃圾箱中。

课余时,我亲自给学生做示范,怎样贴塑料袋。嘿! 真没白费心思,教室的卫生明显好多了,值日生在扫地时也省事多了,有时甚至不用打扫。

看到教室整洁了,我心里洋溢着说不出的喜悦,我想良好的卫生习惯是这样养成的。

▶暗示的魅力

邱晓莉

题记:课堂教学中,教师需要与学生进行语言与心灵的双重沟通。教学语言的暗示艺术是在关注学生身心发展基础上对教学语言的巧妙运用,有利于学生较好理解教学内容及师生交流。

现在的孩子个性都很强,他们对老师的高压政策也有视而不见的时候。老师的苦口婆心、善意忠告都成了一厢情愿。在教与学的学习过程中,单一的教学方法并不会起到良好的教学效果。而且老师过多的强调某些要求,或是过于直截了当处理一些事情,忽视了学生的感受,并不恰当!因此,在教学过程中应善于把握学生的心理,有时要把自己的教学意图隐藏起来,用暗示的方法会取得令人满意的效果。

自开学以来,学生们还沉浸在节日的欢乐中,还没收心,班上的纪律不如上学期了,举手的同学也少了很多,用"大拇哥""小红花"奖也奖过,脾气也发过,但是一上课总让我感到身心疲惫。于是,一次上课前,我这样说:"同学们,其他班的老师听说我们班的同学们可会学习了,上课时眼睛睁得大大的,生怕漏掉一点知识,回答问题的声音老师在楼下都听见了。他们随时要带领学生来参观呢!你们欢迎他们来学习吗?"同学们齐说:"欢迎!"结果,连续几天的课堂气氛令人十分满意。没有义正严辞的命令学生,而是平和地与学生交谈,将自己的教学意图通过暗示自然地渗透其中。

这样的例子还有很多。比如:王伟立是位爱动的男孩子,在课间,我不直接提醒他,而是表扬他前后左右的同学,"你们看××坐得真好!"同学们都扭过头看,王伟立这时也会马上坐好,在他保持一段时间时,我再当着全班同学的面表扬他:"今天王伟立真不错,能认真听老师讲课,看谁能比得过他。"在这种暗示下,他渐渐地表现得更出色了。

对学生的暗示可以是你的一段话语,一则故事,一个笑话,也可以是一段表演,一个动作,一个神态,甚至是你的一个眼神。暗示是一门艺术,真正掌握了这一技巧,在管理班级和教学过程中都会有意外的收获,也使教师和学生的关系变得更为和谐融洽。

▶小方法　大智慧

邱晓莉

　　题记:低年级的班主任,一定要多一点爱心,多一点耐心,多一些方法,这样才能走近孩子们的心灵,取得良好的教育效果。

　　班主任真是一项和学生"斗智斗勇"的工作,不光需要一定的体力,还得有相当的心力。

　　低年级有很多琐碎的小事纠缠,所以我们老师往往觉得很烦,有时候甚至觉得有点力不从心。这给老师的身体和心理都带来一定的压力。怎样让孩子们更懂事,走上学校教育的"正轨",除了日常的教育,还需要对学生的特点了如指掌,多动脑筋。

　　看到有的老师面对闹哄哄的学生,要么声嘶力竭地大喊"静下来,静下来",要么拿着教棍或直尺拍打着讲台和黑板,学生依然我行我素。有时候,班级学生因为某件事情异常兴奋,一时难以平静下来。这时候可以通过我们的肢体语言。如:希望他们在热烈讨论之后需要静下来,老师会有这样的表示:老师走到讲台的中间,微笑着看着他们,然后拍三下手,或者倒数"三,二,一",就表示需要安静了。铃响了,如果学生还没有静下来,那么老师会站在教室的门口严肃地看着他们,学生看到了,就会很快静下来。如果有的学生没有坐端正,老师双手叠放,背挺直,就是告诉学生需要坐端正。课堂上,如果老师突然停下讲课,一直看着某个同学,就是提醒他要集中注意力专心听讲。排队的时候,如果有人讲话,老师伸出手指放在嘴唇上,就表示要噤声……孩子们习惯了这些肢体语言的内涵以后,课堂教学就会轻松很多,老师可以省去很多的口舌,少生很多的气。适当的言语暗示和提醒也很必要:若第一小组纪律较差,老师会说"你们看第二小组真安静！"若哪位同学不听讲,老师会提出他附近的某个学生说"你们看××听讲真认真！"这样用表扬左邻右舍的方法暗示并提醒,开小差的同学很快又回到正常学习中来。

在课堂上,常常可以听到老师千篇一律的表扬"你真棒！""你真聪明！"这样笼统和没有个性的表扬,对学生来说并不能起到预期的效果。如果学生的回答真的非常与众不同又很有道理,老师不妨说:"你真是一个会思考的孩子！"如果一个胆小的孩子今天忽然有了大胆的表现,老师不妨大张旗鼓地表扬:"你回答得真好！老师喜欢你敢于说出自己的观点！"如果一位学生的回答真的非常精彩,不妨发动全班学生:"一起把掌声送给他！"……这样不同而又有针对性的鼓励语言,相信会对学生有更大的激励作用,还会指引他们朝更好的方向发展。

以前曾经有老前辈告诫过我"千万不要在学生面前笑,一进教室就要板起脸来"。其实不然,如果说鼓励的语言是对学生的肯定,那么微笑是对学生更大的信任和肯定。微笑犹如春风,吹进学生的心里,带去温暖和信心。有时,老师的微笑,可以让孩子树立更大的信心,更积极地去面对学习中的困难和问题。有时,老师和孩子们在课堂上不经意间创造的笑话,可以让孩子们放松地笑一笑,夸张地笑一笑,诙谐地笑一笑,驱走学习带来的紧张情绪。有时,老师可以对着犯错误的孩子"怪怪地笑一下",还会收到意想不到的教育效果呢！

▶化蛹为蝶

吴国红

　　题记:学生的错误有时也是一种资源,它不仅暴露了学生在思想行为上存在的缺陷,还为我们创造了教育的契机。

　　今天是星期一,老师和同学都度过了一个愉快的周末,该收心好好上课了。

　　早上第一节便是我的数学课。我走进教室,本打算先询问周末的情况,可我扫视全班后,发现有两个学生的桌面干干净净,学习用品一样也没有摆出来,一看就知道,忘记带书了。他们似乎知道逃不过老师的法眼,一脸委屈地看着我,像在等待我的批评。本来我不想生气,但一想到昨晚7点钟,我已经在校讯通上发了信息,让他们打点好自己的学习用品准备上学,可气的是,在这两个同学中一个是人小鬼大的曾同学,前几天中午放学,跑到同学家去玩,家长一次又一次地打电话,她却不为所动,后来同学的家长催她回家她才回。你说,这样的学生只知道玩,学习呀、纪律呀,早就被抛到九霄云外去了。另一个丢三落四的"惯犯"陈同学,刚开学不久,马虎的他就已经被语文老师狠狠地教育了一通,当时请了他的家长,他也一再表示要改正缺点。他很聪明,就是不细心,喜欢把简单的东西复杂化。哎! 这些孩子啊,真不知道应该怎么说。

　　他们没有书,只能暂时和同桌共用了。好不容易调整好心情,可刚上到一半,陈同学又站起来说:"老师,我肚子疼。"我一听,心里就更火了,刚讲到精彩部分,同学们都很投入。我心想:这家伙,还真会来事,书没带,老师已经生气了,现在又拿肚子疼来骗取老师的同情。我看了他一眼,估计他不严重,就没理他,接着讲课,但怎么也进入不了状态。

不一会儿,班上又有一个女生叫肚子疼,完了,课是上不下去了,刚才陈同学叫肚子疼我没理他,可这个女生一向身体较弱,如果不理又怕出事,理了她,陈同学会怎样想?脑子全乱了……

丢下课本,带着两个肚子疼的孩子来到办公室,给他们倒了开水,也许是热水下肚,他们说不怎么疼了,又领他们回到教室,全班学生用审视的目光看着他们,也许是同情,也许是……好好的一节课全砸了。

下课了,我对他们进行了教育。可想不到的是,马上有同学告状:"老师,陈经常在学校买冰水。""他每天中午不睡觉,在学校疯打。""他总是向别人要东西"。……

教室一下子变成了批斗场,个个学生都在挑他的坏毛病。陈××被同学们批得"体无完肤",竟然大哭起来,也许是为了捍卫自己渺小的自尊,也许是内心真实地感到惭愧。

还好,同学们见状又友善起来,有的说:"你别哭,我们把你的缺点说出来,是为了你好,犯错就改,你还是个好孩子呀!"有的说:"以后,不要再骗老师了。"还有的说:"加油,你是最棒的,一定能改掉自己的坏习惯……"

这些同学不断地给他开导,俨然一个个小老师。我没有再说什么,陈同学连连点头,表示接受同学们的建议。

蝴蝶,为了获得重生变成蛹,蛹最终蜕变成了美丽的蝴蝶;蛇,为了成长脱掉了层层的皮,最终长成了蟒蛇。它们就这样演绎着新生,演绎着成长,我的孩子们啊!也在一次次的批评与自我批评中不断演绎着他们的新生、他们的成长。

▶不要吝惜你的赞美

吴国红

题记：我们只需要抓住每一个同学的闪光点，毫不吝惜地大加赞美，就更好地鼓励学生，让他们更有信心地向好的方向发展。

记得第一次学炒菜，什么也不懂，妈妈在旁边指导我，其实根本没有想那么多，也许是天生对色彩的敏感吧，盛盘时把菜摆得比较好看，妈妈不失时机地赞美："我女儿真棒，还知道把菜摆得如此漂亮！"一句不经意的赞美让我感悟到原来炒菜还有这么多学问啊！从此我对做菜也有了一种兴趣，我爱上了炒菜。

这件事情对我的影响很大。当了老师，也就有了赞美和表扬学生的权力，教师的赞美越多，学生就越显得活泼可爱，学习的劲头儿也就越足。作为教师都有这样的一种感觉，各班总有几个学生既不勤奋上进又不惹是生非，对班级活动既不反对又不能踊跃参加，虽然学业平平，却不名落孙山。一般情况下，他们既得不到老师的表扬，也得不到老师的批评，也就是说这是一群不被老师重视的学生，他们学习的积极性自然也不太高。我们班的刘开宇同学就属于此类学生之列。一次小小的事件，一句不失时机的赞美，从此改变了他学习的态度。

有一天下课，孩子们匆匆从自己的座位上站起来排队去做操，不知道是哪个孩子不小心把教室的拖把绊倒了，很多孩子就像没有看见一样，自己跳过去就走了。这时，从后面传出一个声音："大家小心啊！不要绊倒了！"我顺着声音望去，原来是刘开宇同学，我向他投去了赞许的目光。做完操，我不失时机地对刘开宇同学大加赞美，和我当初炒菜时不经意的做法得到了赞美一样,他一定也没想到他的一句话却得到老师的如此赞美,从此改变了这个同学的学习态度,他开始对班级的事情感兴趣了,也更加热心地帮助同学了,而他的学习成绩也上升了很多。

这件事情让我更加清楚地感受到赞美的力量,作为老师我们只需要抓住每一个同学的闪光点,毫不吝惜地大加赞美,就能更好地鼓励学生,让他们更有信心地向好的方向发展。

美国著名作家詹姆斯说过:"人性最本质的愿望就是希望得到别人真诚的赞美。"赞美使人兴奋,兴奋能激励人的深层潜能,多给孩子一些赞美、鼓励吧!

▶大手拉小手,一起向前走

袁雪玲

题记:孩子,伸出你的小手拉住老师的大手,我们一起向前走!

近来,一个名字常跃入我的脑海。转学已经好几个月了,不知道她现在学习怎么样? 她还会想起我这个启蒙老师吗? 她是谁? 噢,她是我去年教的学生——马俐丽。

说来好笑,一年级分班前,听同事笑说昨天入学测试中的一个小姑娘,"3加2等于几"都吭哧了半天答不出来。天哪,现在还有这样的小孩! 我心里叨念着:"千万别分到我这儿来。"没想到这个叫马俐丽的女孩还真就分在了我所在的班。

初次见她,看上去不像个学不进去的孩子嘛。我暗下决心,你越差,我就越要盯紧你：上课优先点名发言，作业优先批改，读书背书抽查也排在前边。一周、一个月、两个月很快过去了。可我却绝望地发现：她真的很差，我的诸多补差高招在她身上都失灵了，而且她开始逃避。放学把她留下，一不留神就不见了；我带她读课文，读得办公室其他老师都会背了，她还是结结巴巴。好，光靠老师不行，我请家长来，孩子的爸爸也来了几次，没想到她依然如故。

到底是哪儿出现了问题呢？在一次聊天中，孩子谈到了家里的妈妈不是自己的亲妈妈，亲妈妈在遥远的四川，好久没见面，也没听到妈妈的声音了。难怪孩子脸上有着与别的孩子不一样的神情，都怪我太粗心了。我说："好好认字、读书，字认多了写多了，老师教你写信寄给你妈妈，你就可以和妈妈在纸上讲话了……"她使劲点头。

从那以后，马俐丽变了，主动举手，早早把字写完给我批改。一次，她悄悄问："老师，你啥时教我写信？"我摸摸她的头说："再过段时间，就你现在的进步，快了。"孩子笑了，因为我已向她保证了。不久后的期终测试，马俐丽终于甩掉了不及格的帽子，考了77分！在散学式那天，我计划来教她写信，没想到却等来了她爸，说孩子已回四川，要开转学证。

虽然留下一个小小的遗憾，但在与小俐丽相处的日子里，我深深体会到一个教育者的责任。是的，我们面对的学生，总有那么几个跟不上趟儿，他们身上总存在这样那样的问题，而且总让我们欲说还休，欲罢不能。让我们耐心些，总有一天会触到他们心中最柔软的地方，告诉他：孩子，伸出你的小手拉住老师的大手，我们一起向前走！

▶"好心"办"坏事"

吴晓玲

题记:让教育成为一种正常的、健康的、富有诗意和追求的生活,绝不可以打着"为了学生"的幌子而把书本外的一切"野景"屏蔽。

临近期末考试,每位老师都已带着学生进入了紧张的复习中,特别是任教语文、数学的老师更是争分夺秒,抓紧一切时间讲题、改卷子,忙得不可开交。我也不例外,带着学生复习课文,检查该背诵的课文、段落,报听写……

上午第一节课,我拿着语文书、备课本走进教室,开始兴致勃勃地讲起来。时间过得可真快,一晃四十分钟就结束了,该下课了,可今天的复习内容还未讲完,怎么办呢?咦!今天上午第三节是体育课,我不由得暗喜……

到了第三节课,我拿着书抱着作业本又来到教室,一看我的架势,有的同学脸上露出极不情愿的样子,胆大的郭同学开口就说:"老师,体育课!"好像在提醒我,生怕我给忘了。我连忙向他们解释到:"快考试了,这节体育课我们就一起来复习语文吧!"接下来便是一片重重的叹气声,但碍于面子没有人再说什么。复习课如愿以偿地进行着,看到同学们这个样子,我的心里极不舒服,抓紧时间来帮他们复习,结果却是这个样子,真是:好心不得好报。

这节课我上得很吃力,我想同学们可能也是带着情绪在上课。我很后悔自己的行为,既花了时间,花了精力,又没有达到应有的效果。我开始对自己进行反思:为什么辛辛苦苦为学生着想,学生却不领情,难道学生是真的不领情吗？细细想来，是自己对学生缺乏人文关怀，是对学生自主权利的剥夺，一味按照自己的"好心"办学生眼中的"坏事"，结果适得其反。

看来，教育学生时需要我们用"好心"去办更多的"好事"。

▶我来举班牌

许　洁

　　题记：用心去发现孩子的本性，用情去呵护他们的天性，用尊重和信任为孩子撑起一片五彩的天空。

　　中午和下午放学，学校规定要站路队。每到这个时候，听到放学的铃声，孩子们都像被放飞的小鸟一样扑向操场，全校最热闹的时刻莫过于此。几千名大大小小的孩子都聚在一个不大的操场里，谈天、说笑、偶尔还会疯打，别提有多高兴了。但老师们却头痛不已。

　　我刚参加工作没多久，所以最怕的就是站路队的时候，教室里乖巧整齐的孩子们，一出门就像断了线的风筝一样，让我无法操控。

　　班里有几个特别调皮的男孩，每次从教室出来后就围在一起疯啊闹啊，丝毫不把老师放在眼里。看到他们这样，其他的同学也开始讲话，那场面看起来简直就像一个大杂烩，干什么的都有。这时候，我的声音已经完全压不住他们这群小鬼了，于是我就跑过去一个一个的拉，让他们站好。这需要很长的一段时间。每次把这几个调皮鬼弄好，校园里的班级差不多都走了。校门外的家长望眼欲穿。我不好意思再多留，就这样把一列歪歪扭扭的队伍带出了校门。

　　学校有一个专门表扬路队表现好的班级的小黑板，但我们班却一次也没上过榜！很长一段时间，我每天都在班里讲站路队这件事情。下午到校后、中午放学前，我不惜用老师身份去高压他们，用尽各种办法——留校、罚扫地，口头表扬或批评，但是总体情况仍然很糟糕。

这件事着实让我很困惑。观察其他的班级，同样是一年级的小朋友，为什么他们都站得像训练有素的小战士一样呢？是老师严厉一些，还是孩子们听话一些？一天，我像往常一样带调皮鬼们出来站队，喊口令的和举班牌的两个小班长说说笑笑走在了最前面，大约过了五分钟，还是乱糟糟的一片，我说："班长，整队。"那个孩子竟然没听到我的话，还在和周围的小朋友聊天呢，眼尖的孩子看到我站到了前面，大声说："班长，老师说该整队了。"这是，小班长才恍然大悟，立马转过身来，喊起了"立正"，秩序总算是好了一点。我依然跑前跑后，批评这个，表扬那个，希望他们能尽快站好，走到一个孩子身边，听到他小声地说："班长天天都在说话，老师还一直让他举班牌……"

对啊，为什么我每天关注的都是那些调皮的、让人头疼的孩子，对于那些老师眼中的"好学生"，反而疏忽了对他们的要求。像今天这样，举着班牌还在讲话，无形中造成了对同学们的坏影响。那谁来举班牌？何不让每天表现最好的孩子来呢！当即，我让已经举了一个月班牌的孩子回到队伍里，向调皮鬼们宣布："从今以后，老师要找最最遵守纪律的孩子当我们班的小榜样，让他来举着班牌，带领大家出校门。"此话一出，喧闹的声音即刻停止，每个孩子都用渴望而又自信的眼光看着我，腰挺得直直的，队伍在无形中也排好了。

我偷偷而又有点自责地笑了，原来，管理班级只需要一个恰到可行的小方法。此刻，我的面前，没有了调皮鬼，只有一群争当举班牌的小可爱们。

此后的路队，以我想像不到的顺利，一天一天安静而又快速地排起来。

▶约　定

邓秀梅

题记：班主任如同乐队的指挥，应该把家长及所有任课教师的力量调配好，使其发挥更大的作用，这样才能演奏出动人的乐章。

那天开家长会，家长们都来了。许多家长围着我，七嘴八舌地打听着各自孩子的在校表现情况。不少家长听了我的诉说后，应了几声就离开了。只有一位工作单位在报社的家长做了一件特别的事情，就是和我达成了一项约定。

我了解她作为一名记者，出于职业的习惯干什么事情都很认真，作为一个单亲母亲，身在职场整天忙忙碌碌，要四处奔波采集新闻素材，所以平时有些疏于管教儿子。当了解到孩子作文还不够理想时，她听从我的建议，决定安排孩子有计划地读书。作为母亲，可能怕孩子不太听从她，于是提议："老师，我天天安排孩子读书签字，你也天天帮我抽查，好吗？"为了孩子的进步，有家长的配合，我何乐而不为呢？于是我们就达成了这项约定。

第二天，我就开始检查这个孩子了。前几次，每次都是我主动找他。这是一个较为内向和敏感的孩子，必须多加鼓励！于是我在班上夸奖了他和他的妈妈，引得同学们的目光都注视着他。从这以后，再不需我提醒了，孩子每次到校后，就主动来找我，我在上面签上自己的意见，还写了评语。我发现，有了双方的努力，孩子的听课态度和家庭作业都有了很大的进步。一周后的语文单元测试，孩子竟打了94分，看得出他很高兴——这是上六年级以来最好的一次成绩！

时隔几日，刚好在教育报上看到一则国外教育的文章，文中说国外的老师和家长,在每一个学期初都要共同商量,讨论出孩子的发展方案,分清各自的职责,然后共同签订一份协议。之后家长老师共同管理,几乎每个孩子学期的发展目标都能实现。

看了此篇文章,心中感慨颇多,中国的家长,何时能够与世界接轨,多去管管孩子的学习,锻炼孩子的能力,而不仅仅是吃喝?!再想到这位学生家长的做法,心中颇感欣慰,毕竟已有人在开始行动了!虽然只是某一个方面。

身为教师,尽管我很忙,但我喜欢这样的约定,我更希望有越来越多的家长加入各类约定。

▶无声胜有声
代道琴

题记:对犯错误的学生进行适当的"冷处理",有时远比一味地关爱或批评更有效。

这是沉默的时刻,全校师生都低下头,静静地——哀悼在四川汶川大地震中逝去的生命!

也就是在这一刻,南教学楼上传来一句"动起来"的喊叫声,听着这令人厌烦、令人憎恶的喊叫,全校师生一片哗然。此刻的我,心里也难受极了,我知道那是我班李壮壮的声音。我记得自己是最后一个走出教室的,所有的学生都下楼来到了操场上,只有一种解释,他准是藏在厕所里了!正想着该怎样去处理这件事,张校长走到我的面前,严肃地说:"代老师,刚才的叫声好像是你们班学生的,你回到班上后,一定要对这个学生进行严厉地批评!"我连连点头。

　　回到教室，大家出奇地安静。我突然间有些伤感，自从接手这个班，对于这些调皮的学生，我是绞尽脑汁、想方设法去教导他们，去改变他们，六（1）班的形象就在全校师生面前有些改变时，竟又发生了这样的事情。

　　一时间，我竟不知该怎样来处理这件事！只见李壮壮站在走廊里——这会儿竟笔直地站在那里！想起曾经对他的教导，不是讲道理就是请家长，可结果仍是这样，好像这些对他来说，没有丝毫的作用，还是冷处理吧！我这样想着。

　　我把课上完后，没理会他，便径直到了办公室。身后的学生们都在气愤地议论他，有说他丢脸的，有说他没集体荣誉感的，还有同学说他没爱心。没过一会儿，他来到了办公室，低着头，那眼神里似乎有些许的后悔，些许的胆怯，我冷冷地对他说："我不知道该怎样去教育你了，对于你今天的所作所为，我不给予评价，你今天中午回家看一看电视，看一看四川汶川的地震新闻吧！"

　　下午刚上班，李壮壮背着书包早已等候在办公室门口了。他泪流满面地对我说"老师，我真为自己早上的行为而羞愧，四川汶川大地震太惨了……"说着，竟呜呜地哭了起来。我抚着他的头，轻轻地说："人的同情心是可贵的！一个善良的人，在今后的生活中，才会有作为，才会赢得别人的尊重！"

　　随后的几天，李壮壮的表现有了很大的变化，班上了的孩子也有了变化，是啊！对学生的教育有时也应是"无声胜有声"。

▶教室里的纸片哪里去了

刘 琴

题记:疏导是教育的艺术之一。

本学期开学不久,教室内外的卫生就成了让我们头疼的问题,每天只要走进教室就会看见纸屑东一片、西一片散落在教室和走廊。这些有的是艺术课上做手工的边角料,有的是整张的废纸。为了改变这种情况,我对他们从和颜悦色地讲道理到声色俱厉地威胁要罚扫地,软硬兼施,每次都是当时纸屑去无踪,过不了半天便会卷土重来。面对这种情况,我决定用"堵"的方法,课间派"卫生值日干部"检查,放学后检查抽屉,发现一个晚上留下来扫地,这样用了一段时间后,班里的卫生状况略有改观,但不到半个月,"纸屑"又卷土重来了。

为了杜绝这种现象,一天早上,我和同学们谈起了山区的孩子,他们艰难的生活、渴望学习的态度,教室里鸦雀无声,63双眼睛紧紧盯着我,发生在身边的事打动了每个孩子善良的心。最后我说:"让我们来帮助他们好吗?"我提出大家把每一片废纸都收集起来,放到班级的废纸回收袋中,卖了钱买些学习用品送给那些贫困的山区孩子。我的提议得到孩子们热烈地响应,班级教室后面的大纸箱中每天都装满了废纸,最让我高兴的是地上的小纸片统统不见了,课间只要有人发现了废纸的踪影就会愉快地拾起来放到废纸箱中。

教室恢复了清洁,而我从孩子们的脸上也看见了帮助别人带来的快乐、纯洁、美好。原来,教育也要讲艺术。

第二部分

教学感悟

▶在实践中感悟　在感悟中成长

看四季花开,领略生活美好;观潮起潮落,激发生命能量;读优雅文章,品尝人生百味;生活中,教学中,我们时常会有灵感一现的时刻。"感悟",即由感而知、而觉、而悟,是一个由浅入深,由感性到理性,由低级到高级的认识过程。课堂的容量是有限的,而感悟的力量是无穷的。从一节课的对比、一个案例的解析、一次学生访谈、一个问题的研究开始,我们通过不断学习,不断实践,不断反思,不断写作,使成功之处得到巩固,杂乱部分理出头绪,肤浅内容挖掘深化,欠妥讲法给予纠正。教师经常处于一种感悟的状态,有助于教育理论的内化和实践水平的提升,有利于形成敏锐的课堂观察能力,有利于提高教师的自我监控和领悟能力。

常有感悟,教学就会常教常新,学习就会鲜活有趣,课堂就会充满生机……

▶写真人真事　表真情实感

邱　俊

　　题记:众所周知,作文教学是语文教学的重中之重,但长期以来,作文难,难作文,文难作,这三个字似乎是一个怪圈,牢牢地圈住了师生的手脚。如何走出这个怪圈,提高作文教学的实效性呢? 针对中年级习作的要求和特点,我们倡导"记真人、叙真事、抒真情"来组织习作活动,让孩子用自己的话写自己熟悉的真人、真事、真想法、真感受。

　　(一)习作教学:指导方式多样化

　　1.提倡生活写真。

　　作文来源于生活,生活是文章的源泉。生活是色彩斑斓的,每个人的生活经历和感受又各不相同。提倡生活写真, 就是让学生做生活的有心人,随时注意生活积累,随时记录自己的所见所闻。那首先得学会观察,我们这里所说的观察,包括:看、闻、尝、触、摸等。作文前,自觉地调动多种感官参与观察,才能全面培养观察能力,写出真人真事。《小学语文课程标准》不仅在中段提出了观察要求,对于高段更是强调"养成留心观察周围事物的习惯,有意识地丰富自己的见闻"。可见,学会观察是比较重要的。

2.生活离不开想像。

中低年级学生处于书面表达的最初阶段,生活经验少,长于想像。我们平时说的拟人、比喻、夸张这些修辞手法,其实都离不开想像,只不过有的是一句话,有的是一段话,甚至是一篇文章。如:古诗"飞流直下三千尺,疑是银河落九天",虽是一个夸张句,但如果没有想像,能有这样的千古名句吗?再如:由眼前的冰面、岸边刚刚泛黄的柳枝,想到用不了多久,自己就可以荡舟水上,在柔嫩的绿枝下穿行,与水中的小鱼共舞;看到路旁仍瑟缩着的玉兰花苞,想到寒风过后,它们就会争芳吐艳,用满树的笑意迎送过往的行人……可见,如果没有了想像,表达内容就像花儿没有了水分。结合生活实际,展开丰富的想像,是把事物特点写具体,表达真情实感的基本方法。在教学中,我们可以采取编写童话、看图说话、听声音编故事等作文形式,来培养学生的想像力。

3.重视课后小练笔,鼓励自由作文。

在写作训练中,每册书中的小练笔不容忽视。第五册教材中共4次小练笔,第二单元是续写《小摄影师》,第四单元是写玩中的乐趣或收获。第六单元是写家乡的一处景物,第八单元是替《给予树》这一课的小女孩写几句感谢的话。为了使学生乐写愿写,写出真事、真想法,我鼓励学生自由练笔,不限时间,不拘字数,自由表达。学生们不但不怕写作,而且经常产生写作的冲动,表达自己对生活的种种看法,抒发真情实感。如续写《小摄影师》,我是这样指导孩子们写片段的:我问,课文最后一自然段高尔基说:"如果来的是个小男孩,就一定请他进来",那个小男孩到底来了没有呢?我先请几位同学表演,他们形象生动地把可能发生的情景展现出来,通过表演、观看,学生们很轻松地完成了作文。

4.注重一课一练,学有所获。

一周两节课的作文教学,一节有一节的收获。上课前,老师就要自己问问自己:这节课我要教会学生些什么呢? 上完课后要问孩子,这节课你学会什么了?只有这样做,才能把作文教学落到实处。比如:这节课我要教会孩子引用人物的语言可以有不同的形式。那么,我们这节课就专门让孩子们读、体会。还可以设计场景当场练习习作,比如:练习打电话,写下你和家人、朋友打电话的内容,并运用这三种不同的对话形式练写片段。

5.鼓励写个性化的生活经历,珍视学生的独特感受。

学生对生活的观察和感受是作文呈现个性化的基础。习作要体现个性化,首先要让学生写个性化的生活经历。每个学生个性不同,对生活的体验必然不同。要引导学生发挥各自的创造性,用自己的声音和性格说话,写出自己独特的生活和感悟,教师要"随机"施教。

在平时的作文教学中,我们要允许孩子对同一题材有不同的立意,同一中心有不同的选材,同一内容有不同的表达。只要孩子说得具体,写出了真情实感,学生的作文就会呈现"横看成岭侧成峰","浓妆淡抹相宜"的生动局面。

6.日记小火车,心灵沟通的平台。

很多老师都用写日记的方式来作为提高学生作文水平的手段,但大部分孩子总是敷衍了事。怎样才能改变这种状况呢?我把全班60名学生分成15列小火车,每组4人,一名列车长,三名列车员,四名成员每周轮流写一篇日记,列车长负责安排日记本的传递。每天上午,及时为到站的15本"日记小火车"写上鼓励性评语,发现精彩之处,及时推介,全班交流。为了让每一位孩子能更广泛地与同学交流,我们每隔两周,小火车之间互换一次,本周登上一号小火车,两周后就登上二号小火车,如此循环。现在"日记小火车"不仅提高了学生写作水平,也为学生家长与老师交流搭建了平台。孩子们说:"自从有了日记小火车后,班上的同学好像都成了好朋友,日记本就是我们交流的平台,我们可以把自己的喜怒哀乐在这个平台上尽情抒发"。

(二)习作完成:学生自改和教师评点相结合

学生掌握了写作方法还不够,写作完后的精批细改也至关重要。

首先是学生的自改和互改。《小学语文课程标准》指出:"要学习修改习作中有明显错误的词句。"教材中也多次提到"写好后读给同学听,请他评评写得怎么样"。我国古代诗人贾岛"两句三年得,一吟双泪流"。杜甫也道:"语不惊人死不休"。由此可见,作文是写出来的,好作文是改出来的。我想:对于中年级作文来说,一篇好作文首先要看是否按照习作要求来写,其次就是看是否表达出了真情实感。一篇文章,文辞再华美、瑰丽,如果没按要求写,内容不真实,也不能算是一篇合格的作文。

其次是教师的点评。许多老师都有这样的感受,耗费了不少精力批改的作文,学生总是懒得看一眼就胡乱塞进了书包,这种行为无疑是提高作文成绩的一大障碍。为什么会这样呢?究其原因,主要是很多的老师评语通常有批判性,语句生硬,很少有赞美性语言,所以,我们批改作文时,要多发现学生作文中的闪光点,多赞扬,还可以像朋友似的在文中和学生交谈,提出自己的看法。我班上有个叫周秋月的学生写过两篇作文——《郁闷极了》、《反省》,叙述了自己与同学、与家长发生了小矛盾,不知道如何处理而心情郁闷的事情,我给她的评语是:"作文写得很有真情实感,我最欣赏你篇末的那句话'抛开烦恼吧,做快乐的少年!'怎样才能快乐呢?除了自信,宽容等原则,还要学会恰当地处理同学之间的矛盾。我想,如果你能这样做,你会拥有更加和谐的同学关系,生活得更幸福,更快乐!"

▶音画合一,精彩之极

王桔红

题记:现代化的教育往往借助现代化的教学手段来完成。在语文教学中,充分利用电教媒体,为小学生提供直接的听觉、视觉形象,能行之有效地提高课堂效率。唐诗宋词是我国古代文学中的瑰宝,它以完美的艺术特色、丰富的思想内涵、广阔的社会生活深受我国人民的喜爱。我常常将多媒体画面与唐诗宋词欣赏结合起来,让课本中的诗词名篇在学生头脑中留下深刻的印象。

一、电教画面,视觉冲击

古诗教学,提倡把诗句想像成画面,再把画面还原为语言。在教学古诗《饮湖上初晴后雨》时,我充分利用电教媒体,给孩子们营造了美好的教学意境。

1.形象导入,激情引趣。

《饮湖上初晴后雨》描写的是杭州西湖的美丽景色。我的导入方法是把本人在西湖旅游时拍的照片做成幻灯片播放,不仅画面优美,而且真实可信,让没去过西湖的孩子对西湖有个初步印象,让去过的孩子陷入美好回忆,从而激发孩子们走进文本的兴趣。

2.创设情景,引发感悟。

古诗中的西湖在两种天气下的美都妙不可言,我用课件呈现水光潋滟的湖面和云雾迷蒙的青山,引领孩子们走入仙境:万里无云的晴空下,湖边柳条随风飘动,桃花开得正艳。雨后的青山,升起一团团白色的云雾,如轻纱一般。

3.补充资料,呈现人物。

学习本诗孩子们需要了解的人物是苏轼和西施。这两个名人距离学生生活十分遥远。我在网上搜集了很多二位的图片资料和介绍性的文字，让学生对遥远陌生的人物有了一定的了解和认识。

二、电教音乐，情感渲染

1.乐曲引入，调动情感。

在新课开启时播放与课文内容及情感相应的乐曲，能很好地拨动起学生心灵的琴弦，把学生引入课文的特定情境中去。如教学《饮湖上初晴后雨》一诗时，我适时播放名曲《印象西湖》，顿时，那动听的音乐把学生带入到了诗文所描绘的情境之中，开启了他们的情感与想像，这样，学生不仅很快进入学习活动中，而且充分获得了学习的乐趣。

2.配乐朗读，加深体验。

借助音乐伴奏进行感情朗读，能使学生沉浸在喜怒哀乐的情境之中，深入领会作者的思想感情。我在指导朗诵时，播放乐曲《琉璃湖畔》，待旋律流泻一段以后，自己先范读，再指导朗读，情感音乐的节奏和旋律将同学们拉进乐曲的意境和情感之中，他们在文学和乐曲交汇的海洋中神游着……试想，通过配乐朗读，通过文字和乐曲的双重刺激，学生怎能不产生身临其境的感觉呢？又怎能领会不到诗歌所要表达的思想感情呢？

3.伴随音乐，享受写字。

伴着轻音乐开头的海浪的声音，让人听起来很舒心，很放松。孩子们开始写字的时候，我播放曲子《月光水岸》，让书法与音乐艺术在强弱起伏、节奏、韵律、速度的快慢、讲究神韵等等诸多方面完美吻合。音乐是流动的画面，悦耳的诗篇，给唐宋词配置音乐，使欣赏课真正成为图、文、声并茂的整体，具有很强的感染力。

教与学的亲身体验证明，一堂语文课，通过声、像、色、形调动起学生的各种感官，去认识、分析、理解，使学生具体形象地感知事物，学习知识，掌握规律，确实能有效提高课堂教学效率。

▶有时错误也是一种美丽

焦　莉

题记:教师在与学生一起分析错误的原因时,往往会引起思维火花的碰撞,正是这种碰撞,使学生不仅对原有的知识结构更为明了,还会对原有知识各环节之间的关系理解得更透彻。所以,当学生回答错误时,不要给以批评或打击,因为——有时,错误也是一种美丽。

4月1日的上午第3节课,我执教《分数与除法的关系》一课,同年级组的四位老师去听。

这一内容包括两个例题:例1是把一个蛋糕平均分成3份,求每人分得多少个? 例2是把3块月饼平均分给4人,求每人分得多少块? 教学时,由于例1是分单个的物体,学生根据整数除法的含义,列出除法算式1÷3;可以根据分数的意义,直接说出结果,每人分得1/3个。1÷3=1/3(个),这样就把除法计算与分数联系了起来。而例2是分多个物体,学生容易理解用除法计算,但是理解计算结果得3/4块要困难一些。这是教学的一个难点。为此,我让学生用3个圆代替月饼动手分一分。

过了一会儿,我看学生操作得差不多了,就请学生交流自己的分法。耿梦黎先介绍了她的分法:她先把每个圆平均分成4份,每人分得1/4块,3个圆平均分给4人,每人分得3个1/4块,就是3/4块。还有不同的分法吗? 周贝阳举手了,他是这样分的:把3个圆摞在一起,平均分成4份剪开,再把每份的3个1/4块拼在一起,得到每人3/4块。周贝阳的话音刚落,曾宪驰就举手了,他说:老师,我不同意他的说法,把3块饼摞在一起,平均分成4份,那不就是12块饼了吗,把12块饼平均分给4人,每人分得3块,怎么会是3/4块? 这时我听到下面有少数同学也在议论,于是,我又把周贝阳的分法演示了一遍,并告诉学生,这里是把一摞饼看作单位"1",每人分得了单位"1"的1/4,我想这下应该听明白了吧。可是,曾宪驰仍然坚持自己的想法,就是每人分得3块饼。一时间,教室里热闹起来,争论不止。怎么办?可是有人听课呀!不能打乱了我的计划,于是我说:有问题下课后再交流,就按照设计的教学程序接着讲了下去,而我看到曾宪驰仍满脸的疑虑坐在那里……

下课后,我找到曾宪驰,和他再次进行了交流,把3个饼平均分给4个人,每人能得到一整个饼吗?他摇摇头。我告诉他,这里是把一摞饼看做单位"1",每人分得了单位"1"的1/4,也就是求3块的1/4是多少,他似乎明白了。事后,我在思考,为什么会这样呢?课前我也知道这个地方学生不容易理解,课堂上让学生动手操作,想通过操作帮助其理解,可还是对课堂的预设不周到,我就没想到学生没有学习分数乘法,对一个数的几分之几用乘法算不清楚,等学了他就知道求3块的1/4就是3/4块。

其实,在我们的课堂教学中,尤其是公开课上,有人听课时,生怕学生的回答超出老师的预设,总希望学生少犯或不犯"错",这样老师就能顺利的完成教学任务,不出现偏差。可是,有时学生总是出乎我们的意料。作为教师,我们面对的是一个个有鲜活思维的人,况且他们处于成长阶段,犯"错"是不可避免的,因为每一次犯错可能就是他们进步的一个新的台阶。

有时,错误真的是一种特别的美丽!

▶数学教学要联系生活实际
熊万青

题记:生活离不开数学,数学离不开生活。数学知识源于生活而最终服务于生活。这是数学教学的真谛。

在平时的数学教学中,我力求从学生熟悉的生活世界出发,选择学生身边的事物,提出相关的数学问题,以激发学生的兴趣与动机。使学生初步感受数学与日常生活的密切联系,并能学以致用。

"公倍数和最小公倍数"作为数学知识在许多人的眼里属于数论的抽象的纯数学内容,似乎很难与生活、游戏、童话、艺术挂上钩。我在教学这一课时,除了创设情境,引导自主探究新知外,还注意从学生的立场设计练习,从而使课堂妙趣横生,兼具数学味、儿童味和文化味,受到了学生的欢迎。如:

暑假期间,小林和小军都去参加游泳训练。小林每6天去一次,小军每8天去一次。7月31日两人同时参加了游泳训练,几日他们又再次相遇?(同时出示8月日历)

这节课就以学生熟悉的周期现象为背景,并以月历为依托,为学生提供了多层次的思考方式,满足不同学生的起点需求。学生可以借助月历进行画圈操作寻找答案,丰富体验,再次建构对最小公倍数的理解;也可以在进行初步的操作后,寻求问题的本质:找6和8的最小公倍数;当然,也可不进行实际的操作,而是利用表象进行思考,抓住本质,在解决问题后提出:如果是8月5日同时参加训练,下次同时训练又是几日呢? 这也就向问题的一般性上迈出了一步,从而有利于数学模型意识的建立。显然,有着生活背景的问题促进了学生的问题意识和模型应用意识的发展。

现在教学的例题不再是以往不可捉摸的、抽象、游离于生活之外的应用题或文字题,已变成了各种形象生动、鲜活直观的生活情境:买东西、去旅游、做游戏、找规律等等事例;像这样多方面的提升教材层次,就使得原本抽象的数学变得生动有趣。我们教师运用起这样好玩的教材来教学,自己也会感到特别有兴趣。

▶从文本中学写作文

刘海英

题记:语文教材中,每一篇文章都具有自己独特的风格和写作特点,如果教师在教学中善于引导学生发现、思考,并总结归纳这些写作特点,并将其渗透到作文教学之中,那么,作文教学就不再是难事了。

目前,很多小学教学老手都感觉作文教学常常是事倍功半的事情,虽然煞费苦心,但学生作文仍然是千篇一律、内容虚假、语言贫乏。其实,就我的教学经验来看,作文教学不能仅仅靠作文课上教,更应该渗透到每一个语文教学活动之中。我们的语文教材中,每一篇文章都具有自己独特的风格和写作特点,如果教师在教学中善于引导学生发现、思考,并总结归纳这些写作特点,并将其渗透到作文教学之中,那么,作文教学就迎刃而解了。

一、学习作者的立意

一篇文章如果在立意上新颖、奇特,便会使读者眼前一亮、兴趣盎然。如《山中访友》一文,想像奇特、浪漫,作者把自己融入大自然,把大自然中的一草一木当作自己的知心朋友,与他们进行心与心的交流。又如《草虫的村落》一文,把草丛中虫子的天地想像成一个"快乐和谐的社会","我"和它们一同陶醉于其中……这是多么新奇的立意呀! 融情于景、寄景于情,正如诗人辛弃疾在《贺新郎》中写道:"我看青山多妩媚,料青山看我应如是。"如果学生在欣赏美文之后,能把这种技巧运用到自己的作文中,以"我看青山多妩媚"的心态去欣赏身边的景物,必定会使笔下的景物变得鲜活、富有情感和生命力。

二、学习作者的观察角度和表达方式

语文教材每单元课文都有一个共同的主题，或是写景、或是写人、或是叙事、或是抒情……但是同一个主题的文章，不同的作者所采用的观察角度、表达方式却各具特色。如六年级上册第一组都是写景的文章，从观察角度上看，《山中访友》一文是从视觉、听觉、嗅觉等方面去观察的，《山雨》一文却是注重从声音美、色彩美的角度去观察。从表达方式上看，《山中访友》《草虫的村落》注重联想和想像，《山雨》《索溪峪的野》则注重抓住景物的特征去描写。再如六年级下册第一组都是抒情散文，但在表达方式上却各有侧重：《匆匆》《桃花心木》《手指》都在文中直接表达自己的感悟，《顶碗少年》却在文末用省略号来含蓄地表达，引人深思。所以，在每单元课文教学完成以后引导学生对本单元主题课文进行比较、归纳、总结，鼓励他们在作文中采用自己喜欢的表达方式。

三、学习作者的语言

课文大多在课前导语和课后练习中要求"背诵自己喜欢的部分"，这就是让学生积累语言。语言是写作的基础，是组成作文的"一砖一瓦"。只有写作技巧，没有丰富的语言词汇，作文也只能是纸上谈兵、空中楼阁。我们要鼓励学生在读书的同时注重积累语言。我们不难发现，文章中写得优美的句段大多用了比喻、拟人、排比、夸张等修辞手法。因此，在积累语言的同时也要引导学生用这些修辞手法来丰富自己的语言。一篇好的文章往往能让我们感动、让我们喜悦、让我们流泪，教师要让学生在阅读中体会情感，捕捉住文本与学生之间碰撞的情感火花，及时展开小练笔。

此外，在古诗词的教学中也可借鉴古人写景、叙事、抒情等各种风格及语言表达方式，将它们古为今用。如果我们能在教学中长期坚持"读写结合、读中学写"的渗透方法，定能教会学生写一笔好文章。

▶给学生一个自主学习的课堂

乔红雨

题记:"水尝无华,荡激乃成涟漪;石本无火,相击而发灵光。"师生之间通过交流能相互取长补短,不断完善自己的认知体系,形成条理化,规律化的知识结构。

"烙饼"是一节渗透统筹优化思想的数学课,它通过简单的优化问题渗透简单的优化思想。在教学设计和教学过程中,我以"烙饼"为主题,以数学思想方法的学习为主线,围绕"怎样烙饼才能尽快吃上饼"展开教学,设计了烙1张、2张饼的探究过程,然后以烙3张饼作为教学突破点,形成从多种方案中寻找最佳方案的意识,为学生提供独立思考、动手操作、合作探究、展示交流的时间和空间。学生利用手中小圆片代替饼,经历了提出数学问题——解决数学问题——发现数学规律——建构数学模型的过程。

整节课根据不同的教学环节,我渗透了以下教育理念:

1.解放学生的手,让学生操作实践。

《课程标准》指出:学生的数学学习内容应当是现实的,有意义的,富有挑战性的。如,课前我让学生明确要求以圆形纸片替代饼,与家人或小伙伴进行烙饼活动。这一环节让学生参与到知识的生成过程中来,在操作中感知,在实践中升华。并且,这一环节,紧密联系学生生活实际,从学生的生活经验和原有的知识出发,创设了生动、现实的情境让学生在兴趣盎然的活动中感受到生活中处处有数学,数学时时为我们生活服务,从而让学生更好的学习数学。

2.解放学生的口,让学生畅所欲言。

我先让学生以小组为单位,进行交流、展示、再全班交流,这一环节实现了生生之间、师生之间的平等对话,它既是生生之间的互动,也是师生之间的互动。

3.解放学生的头脑,鼓励学生想像、创新。

爱因斯坦说:"比宇宙更辽阔的是什么?是想像力。"在数学教学中,我们应该解放学生的头脑,让他们敢于向老师、向书本、向权威质疑挑战,鼓励他们标新立异,肯定他们的想像。例如,本节课有位学生提出:"如果一次能烙3张饼、4张饼或更多的饼呢?"我鼓励说:"这个问题提得真好!请同学们利用课余时间研究一下它有什么规律吧。"

4.给孩子一个发展的课堂。

数学教学不仅是传授知识的结果,更重要的是探究知识的形成过程,它不仅仅是承载数学知识的地方,它更是学生全面发展的场所,教师只有不断加强学习,不断提升专业技能,才能给学生一个创新的课堂,一个发展的课堂。

▶好一幅秋天的图画

秦 雨

题记:在学完写秋天的三组词语的基础上,让学生看秋色图并用上学过的词语,把表象的物与抽象的词联系起来,然后用看到的物来解释词语的意思,没有老师的说教,没有严谨的逻辑措辞,所解释的意思完全是儿童自己的思维,这样的语文教学符合学生的认知特点,凸显了新课标理念。

今天学习识字一。我首先仔细研读了教材,这课是由三组描写秋天的词语组成,词语很美,书页上配着一幅更美的秋色图。

课堂上，学生们兴奋地读着优美的词语。他们已经通过小组合作自己解决了生字，我又让他们交流了识字的方法，最后检查结果表明，识字关全部通过。

看到有的同学已经在背那些词语，我拍了一下手，示意他们停下。我表扬他们读得认真。然后告诉他们："我们都二年级了，以后再读书，就要边读边想了。比如，读今天这些词语，我们就应该想，这些词语都是描写哪个季节的啊？以后我们写话的时候能不能用上啊？"学生们大声回答出是描写秋天的词语后，我让他们看图说一说，书上的图可以用哪个词语来描述。学生们仔细观察，大胆地回答。李泽阳回答："可以说景色宜人。"我追问："你为什么用这个词呢？"李泽阳想了想说："这些树多美啊，我要看了就会很喜欢，所以说是景色宜人。""想得真好！"李泽阳高兴地坐下了。季一诺举手了："老师，我用层林尽染，因为那些树有绿的，有红的，有黄的，一层一层的，像是用颜料染过似的。"受到启发，举手的孩子多起来。他们纷纷说出了"叠翠流金""金秋时节"，而且是边看图边解释词语的意思。那些解释是幼稚的，但又是贴切的，我不得不佩服他们的理解力。"同学们答得真好，为了奖励你们，我们一起去旅游好不好？""金秋时节，我们班去香山旅游。哇，这里景色宜人，好美啊！抬头仰望，天高云淡；低头近瞧，叠翠流金；登高远眺，层林尽染。看着这迷人的秋色我们可真高兴啊！""同学们，我们在旅游的时候都用上了哪些描写秋天的词啊？""金秋时节""景色宜人"……"老师还用了一个书上没有的词，迷人的秋色。"平时不爱发言的陈辉大声说。"你听得真仔细。迷人的秋色还可以说成'秋色迷人'。描写秋天的词语可多了，同学们愿不愿意找来和大家一同分享啊？""愿意——""你们看，刚才老师带大家去香山旅游，看到了那么美的景物，用上了那么多优美的词语，现在同学们分成小组去别的地方旅游，回来和大家说说你们去了那里，看到了什么景色好不好？"各小组兴奋地说着，有的还用手指数着用上了几个词。抽查的结果好极了，有的用上了五、六个词。我告诉他们，下课后可以把自己的旅游过程写到写话本上。

下课铃响了，学生还意犹未尽。

这节课，我抓住学生们好奇、爱玩、喜欢美好事物的特点。在学完生字的基础上，看图让他们用上学过的词语，使表象的物与抽象的词联系起来，然后用看到的物来解释词语的意思，完全是学生自读自悟，没有老师的说教，没有严谨的逻辑措辞，所解释的意思完全是儿童自己的思维。这样的解释学生易于接受，易于掌握。接下来的旅游就是为了让学生们会用这些词，但是如果只是选词造句，就会枯燥，学生不感兴趣，调动不起他们的学习积极性。所以，选择他们感兴趣的旅游，就会使他们的情绪一下子兴奋起来，效果会事半功倍。最后是学着复述，其中也包含着学生们自己的创造，比如，旅游地点的改变，句子的重组等。这样的学习，生动活泼，妙趣横生，符合学生的特点，凸显出新课标中关于阅读的教学理念。

▶我要的也是"葫芦"

吴厚珍

题记：课文《我要的是葫芦》讲述了一个特别喜欢葫芦的人，看见葫芦叶子上生了蚜虫却置之不理，邻居劝他，他还振振有词地说："叶子上的虫还用治？我要的是葫芦"。最后，叶子被吃光了，他一个葫芦也没得到。

叶子虽然不是种葫芦人的最终所求，但为葫芦的生长输送了必要的营养。联想到自己只要分数不注重教学过程的做法，与那个只要葫芦的人又有何异？

如果你要问："教育应该重结果还是重过程？"我一定会毫不犹豫地回答："当然过程更重要喽。"呵呵，教了二十多年的书，这点认识还是有的，闭着眼睛就能答。可现实中的我又做得怎样呢？

上周的单元测试着实把人气得够呛：很多刚学过的生字写得不是"缺胳膊"就是"断腿"，几道很简单的题也是错误迭出，近一半学生成绩都不理想，有几个还考得特别差。想想自己平时呕心沥血地教啊教，这班没良心的小东西就拿这样的成绩回报自己，气儿就不打一处来。

在班上发了一通火之后还不解恨，我又把几个"重点整治对象"好一顿数落，直到几个小家伙不是低着脑袋像霜打的茄子，就是红着脸撅着嘴连声说："老师，下次一定好好学。"我才善罢甘休。

可等上完《我要的是葫芦》一课后，我突然意识到自己大错特错了。

这篇课文主要讲一个特别喜欢葫芦的人，看着葫芦叶上生了蚜虫却置之不理，邻居劝他，他不仅不听，还振振有词地说："叶子上的虫还用治？我要的是葫芦。"最后，叶子被吃光了，他却连一个葫芦也没得到。

叶子虽然不是种葫芦人的最终所求，但为葫芦的生长输送了必要的营养，叶子生了蚜虫岂能置之不理？寓意并不复杂，七岁的学生都能说得清道得明。课文无疑给了我一记响亮的耳光。联想到自己只看分数不理想，不反思教学过程出了什么问题，只一味地责怪学生而不深刻反思自己，这种只要分数的做法不是与只要葫芦的那个人一样吗？

深究思想根源，我认为，虽然国家推行素质教育已多年，但在高考指挥棒的长期指引下，分数的确跟葫芦一样可爱，因为那是衡量一位老师的教学业绩的一把显而易见的"尺子"，更是学生的前途与家庭的幸福之所在。因此，不管白猫、黑猫，抓到老鼠就是好猫，能使学生考到高分的教育就是好的教育。于是，老师们唯分数论英雄，加班加点、大搞题海战术，培养了一批又一批高分低能的"副产品"，我们的国家失去了一个个可爱的

"宝贝葫芦"，教育重结果、轻过程的倾向依然严重。在这样的大势所趋之下，我也不知不觉扮演了一个急功近利的角色。想想自己天天口口声声喊"教书育人"，心里也很明白，教书只是途径，育人才是根本，高分虽是最理想的目标，但高分背后——学生的发展才是社会的所需，但为什么就做不到面对低分不生气呢？说到底，我要的还是分数这个"葫芦"啊！

痛定思痛，尽管恨铁不成钢，尽管出发点是好的，可没有从儿童的视角考虑问题，更没有从自身找原因，生气没有用，发脾气更是错上加错。我对自己说，今后只要改进教学水平，让学习快乐起来；培养良好习惯，让学生自觉起来；注重教学过程，让学习扎实起来；帮助转变观念，让家长配合起来……从这些根本问题着手，学生的语文素养和学习能力逐步提高了，分数问题不也自然迎刃而解了吗？

▶有一种爱叫做放手

吴厚珍

题记：把学习的主动权交给学生，是新课标确立的教学理念；"自主、合作、探究"是新"课标"倡导的学习方法。新的教学理念要求教师激励学生参与到教学过程中来，放手让学生走进文本、走出文本，走进生活，主动地学习、探究、体验。但是，小学四年级的学生能走多远？斟酌再三，我决定以《鲸》这篇说明文的教学为例，来尝试一下"放手"的滋味。

孩子们听说让他们过把当老师的瘾，可来劲了。

为了当好小老师，孩子们先请我帮忙梳理课文的条理，通过讨论，我们把教学内容分成了鲸的种类、鲸的生活习性、鲸的形体和有关鲸的"知识大观园"四个研究课题,分别由四个备课小组来"攻关"。

任务明确之后,各小组就紧张忙碌起来。我惊喜地发现,孩子们"备课"可认真了,他们或去书店查找文字和图片;或去音像市场搜寻录音和影碟;或在网上仔细搜索有关鲸的信息,或向爸爸妈妈虚心请教。来自方方面面的鲸的有关知识成了炙手可热的抢手货。

经过一周的精心准备,课终于开始了。

那天,我规规矩矩地端坐在学生的座位上,听小老师们上课。一位小不点儿郑重其事地走上讲台,只见他一会儿出示图片,一会儿播放影碟,生动地讲述着"鲸从大的方面分、可分为须鲸和齿鲸两大类,从形体和生活习性等方面来细分,又可以分为抹香鲸、座头鲸、虎鲸、蓝鲸……"我举手发问:"老师,我们怎样才能识别它们呢?"很显然,这问题没难倒"先生",小老师侃侃而谈:"有牙齿的叫齿鲸,没牙齿的自然就是须鲸了。有经验的渔民还可以从它们喷出的水柱来判断鲸的种类。须鲸的水柱是竖直的,又细又高;齿鲸的水柱是倾斜的,又粗又矮。根据这一点,你能判断出这头鲸是齿鲸还是须鲸吗?"小老师指着屏幕问。我认真地看了看图,说出了答案。小老师冲我满意地点点头,看他讲得这样有条有理,我暗暗吃惊和佩服,"老师"又向我提问了:"你知道被誉为海洋歌唱家的是什么鲸吗?""不知道。"我如实回答,小不点老师有些得意:"告诉你吧,是座头鲸,它能发出18种不同的声音,而不同地区的座头鲸使用的'方言'还各不相同哩!"听他娓娓道来,当了十几年老师的我感到眼界大开。原来,鲸的家族里有这么多成员啊!"教参"上怎么没有这么齐全?看来我们以前的教学真有点"误人子弟"了。

紧接着,几位小老师同时走上了讲台,他们是介绍鲸的生活习性的,也不知从哪儿找来的《动物世界》中鲸的视频,加上小老师自己的配音解说,他们竟然把鲸如何进食、如何睡觉、怎样呼吸、怎样生长繁殖介绍得一清二楚。看得出来,既分工又协作,既有各自介绍的重点,又能相互补充说明,他们之间的合作竟是那么默契!为了具体、形象地介绍鲸是如何睡觉的,一位小老师还在黑板上画了一幅示意图,用稚嫩的线条再现了鲸睡觉的习惯和姿态,真是图文并茂,简洁明了,有趣极了!

这帮小老师的话音未落,"知识大观园"课题组的"老师"们就迫不及待地冲上了讲台。他们带来了五花八门的知识抢答题:"谁是世界上最大的动物?""鲸为什么会集体自杀?""海豚是最小的鲸?""鲸是鱼类还是哺乳动物?""抹香鲸为什么能分泌出龙涎香?""为什么说鲸的全身都是宝?""我们应该怎样保护鲸?"嗬,问题可真不少!我好不容易抢到一题,回答正确后,小老师还像模像样地冲我翘起了大拇指:"你真棒!"这些问题的设计俨然打开了一扇扇知识之窗,使孩子们的学习从课本延伸到了生活中,课堂气氛也空前活跃,高潮迭起,我仿佛走进了"幸运52"的直播现场,那感觉就一个字——爽!

看着小老师们个个小脸泛红,小眼放光,小嘴侃侃而谈,我则在一旁偷着乐——"放手"的滋味原来这么爽!

联想到自己有时为了上好一堂课,不但要精心设计教案,还得四处查阅资料,忙得不亦乐乎,自以为胸有成竹了,课堂上不仅收不到预期的效果,更没有眼前这"火爆"的场面——学生以饱满的热情、强烈的欲望、鲜明的个性和强大的内驱力参与到学习的过程中,学得那么生动、那么投入,我惊诧这种角色转换后爆发的巨大活力!孩子的潜能究竟有多大?我没法估量,但眼前的事实告诉我,只要我们指导得法,辅导有方,孩子们完全有能力学得会、学得好。如果运用这种方式教学,孩子们每一篇课文都能钻进去、学透彻、悟明白,哪里还需要我们煞费苦心地硬把知识往他们头脑里"灌"呢?

反思在平时的教育教学中,我这个"勤快"老师唯恐学生不懂,总是不厌其烦地讲,担心学生这不会那不会,不敢放手让学生去做,可是,由于统得过死、牵得过多,眼看着学生成了"圈养动物",个性受到了压抑,失去了自己"觅食"的能力,这难道就是爱学生吗?

因此我想说,有一种爱叫做放手! 作为教育工作者,让我们学会适时放手,尽早放学生去飞吧,因为只有羽翼锻炼丰满了,他们将来才会飞得更高、更远!

▶名师的境界何处来

吴厚珍

题记:一次偶然的学习机会,让我有幸邂逅了淮北名师陈金龙,邂逅了陈金龙的精彩课堂。短短的几十分钟语文教学与演讲,带给我太多的感受:有震撼,有敬佩,有启迪,也有向往,但最触及灵魂的,还是内心深处,我不由自主地拿自己这个所谓的"湖北名师"与陈金龙这个"淮北名师"进行的一番比对与反思……

震撼——名师,果然"名"副其实

让我震撼的是名师其人。印象中,讲遍大江南北、长城内外的名师都是潜心修炼多年、积淀丰厚、高山仰止的白首老者,一如于永正等人。但出乎意料的是,陈金龙是一个来自乡下的、朴实、高大、英俊的小伙子,三十刚出头的年龄,却功底深厚,功夫了得:诙谐幽默的教学语言、漂亮大方的楷体板书,磁性标准的课文范读以及厚实的文化底蕴,精湛的教学艺术,驾轻就熟的调控能力,无不如行云流水般挥洒自如,名师举手投足间透着沉稳干练、还有睿智和机敏,这些无不让我深深折服。听完课,我迫不及待地点开网络,呵,陈金龙前年夺得全国优质课大赛第一名,一炮打响,红遍全国,被各地邀来请去,与窦桂梅、王崧舟等大师级的人物同台献技,真牛!再查看一下人物档案,人家不仅教书牛气十足,还身怀绝技,多次在全国书画大赛中摘金夺银呢。呵呵,看来,这名师,还果然"名"副其实啊!

敬佩——语文,的确"文"味十足

听陈老师讲《妈妈的账单》一课,像读一篇散文:形散而神不散。每个教学环节看起来似乎都毫不经意、信手拈来,但细细一品味,却是匠心独运、步步为营,每一处无不从"情"字出发,扎实训练了双基,体现了读与写的结合,充满了浓浓的语文味。例如:出示小彼得的账单后,他让学生仿写一份,这样,就巧妙地使文中的彼得和学生融为一体了,两者一起感同身受、经历情感的变化过程;出示妈妈的账单时,他引导学生用春、夏、秋、冬四季妈妈会为你做什么,来描述"十年的幸福生活",从早、中、晚三餐来描述"十年的吃喝",从孩子生病时,妈妈的焦虑、担心,恨不得自己替孩子生病,把文中抽象的语言文字活化为学生生活的点点滴滴,从而体会妈妈为孩子付出之多、母爱无价。陈老师首先是个朗读者,他用范读和点化让学生把"怦怦"、"羞愧"、"蹑手蹑脚"等词句声情并茂地读成了一幅幅鲜活的画面;整节课他的板书仅有一个大大的"0"字,却把母爱诠释得那么透彻,那么感人至深。最后,教师对学生当堂书写的账单处理得更为巧妙,他问学生打算怎么处理时,孩子们纷纷表示要求撕毁、丢掉,老师建议留下,放在书中,成为记忆的永恒。同时,音乐响起,课在教师深情演唱的《母亲》歌声中结束,全场掌声雷动,经久不息,学生久坐不肯离去,不知何时,泪水也悄然爬上了我的脸颊……

向往——教学,充满意境之美

"这是我平生听到的最好的课!"一遍又一遍地,我忍不住向同事倾诉内心的愉悦与幸福!——原来,语文教学也能创造这样美不胜收的意境;

原来,语文课堂也能托着"明星"冉冉升起;原来,语文教师也能打造自己的人气磁场,迷倒"粉丝"一大片;原来,自己从事了二十多年而且会为之奋斗终生的事业竟是这般有意义!教师之于课堂,犹如演员之于舞台、苍鹰之于蓝天、将军之于沙场,小小讲台天地宽,我们完全可以在这块"一亩三分地"里大有作为,尽情享受享受辛勤耕耘的乐趣,享受实现价值的快感,享受教学艺术诗一般的纯美,享受与孩子心灵相通的幸福。

思索——名师,境界从何而来

由此及彼,我不由得联想到自己。起初工作的那几年,我似乎全在发昏,常常不思而教,把教书当作谋生的手段,是典型的教书匠、"打工者";后来有幸遇到身边的榜样张德兰,就见样学样,追逐她走过的足迹一路前行。经过多年的奋斗,我品尝到了成功的喜悦——去年,我也被评为"名师"、"特级"!可是,今天和陈金龙一比,自己这个所谓的名师简直就像李鬼遇到了李逵,心虚不已;更像丑小鸭见到了白天鹅,自愧不如。原来,我是盛名之下,其实难副!和真正的名师的距离不是近了,更近了,而是远了,更远了啊!

为何他的名字响彻大江南北,开口一讲就征服众多师生的心?为何如此年轻的他教学却如此老道?为何如此淳朴的他事业却如此辉煌?名师陈金龙的境界究竟从何而来?细细思量,不难找到答案。

感悟之一:丰厚的文化底蕴撑起名师的诗性

第一眼见到陈金龙,感觉朴素甚至有些土气的旧西装掩饰不住他儒雅的书卷气,往讲台上一站,他就是语文!"问渠哪得清如许,为有源头活水来",这种儒雅的气质从哪里来?我想只能从读书中来,因为读书滋养灵魂。资料显示,陈金龙读了大量的书,什么书都读,他才有了丰厚的文学修养,多元的文化吸收。他的课,之所以大气磅礴,收放自如,游刃有余,得益于大量读书;他的课,之所以敢创新能创新,得益于多读书,因为见多识广，所以能在比较中形成自己对教育教学的独特见解；他的课，学生的收获之所以远远超越了课本知识，而更能体会人文精神，也得益于多读书。只有具备深厚的文化积淀，才会有自信，才敢真正放开；只有不断读书，教师才会成为源头活水。

反思自己的课堂，常常是粗糙的、浮浅的，缺乏诗情画意，不能吸引学生，讲课、说课、评课、写文章时不会引经据典，只能泛泛而谈，率性而为。这其中很大的原因是因为内存不足，语言过于苍白、贫乏，对文本的理解过于粗浅。其实，我也是好读书之人，但读的都是休闲杂志或豆腐块似的小论文，很少拿起大本头来啃。陈金龙的成功告诉我们，语文教师的知识结构应当有三块组成，即精深的专业知识，开阔的人文视野，深厚的教育理论功底，读书是我们教师一辈子的事啊！

今后，我更要沉潜下来，多多读书，尤其要读教育专著，像陈老师一样，天天读，随性读，为自己读，为学生读，这样我的语文课才会丰富起来，灵动起来！

感悟之二：高超的教育智慧支撑起名师的灵性

陈金龙是幽默的，风趣的调侃常常赢得听课教师"哈哈"一笑；陈金龙是轻松的，于沉着稳健中悄然达成了教学目标；陈金龙是快乐的，成就感洋溢在言行举止之中；陈金龙是激情的，他的激情感染了所有的听课教师和学生。课堂上，正是他的激情点燃了孩子的激情，他的幽默、轻松、快乐释放了孩子的灵性，孩子们才畅所欲言，妙语连珠，显现出儿童特有的天性来。

反思自己，责任心似乎挺强，艺术性却很差，貌似很优秀，其实问题多多，自我感觉良好，反思能力低下。从教20多年来，我也虔诚地模仿过于永正的质朴和平实，专注地学习过支玉恒的大气和洒脱，刻意地追求过靳家彦的奇崛和壮阔，认真地琢磨过贾志敏先生的严谨和机敏。但盲目的模仿,让我丢了自己,刻意的移植,终究成不了艺术。陈金龙让我明白,学习名师要善于抓住精髓,深入研究吃透那些令人神往的教学片断,做到举一反三。如听《草船借箭》,明白文本也可以这样有创意的阅读;听《威尼斯的小艇》,明白小小的逗号原来也有这么多的意味;听《荷花》,明白小小的"冒"字也可以让学生的心灵之花开放;听《一夜工作》,明白一个"简单"可以让语文变得如此的"不简单";听《我的战友邱少云》,明白一个"纹丝不动"也可以像诗一样一唱三叹……其实,每个人的教学都有自己的特色,只有在借鉴的基础上融合,在模仿的背景下创新,在扬长避短、兼容并包、融会贯通中逐步成就自己的教学风格,才会富有教育的智慧和灵性,才能成为真正的名师。

感悟之三:宏阔的课程视野支撑起名师的活性

"活"就是鲜活,生活。语文是鲜活的,语文是生活的。生活中处处都是语文学习的资源,时时都有学习语文的机会,生活有多广,语文就有多广。语文离不了生活,我们为生活而学语文。只要爱生活的人,爱语文的人才够资格当上一个好的语文教师。在情感派大师孙双金老师的点拨下,学生字正腔圆地读,激情澎湃地诵,入情入境地吟,兴趣盎然,兴致勃勃,思接千载,浮想联翩,如沐春风,如痴如醉。陈金龙说,自己给城里的孩子上《乡下人家》课时,说:"乡下的'乡'字,第一弯是弯弯的小路,第二弯是弯弯的柳树,第三弯是弯弯的月亮。想不想去乡下人家领略这如诗如画的美?"给农村的孩子上《乡下人家》时,知道他们身在其中,不以乡村为美,就说:"老师曾和你们一样生活在乡下,可长大后,无论走到哪里,都忘不了咱们乡下的田园、鸡舍、夕阳、炊烟。如果你长大后离开这里,会忘不了这里的什么呢?"同样的课文,根据不同的教育对象设计不同的导入语,完全是顺学而导,顺学而教。"教学语言,千锤百炼。"淮北名师陈金龙之所以能挥洒自如,以真情感染真情,以智慧启迪智慧,以人格引领人格,深藏其后的是大语文观和以人为本的学生观,是教师的辛勤付出和不懈探索。

感悟之四:远大的职业理想支撑起名师的神性

教育教学是一种追求,一份事业,一种人生乐趣。心念之、行践之,故能不以为苦,反以为甜。

魏书生热爱教师工作,多次招工、提干、回城,他都一次次拒绝,上百次打报告要求留下来做教师,并且越做越起劲,越做越有成就,以致做校长、做局长了仍舍不得离开课堂。王崧舟说:"在流转不息的生命之轮中,我为语文而来!是语文滋润我粗糙的感觉,是语文放飞我稚嫩的幻想,是语文点燃我喷涌的激情,是语文唤醒我沉醉的智慧。我平庸的生命,因为语文而精彩!"读这段话时,我很感动,为这种炽热的爱而感动,为感动而感动。如果我们没有对职业的远大境界,对教育没有宁静的心态,对课堂没有澎湃的激情,对学生没有慈悲的情怀,对语文没有爱,那么我们的语文还会诗意地栖居在大地上吗?

小时候,我的语文是所有课程中学得最好的,在全班也是学得最好的。没想到,长大后我会以语文为生,做着自己最擅长的事情,这是一件多么开心的事啊!因此,做一个优秀的语文教师是我毕生的追求。可是,面对商品经济大潮的冲击,有时候我也发牢骚,也有过撂挑子的想法。仔细想想,真正的名师都是不计名利,甘于奉献的。所以,我需要进一步沉下心来,守得住清贫,耐得住寂寞。当心灵不再浮躁,当精神不再流浪,当灵魂不再飘荡时,名师的厚重感自然而然就会出现。

或许,成为"陈金龙"式的名师的梦还很遥远,但我会带着敬仰上路,因为,时不我待,上下求索正当时!

▶称赞的力量

王华爱

题记:称赞的力量是无法估计的,恰到好处的称赞带给孩子的不仅仅是那一刻的开心,还有许多许多力量。

"称赞"的力量有多大? 我在自己的课堂上找到了答案。

《称赞》是一篇文质兼美、寓意深刻的童话故事,通过小刺猬和小獾互相称赞的故事,让学生感受真诚的称赞会给人带来自信、勇气、快乐。教学中,我紧扣课题"称赞"一词,始终用真诚的称赞,鼓励的笑容,肯定的眼神,不断激发孩子的探究兴趣,不仅赞出了一节精彩的语文课,也让学生在理解文本过程中感受到"称赞"的无穷力量,学会了真诚地称赞别人,收到既教书又育人的良好效果。

一、开启灵性的课堂

走进教室,我紧扣课题,对孩子们积极准备上课的状态进行了称赞:"同学们今天的精神状态真不错! 这节课我们的表现一定很棒! ""看你们的眼睛多么炯炯有神,一直注视着老师! 老师由衷地称赞你们! "开课伊始,我用"走迷宫"游戏和认读词语两个环节来检查生字、词语的掌握情况,其间,我不断用"真棒! 你读得真标准! "等话鼓舞学生。充分的"预热"和热情的称赞,有效地激活了学生思维,为生命课堂引进了快乐因子,为下一步的深入探究打下了良好的基础。

二、让称赞贯穿课堂始终

课中,我再次紧扣课题,提出两个问题:文中小动物是怎么相互称赞的? 他们的称赞给对方带来了什么奇迹? 然后让学生设身处地、深入其境地进行朗读体会,感受称赞别人能带来意想不到的收效。我有意识引导学生找出小刺猬和小獾互相称赞的两句话:"你真能干, 小板凳做得一个比一个好!"和"你的苹果香极了,我从来没有见过这么好的苹果。"通过抓重点词"一个比一个""香极了"等指导学生朗读,让学生感悟词语的形象和生动; 又引导抓住小刺猬和小獾相互称赞所带来好处的句子:"在我有点儿泄气的时候,是你称赞了我,让我有了自信。""谢谢你,你的称赞消除了我一天的疲劳! "培养学生从朗读到感悟,真正悟出称赞给人带来的巨大力量和神奇的勇气。接着,我提出疑问:"小獾的板凳做得很粗糙,小刺猬为什么还要称赞他呢? "让学生抓住"板凳做得很粗糙,但是看得出,他做得很认真"这句话朗读,理解、肯定别人的认真态度。在整个教学过程中,我始终面带微笑用丰富的评价语言不时给予真诚的称赞,让"称赞"的语言和"被称赞"的感受一次次在课堂上中重现,并问问他们听了老师的称赞内心是何感受,从而引导学生从朗读中学会欣赏和称赞,体验到称赞的快乐,成长的快乐,称赞的力量。

三、让称赞成为一种美好品质

莎士比亚说:"称赞是照在人心灵上的阳光。"的确,称赞,快乐着别人,也快乐了自己! 称赞,有利于人们事业的成功和生活的幸福。因此,这节课不仅要让学生收获称赞,更要让他们学会称赞,学会做人,为他们的终身发展奠基。于是,我说:"只要是发自内心的称赞,即使是平淡如水的一句话,也会产生意想不到的效果。不信咱们来试试"。安欣茹说:"宋柏峰,你的发言真精彩呀!"李卓越说:"张文秋,你认识的字真多呀!"郭瑞阳说:"刘语涵,你写的字真漂亮! "刘仁宇说:"蔡官荣,你比以前讲卫生了,桌子底下没有废纸了。"……哈哈,称赞的力量如此神奇,每个孩子的脸色是那般生动,表情是那般喜悦,眼睛是那般明亮,笑容是那般灿烂!看到孩子如花的笑脸,我深深地震撼了,情不自禁地说:"称赞是鲜花,芬芳我们的生活;称赞是春风,温暖我们的心灵;称赞是调味品,它让我们的生活有滋有味。称赞胜过高山白雪的晶莹,真正的朋友用它来取长补短,相得益彰。孩子们,就让我们彼此称赞,相互欣赏,温暖相伴吧。让我们从现在做起:称赞妈妈的饭香菜美,驱散母亲一天的疲倦;让我们从身边做起:称赞同伴的优点,看我们团结友爱其乐融融……"我的话还没说完,教室里已是掌声雷动。

从一张张幸福的小脸上,我读懂了,称赞已成为一种美好的品质注入他们的生命,这,才是这节课最大的收获。

▶沉醉在优美的夏夜里
李运梅

题记:教师的真正本领,不在于他是否会讲述知识,而在于是否能激发学生的学习动机,唤起学生的求知欲望,让他们兴趣盎然地参与到教学过程中来。

新课程标准认为,阅读是学生个性化的行为,首先是学生与文本之间的对话,然后是学生之间就文本所进行的对话。既然如此,教学就不能包办代替,要让学生自己去进行阅读,自己去感受,自己去思考,在积极的思维和情感活动中,加深对文本的理解和体验,并从中得到"营养"。

观照课程标准新理念,反思自己教学《夏夜多美》一文的片段,我深深感受到,当今的语文课堂,不再是教师传授知识的"教堂",也不再是学生一味接受知识的"学堂",在这里,学生、教师、文本之间充分展开对话,师生间彼此接纳,在对话过程中体验情感,享受着快乐。

　　《夏夜多美》(第二册)讲述了一个生动的童话故事:在夏天的夜晚,一只小蚂蚁掉进池塘里,是朋友们帮助它回到了家。学习本文不仅要让学生感受到夏夜的景色美,重要的是体会到助人为乐的精神更美。

　　在学生熟读课文的基础上,我提出"你从课文哪些地方感受到夏夜的美呢"这个问题犹如张目之纲,引发学生思考,有的蹙眉沉思,有些性急的已举起了小手。等了一会儿,我请小姑娘丹丹发言,她站起来,说:"我认为课文中写的青青的假山、绿绿的草坪、还有一座花坛,很美,我想那一定像公园一样,还开着五颜六色的花儿呢。"她能将语言文字联系到自己的生活经验,感受出自然景色的美丽,我给予肯定,特别强调她会从课文的字里行间找到答案,意在引导学生直接面对文本,充分读书,构建理解的桥梁。那些性急的孩子似乎得到启示,连忙低下头去看书思考。璇子站起来道:"我觉得睡莲很美,你看图画上,它有红红的花瓣、黄黄的花蕊、绿绿的花干,还睁着大大的眼睛,张着红红的嘴巴,就像一个漂亮的小姑娘。我一看就喜欢。"听着璇子的发言,我情不自禁地竖起拇指:"你真是一个有心的孩子,连书中的插图也看得这么细致!"不经意的一句话,实际上是给孩子们思考问题提供一个凭借,不仅要认真阅读课文,仔细观察插图也不失为一个好办法。顾森源大胆发言:"我觉得睡莲不光长得美,它还热心帮助有困难的小蚂蚁。它怕小蚂蚁被水淹着,弯弯腰,让小蚂蚁很容易就爬到了自己身上,还请小蚂蚁住下来。""这就是乐于助人。"何丹阳迫不及待地说道:"我看蜻蜓、萤火虫也很美,蜻蜓送小蚂蚁回家,萤火虫来为它们照亮。"蔡尚东高举着手说:"我想把课文读给同学们听。"他绘声绘色地朗读着,仿佛自己就是文中的人物,其他学生认认真真地倾听着,当他读到"把小蚂蚁送回了家"时,教室里响起一片掌声。我不失时机地要求:"大家能像小朗诵家蔡尚东一样读读课文吗?"孩子们入情入境地朗读着……

　　望着他们如痴如醉的神情,我想孩子们一定进一步与课文中的人物悲喜产生了共鸣。此时此刻我感到平日里的那些道德说教是多么苍白无力,在这里,在与文本的心灵对话中,学生们把头脑中生活经验的积淀付诸对文本的理解,充分展开思想与思想的碰撞,情感与情感的交融,心灵与心灵的接纳,整个精神活动积极活跃起来,美好的品质似丝丝春雨浸润着学生幼小的心灵。

作为老师的我,也和孩子们一起沉醉在这美丽的"夏夜"里,从课堂对话中得到了启迪,净化了心灵。

▶由"山阴道上"想到的

李运梅

题记:教师要将"学习"作为最重要的职业需要,形成"人人是学习之人,时时是学习之时,处处是学习之处,事事是学习之事"的理念。

"走过任何一条街,抬头向上看,家家户户的窗子前都是花团锦簇,姹紫嫣红。许多窗子连接在一起,汇成了一个花的海洋,让我们看的人如入山阴道上,应接不暇。"这几句话出自季羡林先生的《自己的花是给别人看的》一文。

课堂上,执教老师引导学生汇报交流文中描写景色奇丽的语句,孩子们会不由自主地找出以上句子并谈自己的感受,有的孩子这样体会"如入山阴道上"——好像来到茂密的山林,弯弯曲曲的小道两边草木茂盛,形成一道浓荫。从字面上看这样的理解似乎是没有错误的,赢得了老师的肯定。

课下,参与听课的市教研室宋铁流老师对"山阴道上"进行了另一番解读,从其典故讲到词的引申义,令我大开眼界。带着疑惑,回到家中我又查阅了资料,果然如宋老师所言——山阴道上:山阴,是一地名,在今浙江绍兴,那里风光秀丽,古时文人骚客多汇集此地,吟诗作赋。刘义庆《世说新语·言语》中有"从山阴道上行,山川自相映发,使人应接不暇"。后人用来形容风景优美,看不过来;也比喻好东西很多,来不及应付。

佩服宋老师的学识渊博之时,更为自己的孤陋寡闻而愧疚。常常自以为从教已二十余年,有着比较深厚的功底,平时忙忙碌碌写好教案应付检查,再就是翻阅一下教师教学用书,读两遍教材,借鉴他人的案例设计,真正深入教材钻研的少,潜心研读文本形成自己的见解更少。

老师的高度决定课堂的深度、广度。如何提高自己的教学水平?我想起了苏霍姆林斯基的话:"优秀教师教育技巧的提高,正是由于他们持之以恒的读书,不断地补充他们的知识的大海。"教海无涯勤为径,今后教学中,我将会深钻教材,挖掘文本内涵,读懂作者意图,读出自己的见解,广泛阅读与教材相关的资料,真正做到备课于心。同时要加强学习,切切实实提高理论素养,丰富自己知识储备,让自己能从容应对课堂的生成,获得最佳的教学效果。

▶寻梦江南 问道天山

吴 平

题记:韵流千转,美到极致是自然。

又是一年春草绿,梦里花落知多少。多少年来,我一直做着这样的一个梦:梦想呈现一种诗情画意、美丽芬芳的语文课堂。这种课堂有画一样的色彩,诗一样的韵律,音乐一样的节奏,氤氲着传统文化的气息,流淌着浓浓的语文味。我反复观摩过许多名师大家的教学策略,一时间想法很多,创意很多,灵感很多,可走入课堂仍然避免不了东施效颦的尴尬。直到今天教入春以来的第一组课文。当我穿行于江南山水,徜徉于天山花海之中时,且走且吟,忽然有种似曾相识的感觉——那竟是我梦幻中的课堂。

初读古诗词三首,我被它生动优美的语言画一般的意境所打动,沉浸其中,有"花只半开,酒喝微醺"似的迷醉。《独坐敬亭山》的作者李白是我最喜欢的唐代诗人,他浪漫洒脱、豪放不拘一格的诗风影响了我的青年时代。而《独坐敬亭山》一改作者激情在胸、豪气冲天的风格,于孤独寂寞之中透出的一丝暖意不免让人感叹世态炎凉、知音难求,作者也只能相忘于江湖,寄情于山水了。如何让学生联系诗词内容和生活实际,展开合理想像,体会诗句表达意境,体会作者的思想感情呢?学习古诗,我先引导学生复习李白古诗《望庐山瀑布》,感悟庐山壮观景色,体会李白的豪情壮志,再推出《独坐敬亭山》,让学生读熟,然后介绍李白做此诗时的背景:李白空有报国之志,却被迫离开长安,十年漂泊流离生活使他备感辛酸,这一日他来到敬亭山,会看到什么、听到什么、想到什么? 让学生再读古诗,比较两首诗的感情基调,学生边读边想像画面边体会李白的心境。心为物役、景随情迁,以李白当日之心境独坐敬亭山,可能会看到什么?学生想像出许多画面:众鸟飞尽,孤云独去,秋风潇潇,落叶满地,青山无语,诗人盘膝而坐岩石之上,眉头紧锁,仿佛听到西风猎猎,寒鸦孤鸣,河水呜咽,诗人低声叹息,走进诗人的内心,感受到诗人的孤独、寂寞、失意、怀才不遇、恨无知音的感情,然后带着对诗人的深深理解再去读《独坐敬亭山》。前两句,我注意到学生读得较为缓慢低沉了,于是我提出前两行哪些字最能体会诗人心情?引导感悟"尽""闲"二字的高度凝练。再读,边读边想像,读出一种"鸟儿飞走,孤云远去"的"静寂、孤独"的境界来,课堂上一片低声吟唱之声。

再教"相看两不厌，只有敬亭山"，诗人寂寞，青山寂寞，诗人无语独坐，青山无语而立，大有惺惺相惜之意，浮华散尽，陪伴诗人独坐的只有敬亭山，默默无语，深情守望。互不厌弃，与其说诗人终于找到一个知音而感到一丝微弱的暖意，倒不如说诗人极度孤独，倍感寂寞只能寄情于山水，我让学生联系前两句的画面及诗人所处背景，出示句型：鸟儿去了，云儿去了，风儿去了，花儿去了，朋友也去了……一切都去了，世间万物都去了……作者孑然一身，形单影只，只有孤独在心中吟唱，再抓住"只有"一词，体会诗人"知音难求，何其可贵"的感触，对比前文凄凄惨惨戚戚到后两句诗人与敬亭山相知相惜，体会诗人情感细微变化，敬亭山也因而变得充满灵性，更加可爱了。

课上完了许久，我还不能释然，布置学生将诗改成散文，或写上一点感受，收上来，竟有不俗的表现。有的孩子联系自己，仿写出了"相看两不厌，只有汉江水""相看两不厌，只有江边月"等好句，或配以图画，写出被同学误解后的真实心境。回顾课堂进程，我忽然发现，我在不经意间随着诗文，随着诗人的心灵感受且走且吟，思路悄然流淌出来，已在"诗情画意"的课堂中走过了一遭。

接下来的两首诗上得像行云流水一样。《望洞庭》的朦胧柔美，如同一幅水墨画，《忆江南》明艳灼人，色彩鲜明，强烈刺激学生的视觉。一个柔情似水，一个热情如花，一改《独坐敬亭山》之静寂，调子渐趋明快。轻轻松松的，学生便进入诗人描绘的画面中，情境中，意境中。古诗，从来都没有让人感到如此亲近，如潺潺流水在日光下静静流淌，流过我和学生的心灵，带给我们最愉悦的精神享受。

《七月的天山》则是本单元一篇散文。作者用抒情笔调，浓墨重彩描绘了天山的奇异风光。"雪水、繁花"两节更是美不胜收，如诗如画。教学时，我依然是采用"抓特点，品词句、美文品读"的传统套路。学完后让学生谈感受，学生七嘴八舌，有的说"天山太美，简直是一幅美丽的画，我想把它画下来"；有的说"作者的语言太美了，就像一首长长的诗，我想改编成一首诗"。我灵机一动，那你们就拿起笔，就尽情地画吧，尽情地写吧……于是，课堂上写的写，画的画……

其中一首《游天山》经集体修改后，内容如下：

骑马上天山，胜景美无边。

白缎绣云影，雪峰飞银链。

山脚生白莲，塔松似巨伞。

山花更烂漫，渐欲迷人眼。

游兴正悠然，乐而忘复返。

写完此诗，孩子们竟然兴致无减，将《桂林山水》也编成对联，编成诗句。看着孩子们稚嫩的笔触，我感慨万千：诗歌的种子，美的种子已在孩子们幼小的心灵中萌芽，多么纯洁、多么美好！

教完一个单元，我静静反思教学历程，发现我刻意追求的东西竟在咫尺天涯，它深埋在我的心灵之中，极力捕捉时，它却回眸一笑，转瞬即逝，给我留下深深的遗憾，当我极力摆脱它的桎梏时，它却内化成一个潜意识的悄然融入到整个生命中的一个自然行为了。经久的蓄蕴自然流淌，竟似"无招胜有招"了，也许编者将这一单元的美诗美文放在一起，就是给我一个这样的启示吧，诗是有声的画，画是无言的诗，而散文是一幅徐徐展开的诗画合卷。一时之间，我无法弄清这三者之间纠结的关系，我也无法梳理出一个清晰可行、屡试不爽的教学思路来，但我非常享受这种"诗中有画，画中有诗，水乳交融"的课堂，感觉非常之美妙。

寻梦江南，问道天山，才知美的极致是自然而然。

▶走出作文教学的误区
邓正玲

　　题记：作文需要真情实感，期待百花齐放的精彩。

　　作文本应是学生的精神家园，是心灵对话的自然产物。然而，时下学生普遍对作文望而生畏，提起笔就抓耳挠腮，觉得无内容可写，最后绞尽脑汁写出来的文章，大多题材千篇一律，没有真情实感。让老师在批阅作文时也感觉索然无味，布置一篇作文，常常有三分之一的学生打回重写。久而久之，学生怕写作文，老师怕改作文。

　　我想，出现这种现状，与老师指导作文的方式有很大关系。很多时候我们的作文教学，都是为作文而作文，为分数而作文，结果作文成了编造谎言的园地，成了涂抹文字的游戏，成了一桩折磨心灵的苦差事。老师在教孩子写作文时，一直向学生灌输主题鲜明、中心思想正确，要弘扬"真善美"，要用什么样的词汇，要举什么样的事例，要注重哪些细节，说白了，老师其实不是在对学生进行作文指导，而是给学生套上枷锁。为了所谓的"不跑题"，一味地以"标准"限制儿童的作文。久而久之，孩子们的作文成了从"流水线"上下来的"套作"，规范而无生气。但是，老师也有苦衷，不是我们乐意为之，而是迫不得已。因为若不这样要求，在考试的作文阅卷中，学生的作文就不可能得高分。

　　所以，老师首先要转变"应试作文"的教学模式，让我们的作文教学为孩子创造一个毫无顾忌的表述空间，不要对学生发自内心的真情流露之作加以过多的评头论足，吹毛求疵，允许孩子自由地表达自己的感受，让孩子的作文"像野花一样自由地生长"，那又何愁没有一个五彩斑斓的春天呢?

除此之外,老师还应引导学生大量阅读,注重积累。阅读为作文提供了素材和范例,会阅读,知道别人是怎样表达的,而自己应该怎样表达,逐渐地才能写好作文。开展形式多样的作文活动,激发写作兴趣。学生好奇心强,爱表现,形式多样的习作活动能调动学生的习作兴趣。如开展课前读报活动,让学生到讲台宣读自己的优秀习作,或是宣读从作文选上看到的好文章,精彩片断等等,使每个学生都有参与和表现的机会。还可以鼓励学生投稿,以成功的喜悦来激发写作欲望。

▶一节让我欣喜的数学课

罗志红

题记:教师灵活地运用教材,准确地把握教学内容及学生认知水平,设计出合理的教学过程,才能让学生在精彩纷呈的数学课堂上兴趣盎然地学习数学知识,打造出精细地课堂,从而提高课堂教学的实效性。

今天,有幸为省里的领导和老师执教了"乘法分配律"一课,得到了听课领导和老师的高度评价。一位校长说:"我只教过语文,没有教过数学。但今天听了罗老师的课,感觉到了数学课的魅力所在。环环相扣的教学过程,准确严谨的数学教学语言,让我看到了一位数学教师扎实的功底——逻辑性太强了。"还有一位听课教师更是用心,他感到本节课朴实严谨的教学活动正是我们需要的课堂。整节课没有艳丽的图画,没有高端的科技,用一支粉笔演绎了数学课的精彩。于是我把教学环节都记录了下来,整理后让其他数学教师来共享。

校长的评价和同行的认可,让我有了教后再思考的欲望。这节课我教得很轻松,学生也学得很主动,感到评价与教学效果的匹配。为了促进今后更好的搞好学科教学,回顾本节课教学过程,有以下几点感悟:

一是要做到整体把握、灵活使用教材。为了让课中例题更接近学生的生活经验,课的开始,我以本校在植树节时学生参加义务植树活动为切入口。我说:"在植树节这天,我们实验小学的罗主任带领四年级学生参加了我市的义务植树活动,他们为了在最短的时间内植更多棵树,采取了分工合作,把参加活动的学生分成了25个小组,每组4人负责挖坑、种树,2人负责抬水、浇树。看了这些信息,你能提出什么数学问题?"学生根据这些信息提出各种数学问题,然后我再根据本节课教学内容灵活选择供学生学习新知所必需的问题。这样就把学生课外活动和数学知识很好的连接在一起。犹如一石激起千层浪,学生的学习兴趣一下给激发起来了,为学生学习新知奠定了基础,也使学生真实地感受到了数学的学习价值。

二是要用环环相扣的教学过程,彰显数学思维的逻辑性。学习新课时,我采用了"观察分析、初步感知——模仿举例、深入感知——归纳概括、发现规律——分层练习、巩固提高"的教学环节展开教学。首先让学生根据问题,用不同的方法解答,并说说解题思路,再用等号连接来表示它们的相等关系。并板书:$(4+2)\times25=4\times25+2\times25$接着我就问学生,"像这样,两个结果相等的算式用等号连接起来,就成了一个等式,请仔细观察,这个等式的左右两边不一样,可计算结果却一样,这是为什么,你能从算式的意义上去理解吗?"(学生口答)师再另写一个这样的式子如:$(4+8)\times125=4\times125+8\times125$要求学生根据刚才的理解来说说这个等式老师写对了吗?(学生口答并说出理由)"你能写出一个这样的式子吗?"(学生写并小组交流说说理由)接着引导学生观察,有什么发现?(学生讨论并自由口答)这样让学生在观察中初步感知乘法的分配律。然后让学生依照上面的算式举例,就让学生在模仿中深入感知了乘法分配律。最后让学生用自己的话叙述出来并用自己喜欢的方式表示出来,再用统一的字母表示。

整个教学过程由学生自己参与探索发现规律并加以内化,尤其是学生表述方式多种多样,且一个比一个精彩。这样做,学生学得积极、学得主动、学得快乐,自己动手举例、自己动脑探索,从数量关系变化、算式意义的多次类比中悟出规律,教师"扶"得少,学生创造得多。学生学会的不仅仅是一条规律,更重要的是,学生学会了自主学习,学会了进行合作,学会了独立思考,学会了像数学家一样进行研究、发现! 这对十岁左右的孩子来说,其激励作用无疑是无比巨大的,而"爱思、多思、会思"的学习习惯,会让孩子一生受益。纵观教学过程,呈现了一个教师教得轻松,学生学得主动的灵动课堂,教学活动彰显了数学思维的逻辑性。

三是要设计层次分明的巩固练习,追求师生活动的扎实有效性。当学生对乘法的分配律有了一定认识后,我设计了层次性较强的练习。首先是直接根据定律填空题、有纯数字填空。如:$(10+7)×9=10×(\ )+7×(\ )$;也有数字和字母的填空如:$(A+B)×6=(\quad)×6+(\quad)×6$;还有灵活填空如:$(\quad)×(15+9)=(\quad)×15+(\quad)×9$然后是拓展练习,根据所学知识解决生活的中的实际问题。

这样,随着教学层次的步步深入、环环相扣,进一步巩固了学生对规律的理解和识记,突出了重点,突破了难点,有效地促进了学生对新知的掌握,让学生的数学学习能力在一节精细地学习活动中得到了提高。

总之,我认为教师灵活地运用教材,准确地把握教学内容及学生认知水平,设计出合理的教学过程,才能让学生在精彩纷呈的数学课堂上兴趣盎然地学习数学知识,才能打造出精细的课堂,从而提高课堂教学的实效性。今后我将一如既往地搞好学科教学研究,不断提高自己的教学水平,再次体验教学后的欣喜若狂。

▶一次精彩作业留给我的思考

吴国红

题记:有了学习的兴趣,学习活动对学生来说就不再是一种负担而是一种享受,一种愉悦的体验,有兴趣的学习才能事半功倍。

今年我任教的年级有《年、月、日》这个内容的教学,这一次我没有像以前那样给学生布置传统的填空、选择、计算等作业,而是给学生布置了这样的任务:"每人亲自制作一张2008年的日历,可用电脑制作。"这是我布置的一次开放性、实践性,用现代媒体参与教学活动的作业。说实话,心里一点儿底也没有,但为巩固知识的同时,充分展示思维的翅膀,调动学生的思维积极性,广泛借助多媒体为学生提供更多的练习素材,更多的练习和表现自己能力与成就的机会。同时,也为我提供及时的反馈信息提供途径。我觉得十分有必要。

三天后,我组织了交流汇报,学生们精彩的作业让我震惊!

陈中羿边翻动自己的日历边对着大家得意地说:"我是用电脑打印的,我的日历分12张,每个月一张,并把每个周六涂上绿色,周日涂上红色,而且还把农历的知识:春分、夏至、立秋、小雪、大雪……"这是多么丰富有趣的发现啊!而农历知识远远超出了课堂上年、月、日的知识,如果孩子们能坚持这样自主的探索,勤于发现,一定会发现更多的数学知识,也一定会更加喜欢数学!

还有的同学说,我的制作也很精美,每个月份都配有不同的卡通图像,而且我还在网上查了有关珍惜时间的名人名言,每个月都写了不同的名人名言,如:1月份是一年的开始,我写的是"一年之计在于春,一天之计在于晨"。9月我写的是"少壮不努力,老大徒伤悲"。尤其是12月,我写的是:"一寸光阴一寸金,寸金难买寸光阴,我想提醒大家,一年过去了,要更加珍惜时间。"

这节课还在继续,精美而富有个性的展示和精彩的发言让人欢欣鼓舞……

欣赏完最后一位同学的作品,我情不自禁地说:"同学们,你们的这次作业太令我震惊了!我真没想到你们这么棒!虽然你们只上四年级,但是你们做出了许多大人都做不了的事情,你们的作品完全可以打印成册,走向市场,你们看,学好数学,用好数学对我们多么重要啊!让我们的生活因为有了数学而变得更加精彩吧!"

这节课结束了,可我的心却久久不能平静,是高兴,是欣慰,更是对自己教学的反思。学生的潜力是巨大的,他们在完成作业时,大胆探索,勇敢创新,不惜花费大量时间和精力在网上查阅各种资料,学生有了学习的兴趣,学习活动对他们来说就不再是一种负担,而是一种享受,一种愉悦的体验,有兴趣的学习才能事半功倍。

▶比比谁的声音大

樊莎莎

题记:孩子们喜欢上音乐课,上课时唱歌的声音太大,有时遇到喜欢唱的歌曲,简直就是声嘶力竭。提醒他们用自然甜美的声音演唱,他们总是不以为然。怎样才能正确地引导他们呢?我做了以下尝试。

又是这样!今天一开始练声,学生就用很大的声音唱。我不停地跟他们说"小声点",可是没用,反倒是增加了他们跟我唱反调的兴趣,越唱声音越大。唱歌的时候就更是有过之而无不及——简直成了吼歌，节奏也唱得乱七八糟的。

下课后，我在想：从练声到唱歌，整个声音的音量也太大了，不但破坏了学生的嗓子，而且不能给人以美感。其实我曾经意识到了这个问题，但是学生不配合，每次就是一遍又一遍地强调"小声点儿"，一直都没能解决这个问题。

我决定第二节课上就专门教会他们用自然的嗓音唱歌。

开课伊始，我先用一曲轻柔的《美丽的黄昏》让他们安静下来。接着轻轻地向他们问好。之后，来了一次比赛。每组派出一个代表，跟我说一句话，要求：用最小的声音，但是要让站在一米之外的我听清楚每一个字。这两个条件都做到了，就是优胜组。结果，他们做得非常好。接着是和同桌之间也这样说说。这样，基本上他们"学会"了小声说话。

于是，再用这种感觉来唱练声曲的《月亮爬上来》吧，比一比，哪组唱得最有感觉。然后是顿音的练声，用同样的感觉，学生再也不像以前大声地吼了。

唱歌部分，我先选了一首安静的歌曲《摇篮曲》。我说："这首歌曲是个完整的故事，你们用歌声讲给老师听吧！记住，你们是在和老师讲悄悄话哦。"起调之后，我在前面指挥，唱完之后，我们整整愣了几秒种，才从歌曲的情绪中回来，我不禁带头鼓起掌来。我从来没有听他们如此认真地、有感情地唱歌，一表扬，他们来劲了，要求继续唱。我拿出歌谱，让他们分析，再轻声地带着感情唱。以往经常是我分析歌词歌谱，让他们怎么怎么唱，学生感觉都没什么兴趣，可今天完全不同，我才发现他们是如此的有主见，我只要稍稍提示，他们都能说出来，处理很恰当且有自己的独到见解。有人提出来了，有些歌曲很劲爆，用轻声能唱吗？我们一起讨论，之后一起唱，怎么才可以用小小的声音来突现力度呢？然后我们一起实践，我们甚至找了一些他们喜欢的流行歌曲来示范,我发现基本上这个问题解决了。

最后,我告诉大家,一定要保护好自己的嗓子,不要大声说话唱歌,不然声带会血肿,会受伤,还可能会使我们长大以后的声音不那么好了。"原来是这样。"学生都明白了。于是,我们在快乐的氛围中愉快地结束了这堂课。

这节课给我的启示特别的深,也让我知道了,我要学的,要积累的东西真的还很多,我只有不断进步,才对得起"教师"这个光荣而神圣的称谓,才对得起我那些可爱的学生们!

▶尊重个性

樊莎莎

题记:教一曲经典的《浏阳河》学生丝毫提不起兴趣,唱一首翻版的《浏阳河》他们就来了精神,对网络的,流行的,摇滚的音乐更是津津乐道。我们的孩子究竟是怎么啦? 音乐教师怎样在尊重个性与正确引导的夹缝中实施我们的教学?

上课铃响过后,在你来我往的不平等的师生问好之后,音乐课拉开了帷幕。之所以说是不平等的师生问好,那是因为老师的问好激情洋溢,学生的问好却是懒意洋洋的。因为希望上一节满意的舒心的音乐课,于是乎我压制住内心的不满,脸上堆满了笑容,开始了一番"套近乎"。

感情投入后,纪律自然好多了。我激情地范唱了《浏阳河》,得到了一阵热烈的掌声,也给了我更多的信心:这节课一定没问题。但接下来的学唱环节却大失所望;有的用低八度随心所欲地哼哼,有的故意学我用尖尖的嗓音怪唱,还有的在下面自己玩自己的。我努力压制住心中的怒火,简单的小结后转到下一环节——了解《浏阳河》,然而,他们好像对民歌一点兴趣也没有,课堂纪律依然混乱,还有一半的时间,难道就这样混下去吗?我稍做思索,马上话锋一转:"《浏阳河》是一首经典之作,正因为这样,所以也有很多人把他翻唱成不同类型的歌,大家想听翻唱的《浏阳河》吗?""想!"异口同声,兴趣高涨了起来。在同学们欢快的节拍下,我激动地唱了首通俗加摇滚的《浏阳河》。说实话现在我也记不清我是怎么唱的了,但至少可以肯定学生很喜欢,他们的情绪调动起来了,接下来的发言很积极,讨论很激烈也很有序。你听:

"老师,我喜欢BEYANG的摇滚……"

"老师,我喜欢的死亡音乐被禁止了……"

"老师,我喜欢音乐剧《猫》,太感人了……"

"老师。我喜欢网络歌曲,像《丁香花》、《老鼠爱大米》……"

下课铃声响了, 在我依依不舍地走出教室时, 还有学生跟出来对我说:"老师,你喜欢周杰伦吗? 我很喜欢他的歌……"

课后我陷入了沉思。这么多经典的民族歌曲,他们浑然不觉它的美,却对网络的,流行的,摇滚的津津乐道。这让我想到了一位二年级的女生,让她唱一首教材上的法国民歌《大鹿》,她怎么也唱不准,可一首《莫斯科没有眼泪》却唱得特有味。还有学校合唱队的那些孩子们,一曲简单的和声练习怎么也唱不好,却对SHE、超女、张韶涵的歌张嘴就来。更有甚者,唱林俊杰的《曹操》能从头到尾,并做到音准、节奏、歌词,无一瑕疵。

当然,我们也不能说他们这样有什么错,在人们热衷于"超女",网络音乐,流行音乐的今天,我想到了金兆钧先生在评论超女时说的一句话:超女比赛之所以备受关注, 只是因为它提供了青年人释放自己情绪的平台,而完全不能反映音乐的内涵和本质。中央音乐学院的一位教授在谈论人们喜爱的周杰伦音乐时也说：我不知道现在的年轻人为什么喜欢那些哼哼唧唧的歌，我不想批判他们的喜好，主要是尊重个性。但我相信等到他们成熟的时候，就会很自然的走进音乐厅，去感受肖邦带给他们的浪漫，莫扎特带给他们的幽默，贝多芬带给他们的激情。

且不谈肖邦、莫扎特，仅一曲《浏阳河》就会让老师和学生一起"跑题"。难道真如教授所说：尊重个性？

▶夸奖的魅力

吕玉娟

题记：师爱之神圣，总在平平淡淡的教学生涯中诠释，用赏识的眼光去关注孩子，倾下身子去关爱孩子，好似春风化雨般滋润、呵护孩子的心灵，让每一个孩子健康、阳光地成长。

前不久我上了这样一节音乐课：

师生互相问过好后，孩子们坐了下来。接下来，我扫视了一下全班，发现一个孩子两眼空洞，神思似乎飞到了远方。我知道这个同学叫张俊，学习和纪律都不太好，班主任说起他来就头疼，说他语、数、英三科成绩加起来还不够一百分，也正因为这样，没有人愿意跟他玩。看着他那张发呆的脸，我不由得想，他应该很不快乐吧？现在的独生子女其实很孤独，很渴求友谊、平等和尊重。

于是，我决心拉他一把。

我微笑着说："今天老师要表扬你们，排队进教室的时候特别安静，坐得也特别端正，你们看看，这个同学坐得多好呀！"同学们的眼光刷的一下都集中在这个孩子身上了,他有点慌神,脸马上红了,腰条件反射似地挺得更直了,我对他翘了翘大拇指,他有点不好意思地笑了笑。

那一节课上的是舒伯特的《摇篮曲》。我先放了一段弦乐版的《摇篮曲》,让学生边听边想像:"在音乐中你听到了什么,看到了什么?"放音乐的时候我注意看了一下张俊,发现他的眼睛扑闪扑闪的,似乎在边听边思考。放完音乐之后,让我意想不到的事情发生了,这个孩子第一个举起了手。我让他起来回答问题,老实说我不抱有太大的期望。他站起来结结巴巴地说:"刚……刚开头的地方有……有湖水的波纹,然后……然后风……风是轻轻的,天上还飘着几朵白云。"我惊异地看着他,教室里鸦雀无声,同学们也想不到这么美的句子居然是出自他的口中。这首乐曲的开头3432121,旋律线就是小波浪线,而在器乐曲的中间部分,小提琴在上方拉出了飘逸的高音,不正像天上的白云嘛!我有点激动地说:"你能不能把你想像到的画到黑板上?"他点点头,走到黑板前画起来,画波浪线的时候他还特别选了蓝色的粉笔,不一会儿,湖水、白云都画出来了。我在旁边提示他,你觉得刚才音乐表现的是夜晚还是白天?他想了想,又画了一弯月亮。"他画得美吗?"我大声问孩子们,全班异口同声地说"美!"我带头鼓起掌来,他在全班的掌声中满脸欢喜地坐下。我接着问:"小宝宝就在这样美的环境中睡觉,舒服吗?假如我们在旁边,我们说话或者唱歌应该怎么去做?""应该轻轻地说话轻轻地唱。"没等大家回答他就立刻抢着说。我赞许地点点头。在接下来的上课过程中,这个孩子多次举手,虽然他的回答并不是每一次都正确,但我却从他的眼睛里看到了主动和自信,而那双刚才还失去光彩的眼睛,此刻充满了灵气。

下课的时候我对孩子们说:"今天老师特别高兴,因为我发现了咱们班有个同学原来是很有音乐想像力的,你们说是谁呀?"大家都用手指向他。我微笑着看着他说:"你今天表现很棒,继续加油哦!"孩子脸都红了,听音乐离开课室的时候,我见他是连蹦带跳出去的。

课后,我感慨万千,自己不过是很自然地表扬了几句,就让这个孩子从"冬眠状态"一下子感受到"欣欣向荣的春天"。而他也让我懂得了,在音乐课堂教学中,老师一个赞许的眼神,一句鼓励、夸奖的话语,对于学生来讲,都是莫大的鼓励,它能自然激发学生的音乐表现欲望和参与音乐活动的积极性。

要知道,好孩子是夸出来的!

▶拿什么吸引你,我的孩子们

吕玉娟

题记:要上好一节课并不难,难的是要上好每一堂课,这就需要我们平时对孩子产生潜移默化的影响,细节之处灌输教师对音乐的理解,把握学生学习音乐的正确方向。当然,最好把自己当成他们中的一员,让孩子真正的喜欢你,从而喜欢上你执教的音乐学科。

记得那天的音乐课学习内容是认识七个唱名,我问学生,你们哪位小朋友已经认识了它们呢?孩子们把眼睛瞪得大大地望着我。其中一个胆子特别大的孩子大声说:"那不就是数学课上学的1、2、3、4、5、6、7嘛!"我一听,不禁大声笑起来。说实在的,我小时候刚接触音乐时,也何尝不是这样脱口而出呢?我忍住笑,用《找朋友》的游戏方式来让孩子们认识"do re mi fa sol la xi"的七个唱名。随后,我又带他们模仿柯达伊手势,但我发现他们的兴趣不是很高。于是,我又想:为什么不能让他们自己为音乐王国里的七个小朋友都编上动作,以此让他们自己来熟悉音的高低呢? 对,就这么办。果然,孩子们顿时情绪高涨,争先恐后地举起了小手,他们编出了一系列有趣的动作,边唱边做动作,用他们自己特有的辅助手法很快记住了这七个音的高低。

由此可见,我们老师要善于将音乐课中的术语转化为学生能听懂的话语,用孩子们喜闻乐见的游戏方式来吸引他们,从而轻松掌握要学的知识,这样不仅能给孩子们带来快乐,也给我带来了成就感和最大的快乐!

▶关注"心理断乳期"的孩子

张德兰

题记:关注孩子心理健康是教师重要的教育职责。对处在"心理断乳期"的学生应多一分关注,多一分理解,多一分尊重。关注他们成长中正常的生理、心理反应,理解他们的个人需要意识、成长意识,尊重他们渴望独立的种种表现,让学生健康平安地度过"心理断乳期"。

晨光熹微,风轻气爽。孩子们从四面八方向学校走来,有的和同伴边走边谈,有的独自一人匆匆前行,有的和家长手牵手。这时我看见一对祖孙俩向我走来。奶奶把孙子的书包斜背在肩上,手牵着孙子。这孩子上四年级,我认识。走近了,孩子跟我打招呼:"张校长好!"我顺口来了一句:"你好!奶奶送你上学呀?"话音刚落,我看到孩子阳光灿烂的笑脸猛地阴云密布,小嘴也噘了起来,小手摆了两下,挣脱了奶奶的手。哟,孩子不乐意了,我立刻改口:"哦,奶奶去买菜,跟你顺路,对吧?"孩子高兴地点点头。看着祖孙俩的背影,我若有所思:这孩子的成人意识正在发芽。

大多数小学生九岁以后会逐步产生成人意识,有了明晰的"成人感"。他们的独立自主性发展很快,他们极力想争取在家庭、学校和社会生活中的独立自主地位和新的权利,想发挥自己的作用,想展示自己的成长。他们不愿意仍被看作是温室里的花朵,是笼中需要呵护的小鸟。他们渴望独立,渴望理解,他们感觉自己已经长大,认为自己能够判断很多事情。他们不喜欢成年人唠叨的嘱咐,常将自己的小秘密锁在日记里不让别人知道,外出活动时喜欢跟同龄伙伴一起,不愿与父母同行。这就像小鸟翅膀长硬了要展翅飞翔一样,是长大了的一种心理需要。

记得那次我带鼓号队的一百多个队员到武汉参加首届省鼓号队表演大赛。这些孩子出发前,家长纷纷来到学校送行,有的一家还来了四、五个家长,千叮咛万嘱咐,对带队老师也是再三交代,恨不能磕头作揖要人家照顾好自己的孩子。可你瞧瞧孩子们,他们一脸欢笑,兴奋无比,充满了出征前的喜悦。有几位家长实在是不放心(他们说孩子从没离开过父母24小时),开车尾随到了武汉,又悄悄进入赛场看孩子熟悉场地,当看到孩子在强烈的阳光下一遍一遍走场而汗流满面时,他们心疼极了,赶紧买来饮料拿给孩子,这时意想不到的一幕出现了:一个小男孩当即呵斥妈妈:"谁让你来的?叫你别来你不听,我不喝!"另一个小女孩像是受了极大的委屈,号啕大哭,非让妈妈立刻离开不可。两个孩子的应激反应就是他们"成人感"的一种表现,心理学上,小学高年级到初中这个年龄段被称为个体发展的"心理断乳期"。但值得注意的是,由于这一阶段的孩子生理和心理的发展都还不够成熟,主观愿望和成人感与客观实际之间存在着很大的差距,各个方面对成人还有较大的依赖性,所以,这一阶段的孩子常处于独立性与依赖性相互矛盾的状态之中。

作为教师,我们对处在"心理断乳期"的学生应多一分关注,多一分理解,多一分尊重。关注他们的成长中的正常的生理、心理反应,理解他们的个人需要意识、成长意识,尊重他们渴望独立的种种表现,如此一来,才能让学生健康平安地度过"心理断乳期"。

▶挖一口智慧之井

张德兰

题记:教师不仅要把学生引上探求知识的道路,也要引导学生及早找到人生的泉源,及早动手为自己挖一口智慧之井,它会让学生在人生的旅途上游刃有余。

曾听过这样一个故事:有两个和尚住在相邻的两座山上的庙里,这两座山之间有一条小溪。这两个和尚每天都会在同一时间下山去溪边挑水。久而久之,他们便成了好朋友。

就这样,时间不知不觉过了五年。突然有一天,左边这座山上的和尚没有下山挑水,右边那座山上的和尚心想:"他大概睡过头了。"哪知第二天,左边这座山上的和尚还是没有下山挑水,第三天也是一样,过了一星期,还是这样,直到过了一个月……右边那座山上的和尚心想:"我的朋友可能生病了,我要过去拜访他,看看能帮上什么忙。"

于是他便爬上了左边那座山去探望他的朋友。等他看到他的朋友之后,大吃一惊,因为他的朋友正在庙前打拳,而且一点也没有生病的迹象。他好奇地问:"你已经一个月没下山挑水了,难道你可以不喝水吗?"左边山上的和尚说:"来来来,我带你去看。"于是,他带着那个和尚走到庙的后院,指着一口井说:"这五年来,我每天做完功课后,都会抽空儿挖这口井。即使有时很忙也会挖,能挖多少算多少。如今,终于让我挖出了水,我就不必再下山挑水了,我可以有更多的时间练我喜欢的拳。"

聪明的和尚,为自己挖了一口智慧之井。

和尚的井,不是一天两天挖好的,历经五年终见成效,这是他选准目标,持之以恒的结果,我们的学生在知识的山头上何止挖了五年? 我仿佛听见了岩石下泉水奔涌的声音,铆足劲,挖下去,知识的琼浆就是给孩子们最好的回报。

再者,左边山上的和尚聪明之处在于,他知道挑水永远只能解决一日之需,而挖井则能解决一生之需,他在挑水的时候就已经在为日后谋划了,所以老师要让学生明白,学习如同挑水,在终日紧张的做题中,要学会归纳方法、总结规律,能举一反三,并善于借鉴别人的经验,形成自己的套路,这个套路就是智慧之井,有了它,你可以腾出更多的时间查漏补缺,做更多的事,而不是天天在题海中晕头转向。

我们要教育学生做任何事都不要为做事而做事,要及早找到人生的泉源,及早动手为自己挖一口智慧之井,它会让学生在人生的旅途上游刃有余。

▶课堂,无法预约的精彩

张德兰

题记:低年级的生字教学贵在巧妙地创设学习情境,充分利用学生资源,调动学生的生活积累,大胆进行组合创新,这样的教学实践,使生字教学充满趣味。

曾经有很多人问我:"ɑ、o、e"三个字母你们如何能教一节课?一节课40分钟的时间你是怎么熬过去的?"每被问及,我便想起了第一次上讲台的情景。

那是1984年3月,我在武汉一所小学实习。第一次上课前,我精心备课,连过渡语都背得滚瓜烂熟,谁知在课堂上我只用了20分钟就讲完了所有的内容。最终是指导老师上来安排了后半节内容,那尴尬的场景我今生无法忘怀。

对于低年级课堂来说，重要的不是你这节课教了多少内容，而是这些或多或少的内容让孩子们学得是否兴趣盎然。也就是说，透过表面课堂，我们是否看到天真的孩子们对知识充满渴望，对学科学习充满兴趣。激发他们的学习潜能，这才是我们所关注的。走进课堂，我发现，我们的很多老师在进行着有益的探索，课堂，因他们的努力而充满精彩。这不，学生对"左"、"右"这两个字容易混淆，刘海敏老师教学时就请学生当老师教认字，教得扎实有序，学生学得积极踊跃，巧妙地区分了"左"、"右"两个字。请看如下三个环节：

1."你们能帮帮我吗？

一上课，刘老师带领学生按顺序观察图画，读句子"远处一座座山，近处一块块田。左边一片树林，右边一座果园。"在读准字音、读通原文之后，她请学生画出不认识的字。由于城里的孩子识字范围广，孩子们认识很多的字。这不，她的话音刚落，就有孩子说："我全认识，没有不认识的字。"接着很多孩子附和着。"呀，你们真能干，这下我可放心了。你们不知道我正着急呢！"学生顿时瞪大了眼睛，满脸疑惑，见学生已集中注意力，她接下去说："老师有两个字一时分不清，认不准，不敢贸然说出来，哪个聪明的小朋友帮帮我？"孩子们个个瞪大了眼睛。

2."真的是左工右口吗？"

见孩子们精神高度集中，她随即拿出"左"和"右"的字卡。这时孩子们的学习劲头可足了，小手纷纷举起来，争先恐后地要教老师认这两个字，有的嘴里还喊着"刘老师，我教你。'左'的下面有工，'右'的下面有个口。"有的干脆直接说"刘老师，左工右口，很好记。"她一听，好呀，编顺口溜记字形，方法挺好，于是请学生站起来又说了一遍，她把这两个字卡贴在黑板上，有意把音节藏了起来，问："真的是左工右口吗？我来看看音节。"打开音节,不用老师教,孩子们异口同声拼出音节,她开心地说:"谢谢你,这句顺口溜好,又好说,又好记,以后这两个字我再也不会认错了。左工右口,我记住了,你们都记住了吗?"孩子们也开心地笑着说:"记住了。"

3."给它们俩找找朋友吧?"

刘老师让孩子们说了两遍顺口溜,然后开火车认读这两个字,又趁热打铁,说:"给它们俩找找朋友吧?"让学生口头组词、说话,令她欣喜的是,通过组词,她发现这两个字学生认错得很少,只要错了,立马说一遍顺口溜,就又改过来了

刘老师在教学中,巧妙地创设学习情境,充分利用学生资源,调动学生的生活积累,进行了大胆的组合创新,这样的教学实践,使生字教学充满趣味。课堂因而变得步步皆景,处处精彩。

▶老师,我想赞美蟋蟀

张德兰

题记:书声琅琅的语文课堂是最有语文味儿的课堂,老师在指导学生朗读时要做到"三有":读要有目标,读要有层次,读要有策略。

《蟋蟀的住宅》一课上完了,但学生带给我的欣喜和愉悦还留在记忆中。

课伊始,我请学生汇报对法布尔的了解,然后综合学生的回答并详细介绍了一生迷恋昆虫的法布尔,介绍了他的荒石园,介绍了他"用哲学家一般的思考、美术家一般的看待,文学家一般的感受与抒写",成就了著名的十卷本《昆虫记》。接着我让学生反复读课题,玩味儿"住宅",学生明白了,正因为法

布尔把昆虫当作他亲密的伙伴、可爱的邻居,因而明明是洞穴,他却认为是住宅,透出了对蟋蟀、对昆虫、对自然界生命特殊的喜爱之情。

学习这篇课文,我紧紧抓住两个重点词"随遇而安"和"伟大的工程",引导学生上挂下联,朗读、思考、讨论、交流,学生学得兴味盎然。

学习第二段的教学片断:

指名读"蟋蟀和它们不同,不肯随遇而安"。

师:"随遇而安"是什么意思?别的昆虫怎样随遇而安?

生:"随遇而安"就是什么环境都能满足。别的昆虫大多在临时的隐蔽所藏身。

师:哪些地方可能成为它们的临时隐蔽所?

生:树洞里、石堆中。

生:一片枯黄的树叶下。

生:青草丛中。

师:因为是临时的隐蔽所,因为得来不费功夫,所以弃之——

生:毫不可惜。

师:蟋蟀又是如何不肯随遇而安的呢?

生:它慎重地选择住址。

生:它不利用现成的洞穴。

师:从前后对比中,我们知道了蟋蟀是不肯随遇而安的,表现在,一是——

生:它的住宅一定要排水优良,并且有温和的阳光。

师:二是——

生:它不依赖别人,自己一点一点挖掘,从大厅一直到卧室。

师(引读):蟋蟀对自己的住宅一点儿也不马虎,绝不随便找临时的隐蔽所——

生(读句子):"它常常慎重地选择住址,一定要排水优良,并且有温和的阳光。"

师(引读):为了让自己住得安全舒适,它精心设计、亲自施工——

生(读句子):"它不利用现成的洞穴,它的舒服的住宅是自己一点一点挖掘的,从大厅一直到卧室。"

师:一阵秋风吹过,别的昆虫的临时隐蔽所——树叶被秋风吹跑了,小昆虫也被吹得直打滚,而蟋蟀——

生:而蟋蟀在自己的大厅里舒服的休息。

师:下大雪了,别的昆虫的临时隐蔽所——树洞里积满了雪,而蟋蟀——

生:蟋蟀坐在住宅门口赏雪景。

生:蟋蟀在卧室里呼呼大睡。

生:雪停了,蟋蟀在住宅门口暖洋洋地晒太阳。

……

围绕着"随遇而安",我尽情引领着学生在美妙的文字中有滋有味地读着、想像着、感受着。

忽然,周星宇同学站起来说:"老师,我好想赞美蟋蟀呀!"

我欣喜地鼓励她:"你想赞美蟋蟀什么?"

周星宇:蟋蟀,你真能干!

她的话音刚落,一双双小手举了起来。

生:蟋蟀,你真会选地方建住宅。

生:蟋蟀,你真勤劳!

生:蟋蟀,你真是个了不起的设计师!

生:蟋蟀,你是我们昆虫世界的骄傲!

学生赞美蟋蟀是我备课时没有预设的。面对这一课堂生成,我的欣喜不言而喻。因为在语文课堂教学中我总是强调要让学生读进去、读出来。如何引领学生读进去,在文本中走几个来回? 是困扰老师的现实问题,我的体会是:读要有目标,读要有层次,读要有策略。在这一课中,我就设计了"三读'随遇而安'。"

一读:对比读。

别的昆虫怎样随遇而安? 蟋蟀是如何不肯随遇而安的?

二读:理解读。

蟋蟀不肯随遇而安,它选择住宅要符合哪两个条件?

三读:联想读。

秋风吹过时、大雪纷飞中,蟋蟀的不肯随遇而安又如何让它过得安全舒适的?

在这种螺旋上升式的引领中,学生理解了蟋蟀的不肯随遇而安,感受到了蟋蟀的吃苦耐劳、不满足于现状、努力改变自己的生存环境等等美好的品质。水击石则鸣,情动而辞发,因而有了学生发自内心的由衷的感受——老师,我想赞美蟋蟀!

▶敢问"路"在何方
胡凤琴

题记:语文教师都爱说:"语言在于积累。"可我们的学生从小到大背诵了那么多课文,应该说积累了许多好词、好句、好段,但写起作文来依然笔尖苦涩,语句平淡,那么如何在"积累——理解——运用"三个学习过程中架起一座桥? 我们正在探索……

作为担任小学中高段语文多年教学的我，一直受一个问题的困扰：学生每周背一到两篇课文，每两天积累20多个词语，每三天写一篇日记，为什么到写作文时，语言总是很平淡，事例总是像记流水账一样？我曾多次告诉学生，背诵课文不是积累，更重要的是去运用，可往往无济于事，问题到底出在哪里？作文之"路"在何方？我每次碰到类似的问题，总是焦急万分，一直想找机会寻找"真经"。

一次，我在教学《精彩极了和糟糕透了》时，发现文中有这样一个句子："七点，七点一刻，七点半。"我觉得这个句子很特别，突然来了灵感，于是，我把它板书在黑板上，并问学生："同学们，你们觉得这句话有特别之处吗？"学生思维的火花一下子被点燃了，争先恐后地发言，一个说："这样表现出了作者焦急的心情"。一个说："作者希望父亲能早点回来。"我说："是啊，作者就是这样连用三个表示时间的词语，把自己焦急的心情表现得淋漓尽致，有时候，简短的语言也能表达无尽的意思，同学们，你有过焦急等人的时候吗？"孩子们都说有，我接着创设了一个情境，让学生也用上了这样的句子说话。

过了几天，在学生的习作中，我惊喜地看到这样一段话："八点，八点一刻，八点半。爸爸怎么还不回来？我都有点急不可耐了，我爸爸是一家工厂的工人，工作很辛苦……我多么希望立刻看见爸爸熟悉的身影呀！"

学生模仿的语言虽然还有些稚嫩，但足以令我欣喜，让我若有所悟，在语文教学中，我过多地运用了感悟、朗读的方式来引导学生领会作写作目的，而忽略了引导他们分析作者在遣词造句方面的技巧。

在接下来的教学中，我有意尝试着在感悟的基础上关注语言的表达方式，结果令我吃惊，惊叹于学生运用语言的潜力。在教学《青山处处埋忠骨》时，我注重了对语言的品析，结果在学生的习作中，我读到了这样的句子："听到外公去世的消息，爸爸呆呆地坐在沙发上，半天也不说一句话，妈妈一边收拾行李，一边不住地抹眼泪……"

也许一两次的尝试算不了什么，如何在积累——理解——运用的学习过程中为学生铺设一条"路"？这是我们每位语文老师应该思考的一个问题，敢问路在何方？应该就在我们"教"下，我想：这样的路肯定不止一条，让我们一起努力，探索那一条属于自己的"路"吧！

▶一石激起千层浪

刘晓云

题记：根据已掌握的楹联的基本特点之一——上联尾字仄，下联尾字平，孩子们发现了经典楹联故事中的对联有问题，并且在老师的激励下争先恐后地对起了下联，课堂上犹如一石激起了千层浪……

一日上课，给孩子们讲了一则楹联故事《郭沫若幼年巧对》：郭沫若幼年时，先生出对"钓鱼"，他脱口而出"打虎"。

故事刚讲完，就有学生迫不及待地说："老师，这副对联有问题！"

"哦，什么问题？"

"你以前讲过，作对联时，上联最后一个字应该是仄声，下联最后一个字应该是平声，这副对联上联应该是'打虎'，下联应该是'钓鱼'！"

太棒了，孺子可教也。

趁热打铁，我随即说："那咱们也来对一对，上联'打虎'，下联你们怎么对？"

教室里安静下来，孩子们认真地思考起来。一会儿，一只只小手举了起来。

"斗牛！"一个孩子站起来大声说。

不错,不仅字数相等,而且词性一致,平仄和谐,内容相关,教室里响起一片掌声。

精彩的对句一个接一个冒了出来"牧羊"、"耍猴"、"斗鸡"、"喂猪"、"捕蛇"、"擒龙"……教室里不断响起掌声、欢笑声。

楹联教学,如一石激起千层浪,给语文课堂注入了生机与活力,给老师和学生带来了快乐与和谐。

▶适合的才是最好的

周 强

题记:作为一名一直奋战在教学一线的体育教师,我始终认为,符合学校实际情况的教学才是最好的。但,我一直迷惑不解的是:动作练习有没有分解的必要? 动作要领到底要不要讲得那么细?

素质教育与现代教育思想要求我们要教会学生学会学习和学会健体,要重视培养独立从事科学锻炼身体的能力。于是我们有些教师由此认为体育教学要实现多项转变:即由"重视学会"转变为"重视会学";由"重视体育技能学习"转变为"重视体育能力的培养",由"重视技能掌握"转变为"重视情感体验"。教学中就出现了"自定目标、自主学习、自主锻炼"等名目繁多的教学手段,也出现了学生在课堂上爱怎么学就怎么学,只要始终是在欢笑中度过就是成功的好课的评价标准。

就拿我们学校这次开展的体育教研活动来说,两堂体育课内容设计都合乎学生的兴趣,但是总让人觉得少了点什么,运动技能荡然无存,教师和学生轻轻松松在欢笑中下了课。试问,学生的能力得到发展了吗? 学生的体能得到锻炼了吗?

作为体育教师,我总有一种迷茫的感觉,总觉得体育课程改革纯理论的东西过多,具体实际指导的、可操作性的东西太少。我们是不是真要天天培养学生的体育兴趣,而不进行体育训练与竞赛?然而理论与实践总是存在着一定的距离。像我们学校几乎每个班都有70多人,每个人的身体素质不一样,兴趣各不相同,有的喜欢打篮球,有的喜欢踢足球,有的喜欢赛跑、投掷等等。假如都依照学生的兴趣,让他们在玩乐中学习,在学生的心里可能会认为这是一堂活动课,在其他老师的眼里认为这是一堂"放羊课"。其实"放羊课"是特别难上的课。所谓"放羊",要有足够的"草"让"羊"吃,要有安全的场地让"羊"吃饱。像这类课我不敢上,一来让人看了似乎有些不务正业,让学生在操场疯玩,自己到处转悠,巡视。二来学校的环境有些不允许,一堂体育课,经常四五个班在场地上。这儿跑会撞到人,那儿投球会砸到人,更别说其他项目。高喊了几年的素质教育、快乐体育,还是在传统的教学方法上打转——搞四列横队集合、慢跑、讲解示范等等。

课程改革是公说公有理,婆说婆有理,我们只有全盘接纳,待到仔细回味时真是酸甜苦辣尽有。不管怎样,我始终认为,符合学校实际情况的教学才是最好的。

▶你们真了不起

肖华琴

题记:一次数学课让我深深地感受到,学生的需求是第一位的。今后应从学生的实际需求出发,想方设法激发学生的求知欲与探索欲,使程度不等的学生都有不同程度的发展。

那天我留了几道数学题，其中有一道是找规律题。在巡视过程中发现这道题学生做得相当差，就连平时那些学习不错的同学也没有做出来。课下我进行了自我反思，并就此问题做了全面调查，发现有些同学遇到此类问题就束手无策，有些同学静下心来能较易发现题目的规律，但如果考试中一旦紧张可能就会发蒙。因此，有的同学就问我，解这类题有没有比较好的方法？

我明白他们很想知道这类问题中所隐藏的某种秘密，但我不想就这么直接告诉他们现成的答案。为了抓住他们的好奇心与求知欲，我让同学们搜集曾做过的或没有做过的相关习题，有些同学想难为一下老师或其他同学，刻意查询了许多资料，找了许多他们认为的难题，我也调整了我的教学计划，打算用一节课的时间解决这个问题。

开始上课了，一组同学首先提问，其他组同学不甘示弱，绞尽脑汁，相互争论着，最终解答出来，他们脸上露出了成功的喜悦。接着，有的同学直接向我提问，虽然我是有备而来，但还是故弄玄虚，作出努力探索的样子，有些同学还真为我着急了。其实我想通过这种方法引导学生学会思考，比如：怎样入手，为什么这样想。在同学们的帮助下我也完成了提出的问题，并对同学的帮助表示感谢，而他们此时的笑容是非常自豪的，准确点儿应该说是非常得意的，因为他们觉得自己很了不起，可以帮助老师了。

接下来，我来了个顺水推舟，让同学观察数字规律题与图形规律题，看能发现什么特点。很快他们得出了结论，这个结论非常准确，这是我所没有料到的。此时，我从心里佩服他们，给了他们最真切的鼓励：你们真了不起！

通过这次教学经历，我真正意识到学生的需求是第一位的，在今后的教学中，应从学生的实际需求出发，激发学生的求知欲与探索欲，使不同的学生在数学上都有不同程度的发展。

▶一节失败的拼音课

薛敬荣

　　题记:失败是什么?是更接近成功的那一步;成功是什么?成功就是走过了所有通向失败的路,只剩下一条路,那就是成功之路。一节失败的拼音课带给了我一段深深的思考,让我从此打开了一扇成功的大门……

　　开学已经一个多月了,经过一段时间的入学教育,我自信我的学生们已经可以安安静静、认认真真地坐在课堂上听课了,所以我精心准备了一节拼音课,决定开始进入正常的授课程序。

　　这节拼音课是学习复韵母:"ɑi",因为学生是首次接触声韵连读,所以我很重视。课堂上,我引导学生掌握拼读的规则:"前音轻短后音重,两音相遇猛一碰!"我耐心细致地给学生做示范,可几遍过后,我发现学生的兴致不高,可能是因为有了幼儿园学习的基础,自认为已经都学会了,所以并不认真地去听老师讲,一个劲儿地扯着嗓门乱喊,我越是要他们仔细听老师的示范发音,他们就越是不听。一番折腾下来,我已是筋疲力尽,可学生还是没有完全领会拼读的要领,正当我忍不住要发火的时候,下课铃响了,我呆呆地站在讲台上,看看没完成的教学内容,再看看已经兴致未减丝毫的学生,真是又可气又可笑!

　　这节课失败的症结究竟在哪儿呢? 我陷入了深深地思索中……

　　首先,我对学生现有的水平和掌握拼音的程度没有充分的了解,其实有些孩子在幼儿园阶段已经学完拼音了, 所以就不能把拼音当成新知识按部就班地教,乏味的学习怎么能让孩子提得起精神来学呢?

　　其次,我的课堂语言也太啰嗦,尤其是那些重点地方,我总是不放心,怕学生听不见或听不懂,一遍遍重复,这样的效果适得其反,学生听不进去,说得遍数再多又有什么用呢?

另外,我觉得自己有点急于求成。虽然学生有基础,但毕竟不是系统规范地学过。就拿这节课来说,我在要求学生进行拼读的时候,不但要把音节拼出来,还要带上四声,并组上词。学生第一次如此进行复杂的拼读训练,刚开始的时候,说不好,我就着急,没给学生适应的过程,学生一害怕,干脆就不举手了。因此这节课没有完成我预设的教学内容。

总结这节课,我发现我的问题是整节课的知识点之间的衔接不好,对于每个知识点的完成过程和程度,没有做到心中有数,看来备课上下的功夫不够,但我相信有了这节课失败的教训,接下来的拼音教学课我会上得越来越好!

▶跑题的作文

徐永红

题记:跑题?怎么会跑题?难道是不懂题意?或者是根本没有审题?跑题作文往往会"死得很难看",可这篇跑题作文却催人泪下,让老师破了个例……

打开一本作文本,一个题目跳入我的眼帘:《奶奶的爱》,这显然是一篇跑题的作文,因为这次作文要写父母对自己的爱,但我一点也没有生气,反倒有一丝酸楚。我知道这篇文章的作者是谁,她叫张玉雯。这个小姑娘的爸爸是一位精神病患者,生活不能自理,而张玉雯的妈妈跟她爸爸离了婚,由于种种原因,妈妈舍下这个孩子去了远方,张玉雯只得一直跟着奶奶生活。

这个孩子的学习成绩很差,经常不完成作业,作文水平更是不能提,经常都是三言两语,一面纸就完成一次习作。但出于好奇,我还是认真阅读了她的作文,只见她是这样写的:"'谁言寸草心,报得三春晖。'奶奶对我的爱是什么也买不来的。每天中午下午奶奶都接送我,中午怕我热下午怕我冷,晚上睡着了奶奶又怕我冻着,有一次我发烧了,烧到38.5度,姑姑带我打针给我买药,虽然奶奶没带我去,但她每次都叮嘱我饭后吃药。过了几天,药喝完了,我的病好了,我又像一只快乐的小鸟,可爱活泼。我觉得不是药治好了我的病,而是奶奶的爱和呵护还有关心治好了我的病。等我长大了,我一定会报答奶奶的。"

就是这么短短的一篇文章,读完后,我的心久久不能平静,眼前浮现了前一段时间发生在她身上的事情:那天我正在上语文课,突然发现张玉雯趴在桌子上,一副没精打采的样子,于是,我走到她身边,问道:"张玉雯,你怎么了?"她脸上露出痛苦的表情,说:"我头好痛,好难受!"我摸摸她的额头,滚烫滚烫的,一定是发烧了,于是我说:"我给你奶奶打电话,让她来接你。"可是,她的眼泪一下子涌了出来,可怜地说:"我想让我妈妈来。"我说:"好,我马上给你妈妈打电话。"过了一会儿,来的不是她的妈妈,而是她的姑姑把她接走了。当时,我回到办公室,就生气地说:"天底下哪有这样的妈妈,平常不管孩子,孩子生病了打电话也不来看一眼,良心简直让狗给吃了。"

多可怜的孩子！可我在指导写这篇习作时,根本没关注到她,而让其他的孩子大讲特讲父母对他们的关爱故事,完全忽视了这颗受伤的心灵。孩子在写作文时,一定也是冥思苦想,在大脑中拼命搜索妈妈对她的关爱的事例,可是她能找到的太少了,也可能是那天太让她失望了,所以她才写下这篇《奶奶的爱》。想到这儿,我的内心再次激起对这位母亲的不满,想想在地震中的那位母亲,临死前还在手机上留下给怀中婴儿的短信,表达了对孩子的爱,临死前还将自己的乳房拼命地塞进孩子鲜活的小嘴里……我真想对这位母亲说:"你对孩子的爱为什么这么吝啬呢？"

我提起笔,在孩子的作文本上写下了评语:"写得很朴实,奶奶为你所做的点点滴滴都饱含着她对你的爱,你能体会到,真不错! 希望你能好好学习,长大后报答奶奶。也请你相信,今后会有更多的人爱你。"

▶一份优秀作业

乔红羽

　　题记:俗话说:"十个指头伸出去有长短",比喻人与人之间有个体的差异。

　　对于优等生来说,做一份令人满意的作业可谓"小菜一碟",但对于学困生来说,一次优秀作业往往是孩子全部心血的结晶。因此,我们要善于发现这些孩子的良苦用心,看见他们的攀登与努力。

　　上课铃声响了,我夹着作业本,迈着轻快的步子走进教室。

　　教室特别安静,我习惯性地把教室扫视一周后,笑了笑,说:"同学们,这次作业许多同学都全对,乔老师非常高兴。"我边说边举起一本作业,稍作停顿,说:"告诉同学们,今天老师还发现一份最满意的作业,是谁的呢?"不等我讲完,同学们就把目光投向到几个尖子生身上,而他们此时身子也坐得更直了。我又停顿一下,然后激动地大声宣布:"它是淘淘的,虽然这次作业还有2处小失误,但老师相信为这份作业淘淘付出了最大的努力,所以他最优秀。"从同学们惊奇的眼神和小声嘀咕中,我看出了仍然心存疑惑。"请同学们用掌声向淘淘表示祝贺!"我带头鼓起了掌,随即,教室里响起热烈的掌声。

　　要知道,这个"优"对于淘淘可是"放卫星"的大事了,一年级刚上学时,我就感到淘淘是个"有嘴没手"的孩子,课堂上他虽然小手高举、夸夸其谈,课后的作业邋邋遢遢,错字连篇,简直让我头疼不已。

我望了一眼淘淘,平时能说会道的他,这时就像旗杆似的,脸上写满了疑惑与不解,然而,我还是从他的眼神中捕捉到了兴奋与激动。

是的,对于优等生来说,做一份令人满意的作业可谓"小菜一碟",但对于学困生来说,一次优秀作业却是孩子耗尽心血的结晶。作为老师,要善于发现这一次次"正常"的作业,更要善于用一次"正常"去鼓励孩子,相信他会还你更多次精彩的。

▶《手捧空花盆的孩子》教学反思
杨 丹

题记:一篇寓意较深的课文怎样让低年级的孩子感悟到主题?如何挖掘语言训练点进行思维和口语表达训练?如何让学生自己提问,然后带着问题去读,在边读边想中解决问题?

执教《手捧空花盆的孩子》时我是这样做的:

《手捧空花盆的孩子》是一年级语文下册第七单元的一篇课文,课文讲述的是国王用一种独特的方法选继承人,故事悬念迭生,引人入胜,通过这一课的教学,我有以下三点收获:

1.以读为主。这是一篇富含哲理的故事。这个故事在成年人看来,含义一目了然,诚实的品质最可贵。但对于一年级孩子来说,由于他们理解水平相对低,且故事长、内容多,未必能轻易读懂。尤其是文中雄日手中的空花盆,是一个与文本内涵紧紧相连的焦点,它蕴含了雄日对人生的选择:宁可放弃做王位的继承人,也要做一个诚实的人。这份诚实是沉甸甸的呀！如何使学生体会到主题是本课的一个难点。我采用多种方式的朗读方法指导学生朗读，如分角色读，全班读，小组读，自由读，师生接读，表演读，同位读等，力求创设情景，让学生融入故事之中，把自己想像成课文中的孩子和国王，悲孩子所悲，喜国王所喜。俗话说"书读百遍其义自现"。读多了，学生自然能感悟到文章的主题来。

2.挖掘语言训练点，进行思维和口头表达能力训练。读文基础上注意拓展思维空间，让学生进行合理想像，想一想、说一说，既进行了口头表达能力的训练，又使学生更深层地理解了课文，如抓住"十分"进行换词练习，造句练习。

3.尝试问题从学生中来，让学生带着问题读书，养成边读边想的好习惯。

问题从学生中来，让学生自己提问题，然后带着问题走进课文，理解会更深刻一些，因此我在教学过程中尽量让学生提出问题，再让他们解决问题，如：读了课文之后，你有什么问题吗？看了国王的两种表情图后，你有什么要问的吗？在解决问题的过程中，学生能自己积极思考，并通过小组讨论把问题解决了。

▶数学知识也能破案

程 勇

题记：苏霍姆林斯基说过："每个人都希望自己是一个发现者和探究者。"人，都是在不断的发现中成长起来的，对生活的发现，对大自然的发现，对心灵的发现，总是在不断地丰富和塑造着每一个人。然而，遗憾的是，我们做教师的往往看到和心中看重的只是结果，忽略了生命成长过程和学习过程中宝贵的发现和体验。精心备课，设置悬念，能很好地激发孩子的探究欲望。

我在执教"能被2、3、5整除的数"时，发现学生要么老是记不住这些数的特征，要么今天记住了，到复习时又忘了。怎么办？

有一次外出学习给了我一个启发：把知识点溶入到故事中去，学生会记得很牢固。于是，在上"能被5整除数的特征"时，我就编出了这样一个故事：

一天，警察小张在火车站穿便装巡逻，看见一个中年人带着4个小孩向车站方向走，小张警觉到这4个小孩眼神躲闪，露出害怕的神色。小张想：这个中年人可能是个人贩子。为了了解情况，小张主动和中年人搭讪，中年人说是一所小学的数学老师，那些孩子是他校的学生，他带学生去参加省里数学竞赛，小张若无其事地问了一句："他们多大了？"

中年人摆出一副数学家的架子说："他们的年龄相乘等于3024，而且他们4人，一个比一个大1岁，你们算算看。"

小张知道，这个中年人一定有问题，他亲切地问其中一个孩子："小朋友，你几岁了？"中年人不等孩子回答，马上接过话："你猜不出来吧？他是我儿子，今年5岁了。"

中年的人话音刚落，小张就用手铐把他铐了起来。

同学们，你们知道这是为什么吗？孩子们想了想，没有人给出答案来。

这就是我们今天要学的新知识，能被5整除的数。接下来，孩子们带着疑惑十分用心地听我一一列举5的倍数的特征。最后小结出：能被5整除的数的特征是个值必须是"0"或者"5"。

同学们，现在你们知道小张听完中年人的话，为什么把他抓起来了吗？

学生们很轻松地回答出来："因为他们4人的年龄之积是3024,他儿子5岁,5乘以任何数个位必须是0或5,3024的个位是4,所以中年人在撒谎。"

学生们的小脸上洋溢着探究的喜悦,并且把知识牢牢地记住了。

看来,我们老师只要用心去准备好每一节课,教学课照样是轻松活跃的。

▶做一颗努力生长的种子

刘海敏

题记:不是每一滴水最终都能流入大海,汇成生命的波澜壮阔,但它不会后悔,因为它毕竟在河流里流淌过;不是每一粒种子最终都能长成参天大树,撑起生命的亭亭华盖,但它不会后悔,因为它努力向上生长过。

"课内比教学,课外访万家"活动正在我校如火如荼地开展,我积极投身到这股滚滚洪流中,不仅是场边的看客,而且也是台上的一员。作为看客,我用眼睛见证了教师们在赛场上的不同风采。作为台上的一员,虽然有点像赶鸭子上架,但那真真切切的体验让人回味无穷,使我真切体会到台上一分钟,台下十年功,而且感受颇深,收获颇多。

一、积极参与,展示自我

从教以来,我虽然参与听课、讲课、评课无数次,但都如过眼云烟。唯独这次"课内比教学"活动让我刻骨铭心。

这次比武,严格按照省优质课赛讲的流程进行。先一天上午抽签决定讲哪一篇课文,第二天上午就讲课。而且讲的也不是本年级的课文,正式赛课前也不和学生见面。

我讲的是小学三年级上册《矛和盾的集合》一文。为了这节课,我查阅了大量的资料,仔细钻研教材,吃透教材。为了写好教案,我不仅认真阅读了教材、教参、新课标,除了备教材、备学生之外现在还要备电脑——我上网参考了许多相关说课和反思资料,我还看了名家上这课的视频,电脑上,教案写了删,删了写……为了一份教案,我不知不觉熬到了深夜。后来,我又根据三年级学生特点,设计好课堂教学模块,选择了恰当的教学方式。用电脑制作精美的课件激发学生的学习热情,希望能够充分调动学生的各种感官投入到学习中来。这样以来同以往相比,我在备课方面花的时间就更长一些,更具体一些,问题的考虑也就更全面些。

正因为精心备好了课,我才在课堂上显得有的放矢、收放自如。首先,我利用多媒体课件出示成语故事图片让同学们猜成语,以激发学生的学习兴趣。接着,出示矛与盾的图片,引导学生认识这两种武器,学习生字"矛"和"盾",进而引出课题;然后引领学生走进文本,整体感知课文讲了一件什么事。随后,研读课文,品味语言。其间,抓住重点词句的理解。如,在"对方的矛如雨点般向他刺来,发明家左抵右挡,还是难以招架"一句的学习中,让学生了解比喻句的特点,理解什么是比喻句和比喻句的作用,同时说出几个这样的比喻句,让学生加深印象。抓住"左抵右挡"和"难以招架"这两个重点词语理解矛的长处,并且联系实际让同学们感受当时的情景、想一想这两个词的意思,学生在轻松的氛围中理解了词语的意思。在"盾太小啦!如果盾大得像个铁屋子,我钻在铁屋子里,敌人一枪也戳不到我啦!"一句中,引导学生抓住两个感叹号体会发明家的心情。从而引出教学重点:发明家是怎样把矛和盾集合在一起发明坦克的。利用表格,让学生充分阅读文本,理解文本,挖掘文本,运用文本。最后,小结课文,走出文本。在教学过程中,我觉得有一个小小的遗憾就是:上课伊始,节奏太慢,以至于后面没有时间把整篇课文上完。不过,事后想想,对于三年级的孩子来说,在没有预习课文的情况下,一节课把整篇课文上完也是不科学的。

二、场边看客,受益匪浅

在这次"课内比教学"的活动中,我看到了课件的精致,领略了教师的万千风采,学到了崭新的教学理念,感受到了大家积极参与的热情。印象最深刻的是襄阳名师李运梅,她教态端庄、亲切,普通话标准、流利,犹如一朵迎春花引得百花紧随其后相继盛开。她所教的四年级的课文《呼风唤雨的新世纪》是一篇说明文,语言有点枯燥,但李老师利用多媒体课件、抓重点词句等吸引了学生的注意力。同时,她善于使用激励性的语言,如"你真棒,知识真丰富"、"你的声音真洪亮"、"你真聪明"、"你回答得真好,能细心观察生活""坐得真端正"等等。的确,"我们不可能教学生一辈子,但要影响学生的一生"。要做到这一点,只有靠激励性的语言了。

郑亚莉老师讲的是《长征》一课。我感受最深的是她在短短的一天时间内亲手制作的课件,着实让人大开眼界。更难得的是,郑老师对学生学法的指导很自然。如:在指导学生朗读课文时,不是干巴巴地直接说:"这句话应该用自豪的语气读。"而是先指名读,对读得好的同学给予表扬:"你们听,这位同学是不是读出了自豪的语气?真棒!"这样,同学们自然而然地明白了这句话应该用什么语气读。而且,老师充满激情的范读让听课者热血沸腾,可以说,郑老师的整个教学流程不仅有"润物细无声"之感,还有被激情点燃之感。

印象深刻的还有刘晓云老师主讲的《呼风唤雨的世纪》、徐永红老师主讲的《矛和盾的集合》,她们全新的教学理念、和谐的师生关系、丰富的评价语言、娴熟的驾驭课堂能力、灵活使用教材的能力都让人打心眼里佩服。

三、重整旗鼓，拼搏进取

总而言之，"课内比教学"活动，"忽如一夜春风来"，吹绿了校园，吹活了课堂，吹醒了师心，让我品尝到了课堂教学带来的那份快乐，收获多多！

蓦然回首，我踏入教坛已经二十载了，在豪情壮志渐渐泯灭之际，"课内比教学"活动犹如一支兴奋剂，激励我重整旗鼓，努力进取。

▶细节之处看名师

刘海敏

题记：曾拜读过名师的文章，聆听着名师的课堂，还以为，名师的成功是在于灵动的课前预设，智慧的教学设计及多变的课堂应对。直到听了陈金龙老师的一节课，我才深深地感到：名师，原来以细节见长，我们这些普通教师之所以普通，原来从来不缺少宏大，而是缺少对细节的关注。

时至今日，陈金龙老师执教的《妈妈的账单》一课仍让我难以忘怀，他的教学的精彩自不待言，而其中的一些细节，更给我留下了鲜明的印象。

比如：他指名一同学朗读，该生战战兢兢地站起来，双腿哆哆嗦嗦，声音细若游丝，读得结结巴巴。陈老师轻轻地走到其身边："不要怕，大声读给大家听，陈老师来帮你！"他边听边纠正了几个读音，自己范读，又满脸笑容地请该同学读，这次，孩子充满自信地流利地把课文朗读了一遍，进步很大，全场报以热烈的掌声。

陈老师每提出一个问题请同学回答时,都要走到学生身边,弯下腰,用心倾听,充分显示了对学生的尊重与爱。

陈老师在上课之前,自己主动把上节课老师的板书仔细擦干净了,作为一位全国名师,能率先垂范,令人佩服。上完课后,一般情况下,老师就会收好自己的东西离开讲台,而陈老师则先给听课的学生深深地鞠了一躬,并真诚地说:"孩子们,你们辛苦了!谢谢!"学生下场后,陈老师并没有离开讲台,而是悄悄地把黑板擦得干干净净,又把粉笔仔细归拢整齐后,才默默地走下讲台。

……

观摩名师的课堂教学,很多人最关注的是名师的教学技巧,其实在一些不起眼的细节中,常常蕴含着比技巧更有价值的教育元素。诸如上述细节,孩子们从中获得的爱、信任、鼓励、尊重,比学到多少语文知识更为重要。因为,它们可以影响孩子的心灵,可以滋养孩子的一生。

▶推开大师的智慧课堂

郑亚莉

题记:在教学上,他们各有风格;在研究上,他们各有建树;在这次同课异构活动中,几位教学艺术大师更是各展风采,使同课异构构出了异常的精彩,构出了异曲同工之妙。

阳光灿烂的四月天,我们带着无比虔诚的心,怀揣着对语文教学宗教般的信仰,推开了一扇扇智慧课堂的大门,欣赏了全国著名特级教师吉春亚、邹鄂生、陈金龙无与伦比的精彩教学展示,美美地享受着大师们对语文教学的经典诠释。

两节《牧场之国》,两节《妈妈的账单》,每节课都令人流连忘返,叹为观止。

吉春亚老师紧紧围绕"什么是真正的荷兰"一问,用女性特有的细腻柔美引领学生缓缓走入文字中去咀嚼,去美读,去想像。学生由最初的不知所措,到逐步与景相融,与文相知。一路赏来一路歌,其教学艺术更是令人回味无穷。

如果说,吉春亚老师的课堂是一幅恬静、优美的山水画,那邹鄂生老师的课堂就是一篇充满浓浓语文味的散文诗,大师紧扣"荷兰为什么称为牧场之国",一石激起千层浪,层层深入,自主学习感受草原的美和静,动物与人的和谐共处。其间的巧妙点拨,让学生在不知不觉中完成着一个又一个不简单的学习与训练,比如,多次让学生用四字词概括草原的水、草之类,概括牛马之多,学生思维、语言的活跃,正是邹老师教学机智的魅力所驱使。最后一组时而激情豪歌,时而低声沉吟地引读感叹"这就是真正的荷兰",更将课堂感情基调推向高潮,在带着想像情感抄写此句中落下帷幕,整节课一气呵成,如行云流水。

而陈金龙老师《妈妈的账单》一课更是上得荡气回肠,发人深思。陈老师别出心裁,独具匠心的设计将母爱的神圣、伟大诠释得那么透彻,其中最值得一提的是本课浓墨重彩,不遗余力指导学生细读"妈妈的账单",结合自身生活实际,想像妈妈为孩子"十年幸福生活"的任劳任怨,想像妈妈为孩子"十年吃喝"的费尽心机,想像生病时母亲的焦虑、担心。在一遍遍深情朗读中,在声情并茂的歌声中,账单中的"0"已深化为无私的爱,触动了每一个人的心灵。这时开课巧设伏笔写账单与课尾义无反顾撕账单的强烈反差就显得那么顺理成章,课文重难点的突破,水到渠成,轻而易举。大师就是大师,没有修饰,毫无做作,却把一节看似普通的语文课演绎得如此生动而精彩。

更令人称道的是我校徐永红老师,她凭着精湛的教学功底,与大师并肩一展风采,教学设计有异曲同工之处。以"0＞60"质疑开课,用想像感悟文中母亲和小彼得"账单",来激发学生情感的波澜。当电脑屏幕中一行行惊人的数字统统化为一个触目的"0"时,学生的情感已被充分调动,对母亲的感激最终化成了一句句感人至深的诗句,"生病时,妈妈的爱是美味的鸡汤","寒冬时,妈妈的爱是温暖的大衣","做错事时,妈妈的爱是一句安慰的话","进步时,妈妈的爱是无声的奖励"……这样情意浓浓的课堂,怎能不使学生为之动容?

同课异构,构出了精彩,更构出了无尽的思索。语文教学的形式千变万化,无论怎么变,都不要忘记,语文教学的形式千变万化,无论你怎么变,都不要忘记语文教学的根,那就是"为学生一生的幸福和发展奠定基础",让我们像大师那样脚踏实地,用真诚拥抱课堂,给学生一个阳光明媚的春天吧。

▶时事走进数学课堂

王　萍

题记:无意中,我发现时事走进了教科书,才体会到编教材者的用心良苦。于是,我想:让时事走进课堂,不仅让数学知识与生活紧密联系起来,而且可以让学生从中真实地了解一些时事讯息,增长见识,真切感悟到数学在生活中的应用价值;同时,在数学学科教学中渗透思想教育,也需要类似"时事"这样的载体来实现。

因此,我充分认识到时事走进数学课堂好处多多。

前两天备课时,发现"小数的加减法"这一单元的主题图是2004年雅典奥运会跳水比赛的奖牌榜,我还没来得及揣摩透编者的用意时,又发现这一个单元的学习内容都是围绕比赛中的体育项目展开的,我这才明白,编者除了想给孩子们创造一个完整的学习情境,真正实现联系生活实际学数学外,更重要的是想让时事也走进数学课堂。

于是我想:如果我们在教学中能结合2008年在北京举办的奥运会,让孩子们来了解奥运盛况,看精彩赛事,认识体育明星,那么,这样的课堂该具有多么强大的生命力呀!因为在学生眼中,小数加减式题已不是一道道简单的数学题,而是参与国家大事了呢!那种积极主动的学习状态不正是我们每一位老师所期待的吗?

让时事走进课堂,不仅让数学知识与生活紧密联系起来,增强学生学习的兴趣,提高学习质量,而且从中还可以让学生真实地了解一些时事信息,增长见识,真切感悟到数学在生活中的应用价值;同时,在数学学科教学中渗透思想教育,也需要类似"时事"这样的载体来实现,让学生从小关心国家大事,有爱国的热情,从小有获取新闻信息的意识,有广泛的爱好,一举三得,何乐而不为呢?

▶我的散步式教学

王　萍

题记:因为忙,体育锻炼成了空想;一篇文章让我深受启发,我决定用散步的方式来锻炼身体,并且锻炼时间就定在上课时间。谁知,这一散步式教学方式带给了我许许多多的惊喜和收获……

"身体是革命的本钱"、"有钱买不来健康"、"健康就是福",我又何尝不知道这些常见的道理呢?但我每天忙于上课、辅导学生、接送上幼儿园的儿子,几乎没有空闲,体育锻炼对我来说几乎成为梦想。

一次偶然读到《登上健康快车》一文,很受启发。"最好的运动是步行。""走路可走掉高血压,走掉高血脂,走掉呼吸系统疾病,走掉肥胖,走掉呼吸系统疾病,走掉肥胖,走出好心情,走出好筋骨,走出免疫力,走出好记性,走出好睡眠……走路的好处多得不得了。"精心研读了文章后,我决定通过散步来锻炼身体,并把锻炼时间定在上课时间。

上课时,我不拘于三尺讲台,而是手持教科书游走在教室的各个角落,这一游不要紧,歪打正着,产生了奇效;交头接耳说小话的,手里玩着小东西的、爱课外书等常见的上课违纪现象都销声匿迹了,学生都能进入角色认真听课了。

课下学生喜欢管我叫"大牛眼",可能因为我眼大的缘故。上课散步时,我就精神抖擞地用我的"大牛眼",如探照灯一般照遍教室里的角角落落,学生的神情可谓千姿百态,有的眉头紧锁,有的低头沉思,有的面红耳赤地争论,有的听了老师的讲解后露出会意的微笑,有的面色平静地倾听。面对这群活泼、机灵的孩子们,我常常会微笑着向他们投去鼓励和信任的目光。

散步中,我或三言两语开启学生的思维的闸门;或设置"路标"将学生引向思维的高速公路;或观察学生们的表情,了解他们掌握的程度;或凝神细听他们遇到的"拦路虎";或弯腰加入到他们激烈的讨论中;或调动自己的聪明才智,及时处理突发事件。

经过几年的潜心修炼和课堂实践,散步式教学已初具成效,我获得了教学和健康的双丰收。

▶还孩子一个创意的空间

罗　红

题记:每一个孩子都是掉落在凡间的精灵;每一个孩子都是发挥创意的高手;做教师的不妨给孩子一个发挥创意的空间,没准,孩子们会还你一个意外的精彩与惊喜。

又是一节下午的课!每到这时我就很怕走进教室,怕看见孩子们懒洋洋的模样,怕提问时寥寥无几的几只小手举在空中;怕听见朗读对话时他们有气无力的声音……特别是使人容易慵懒犯困的下午第一节课,唉!

和往常一样,我强打起精神,微笑着走进教室,希望用自己饱满的情绪去感染孩子,结果,作用却是微乎其微。孩子们整齐地但小声地跟我读着(童谣),突然当我领读道:where did you go on your holiday(假期你去哪儿时?)只听见全班都跟读完了后,仍有一个同学小声的读道:holiday。"是谁?"我大声问道。同学们的目光都齐刷刷地看着最顽皮的孩子——刘越峰。我本想大声地喝斥他几句,但想想以他的个性,高压是不会让他心服的,便问道:"刘越峰,今天你怎么比大家慢半拍?"他站起来说:"老师,我觉得这样读就好像有回声一样,比老师读一句我们读一句好听!"

我点点头,让他坐下,然后说:"刘越峰说的有些道理,要不我们就按照他的建议读一读,OK?""OK!"孩子们异口同声地回答。我便开始分配朗读,1组和2组读句子,3组和4组重复句的最后一个单词holiday,然后进行交换3、4组读句子,1、2组重复holiday。

没想到同学们朗读的热情空前高涨,一扫刚才的懒洋洋,读"holiday"的声音整齐而嘹亮地回荡在教室中。以至于课后,我走进办公室,其他老师都问我:"刚才是哪个班在读课文?声音好洪亮,连我们这座教学楼都听得一清二楚！"当我告诉他们是六（3）班时，他们都吃惊地看着我。

原来，还孩子一个发挥、创意的空间，可能他们带给你的不仅仅是惊喜！

▶信任的力量

罗 红

题记：信任是一种感觉，是一种看不到，摸不着，静静流淌在人心间的小河。师生之间因为有了信任，学生才能更虚心，教师也才能更欣赏学生，这是一种看不见的神奇力量。

又到了该检查背诵英文对话的时候了。每到此时，班上总是有人欢喜，有人忧。平时学习刻苦，踏实的同学总喜欢在这个时候表现自己，一个个争先恐后地排着队到我这儿背诵，看着老师肯定的眼神，听着老师的表扬：wonderful（太棒了），脸上洋溢着难以控制的得意。而那些上课听讲不认真，懒于背诵的同学满脸都写着"头痛"二字，看着别的同学一个挨一个地在我这里背诵，心里急得直发毛。

检查到最后，偌大的教室最后只剩下2名男生了，看着我还稳稳地坐在哪儿，眼里满是绝望，他们大概心里清楚，今天不背完课文，我是不会放他们离开的，便低下头赶紧背课文。终于，功夫不负有心人，其中有一名男生会背了，离开了教室，现在就只剩下李襄楠一个人了。他抬头看了看我，试图说些什么，可欲言又止。"李襄楠，把书拿到我这儿。"听我叫他，他便走到讲台前。"怎么样，会背了吗？"他摇摇头，"不会背，那就先读一遍给我听吧！""老师，我不会读。"他小声地说。"我真不敢相信，这话出自你的口中，以前那个聪明的你都哪儿去了？在我的记忆中，我从未因你不会背课文而留过你，对吗？"他点了点头。"那好，先跟我把课文读熟。"他的确是个聪明的孩子，在我讲解和领读两遍之后，他已能熟练地朗读课文了，我便趁机引导他说，"你看明明课堂上5分钟，你都能解决的事情，为什么非要等到课后花15分钟，甚至更多的时间去完成呢？下次别再这样浪费自己和老师的时间了，OK？"说完，我便让他回到自己的位置上去练习背诵，他没挪步子，却对我说："老师，我能带回去背吗？"

我实在很难相信他的话。因为如果今天我把他放走了，这件事就会到此为止，——我也是一个健忘的人，时间一长，可能连我自己都会忘记。更何况他很少能做到言而有信呢？

可转念一想，暂且就相信他一次吧，最糟糕的结果不就是被他"骗一次"吗？于是对他说："好吧！但信任是相互的，这次老师相信了你，你也别让老师失望，你自己定个时间吧，看什么时候能到我那儿背诵这篇对话？""今天晚上放学以后"。"好吧！放学后我在办公室等你。"

下午放学后，我们几个英语老师正在办公室讨论一节参赛课该怎样修改。抬头看见他出现在窗外，当时，我压根儿把上午的事给忘了，随口问道："有什么事吗？""老师，我来背书。"听他这样说，我突然想起来了，心里满是欣慰，原来信任的力量如此之大呀！

▶站在孩子的角度看问题
梁玉梅

题记：一些在我们老师眼里看似十分简单的问题，可能是孩子们在生活里第一次遇到。我时刻都提醒自己，我曾经也是个孩子，所以要蹲下身子，站在孩子的角度上去看待问题。

我在教学《观察物体》一课时，为了让自己的课堂伊始就充满浓厚趣味，我事先交代一个学生，站在讲台上背对着大家，学生特别想知道要他干什么，马上集中注意力了。

我说："他手上正做着一个动作，通过观察告诉老师，是什么动作？"

学生说："老师，我们看不见啊！"

我说："我们都在教室里，我都看得见你们，你们为什么看不见我呢？"

学生看着屏幕说："老师，因为你站在他的前面，而我们站在他的后面，所以我们看不见。"

我说："哦，原来是我们站的位置不一样啊，所以看到的也就不一样，是吗？同学们，这节课我们要学习的内容就是学会从不同的角度来观察。睁大你的数学眼睛，放飞你的数学思想，进入到我们下面要学习的环节吧。"

就这样我把学生引入了新课的学习中，多好的效果啊！这正是我和孩子们想要的。

▶个性作业好精彩

梁玉梅

题记：在教完"认图形"这节课后，我突发奇想，问孩子们："如果你是老师，你想给大家布置什么作业？"本以为才刚上二年级的孩子说不出什么来，但出乎我的意料，孩子们的作业内容和形式都出乎意料的精彩。这件事给了我很大的触动,那就是,孩子们最需要的,才是我们应该给孩子的。

记得当时我只说了一句:"哪个愿意当小老师的小朋友先上来说?"教室里顿时热闹起来:一双双小手高举着,一张张小嘴高喊着:"我来,我来!"

首当其冲的是樊季哲,因为他的小手快伸到我脸上来了,他学着我布置作业的样子,压低嗓音说:"小朋友们,数学就在我们家里,超市里,公共汽车上。今天回家后,到各个地方找一找四边形,五边形,六边形。"他一本正经的样子和故作深沉的声音逗得全班哄堂大笑。多么了不起的作业!这孩子真切体会到了数学与生活的联系,他们想去生活中找数学问题,想用学到的数学知识解决生活中的数学问题,这是多么宝贵的啊!我马上表示非常认可这个小老师布置的作业,他的脸上立刻露出了得意的微笑。

数学课代表沈雯怡也不甘示弱,她提高了嗓门说:"我希望我们的作业是回家当一回魔术师,变魔术给爸爸妈妈看。"我连忙赞同这个提议,变魔术可是孩子们最感兴趣的啊!课上,当我玩大变魔术——把三角形变成四边形,又把四边形变成五边形……他们听得可入神了,他们希望把这些游戏带到家中,边玩边学数学,这可真是个好主意!

内向的俞秋智这回也举起了手,虽然手举得并不高,但我发现了,连忙请她上来。她胆怯地说:"老师,我想让每个小朋友先剪一些图形,然后考考爸爸妈妈,要求他们说出是什么图形。"太棒了!这不正符合孩子们强烈的表现欲望吗?多好的作业啊!它不仅培养了学生动手操作能力,又让学生在考爸爸妈妈的同时,加深了对图形的认识,同时,也体验到了成功的愉悦。

俞秋智还没说完,赵冠龙就迫不及待地说:"老师,我家有副七巧板,爷爷说外国人叫它东方魔板。它可奇妙了。都是由一些我们认识的图形组成的。我建议小朋友都去买副七巧板,回家练习拼一些有趣的图案,明天带给大家看。"我连忙夸他知识丰富,趁热打铁地介绍了一下七巧板,希望大家回去都动手拼一拼。

下课铃响了,但孩子们的小手仍像小树林一样高高地举着,我只得让他们把自己想做的作业写下来,再交给我。手里拿着这一张张小纸条,读着这一条条建议,虽然有些话语不通,但每一句话都包含着孩子们真实的情感,让我明白了他们真正需要的是什么。

▶别让"小魔"长大
——代写作业的风波

康 艳

题记:"我们每个人的心里都有一个小小的恶魔,如果我们放松对它的警惕,它就会渐渐长大,溜出来,这时候,我们就会做坏事了。"一节写字课虽然没上成写字指导课,但是,我觉得在失去的同时,学生们也获得了许多许多……

中午,我刚走进教室准备上写字课,突然传来了一个小报告:"老师,小朱叫小芽代做中午作业。"什么,还有这种事? 我立刻把指责、询问的目光投向那两个"被告人",他们两个怯怯地看了我一眼低下了头,我心里初步有了个底,看来真有这回事,这可是个问题! 这么一丁点大的孩子怎么会想到这样做呢? 把他们狠狠地批一顿? 不,理智告诉我,要冷静不要冲动,这应该是一个教育契机,但要把握好分寸,既不能轻描淡写,又不能大张旗鼓地批评,既要让当事人认识错误,又要让其他同学引以为戒。

于是,我压住心头的怒气,先布置好练字内容,然后把早已低着头准备迎接"暴风雨"的两个学生请到了上面来。我首先问他们中午有哪些作业，多不多。下面的孩子忍不住抢着说："不多，只有订正数学作业和抄写词语。"小朱看了看我的脸色，大概是看我火气不大，他也低低地回答："不多。""那究竟是怎么回事呢？""我……我想……"在和风细雨般的询问下，我渐渐弄清楚了事情的来龙去脉。原来，小芽想借前座位小朱的卷笔机，小朱就乘机提出让她代做抄写作业，一心想借卷笔机的小芽就毫不犹豫地答应了，可是结果，小朱并没有把卷笔机借给她，因为他压根就没带！

听了这个令人啼笑皆非的故事和意想不到的结果，我没有直接下判断，而是给他们讲了一个故事：

有一天，一位老师进教室上课，发现讲台上有一顶精致的小洋伞，他拿起来看了一下，随口夸了句："真好看！"又把它放回原处，下课后老师也没带走它。过后几天，谁都不注意那把小伞，但那把小伞又不时吸引着同学们的目光。后来，教室里渐渐有人也买了同样的小伞，很精致。有个学生(也就是小作者)看了心里有些痒痒的，但他知道如果跟父母提出要买这把精美且价格不菲的小伞的话，父母肯定不会答应的，于是他也一直没提。终于有一天，不知怎么的下了场雨，为了做作业或者是为了等母亲送伞，小作者抬起头来突然发现教室里只剩下他一个人，他收拾书包离开教室时，眼光掠过讲台上那把小伞，心里闪过一个念头：没有人看到我，也不会有人知道我拿这把伞。于是，他心安理得地把小伞放进了自己的口袋里。有一天下起了小雨，拥有小伞的同学们都高兴地撑了伞，可是，预想不到的事情发生了，伞上的颜色顺着雨水挂下来，刚才还非常神气的孩子们变得狼狈不堪了，其他同学都哈哈笑起来，原来，那些颜色染上了他们的脸、衣服，怎么擦也擦不掉。第二天，他们强忍着羞愧来到学校，老师看到了，并不惊奇，只是说："你们应该知道该怎么做，做对了，颜色我会帮你们洗掉的。"原来，老师做了一个实验，他前后一共买了19把一模一样的小伞，那把躺在讲台上的伞其实已经不是第一次看到的小伞了,其间,那些小作者以为是买伞的同学其实只是跟他一样,从讲台上拿的。每拿掉一把,老师就又补上去一把。

最后,老师意味深长地说道:"同学们,其实,我们每个人的心里都有一个小小的恶魔,如果我们放松对它的警惕,它就会渐渐长大,溜出来,这时候,我们就会做坏事了。"

故事讲完了,我对学生们说:"这也是我想对你们说的话,听明白了吗?"不知什么时候起,台下一双双专注的眼睛早已盯着我了,"明白了,一不注意,小魔就会跑出来做坏事的。孩子们争先恐后地回答道。我又语重心长地对学生说:"每个人都难免会做错事,但只要遇事能三思而行,我们就会少犯错误或不犯错,知错就改还是好的。"我再转向两个当事人:"你们知道错在哪儿了吗?"小朱低声回答:"我不该叫别人帮我做作业,作业我一定补好,还有,我……我要向小芽道歉。"至此,我心里的石头也落了地。我又问小芽:"你知道错在哪儿吗?""我不该帮他写作业。"她不好意思地回答。"对,不能为了自己的目的,轻易答应帮别人做事,要先想想这件事是对还是错,到底该不该做,懂了吗?"她点点头。

一节写字课虽然没上成写字指导课,但是,我觉得在失去的同时,学生们也收获了许多。代写作业的风波也告一段落,自我感觉教育的效果挺好的。但留给我的反思也是深刻的:每个孩子的成长都不可能是一帆风顺的,他们稚嫩的心灵有时难免会受到不良因素的侵扰,难免会让错误的意念左右他们的行为,作为与学生朝夕相处的教师,要及时扶正他们前进的风帆,拂去蒙盖他们心灵的浮尘,要像保护荷叶上晶莹的露珠一样,精心呵护每一颗幼苗健康成长。

▶合作学习中的忙人与闲人

许璐璐

题记:无数的事实证明,个体的思维能力是很有限的,而小组集体的思想意识可能迸出与众不同的火花,产生"1+1＞2"的效果。有的合作学习看似热闹热闹,实际上只是能力强或活泼好动的学生一统"天下",而能力差或沉默寡言的学生则"袖手旁观",合作失去意义。

小学科学教学是让孩子们自己动手寻求科学答案的,课堂上除了老师的讲解外,更多的是在小组合作的基础上进行学习探究。

在平时的教学中,我发现了一个奇怪的的现象:合作学习中,有些孩子忙得手忙脚乱,而有的孩子一副事不关己,高高挂起的态势,在一边独自"偷着乐"。上课后,我就喊了个"悠闲"的孩子,问他:"你上课的时候怎么不和同学一起动手学习呢?"这个孩子满怀委屈地说:"老师,不是我不想和他们一起学习,而是小组长太霸道,从来不听我的,也不让我"碰"实验器材。"

孩子的一席话,使我陷入了迷茫:什么样的小组合作学习才能使孩子们都乐意动手呢?如何恰当地发挥小组长的作用呢?于是我陷入了深深的思考之中:这个问题确实很普遍,这是在小组学习背景下引发出的一种正常现象,这是多种因素所导致的。有学生的个体差异,有个性差异,有小组内的环境因素。但教师对小组学习的组织策略,对小组学习的认识水平,学生分组的合理性,学生学法的渗透,这一切都由我们教师起着决定作用。所以我们在课上发现的这些部分学生就不奇怪了。解决这个问题,我们教师先要给自己诊断诊断,什么是小组内分,怎么分法,什么样的问题要小组研究,小组内怎么研究讨论,在讨论时教师怎么参与……把握这些问题,整理这些认识,学生的小组讨论就有序。当然对不爱参与的学生,我们可以让组长为其开小灶，或是你特意为他们提出小要求，当然要求是为这个探究活动做些什么，是直接参与的。这样的参与对其慢慢适应小组活动、参与小组活动有一定的帮助，学生会慢慢自信起来的。

找到了问题的症结，寻到解决的方案，于是我就在班上花了一节课的时间，进行了科学课以外的:合作教育训练蚂蚁搬食物的活动。首先我说:"当一只小蚂蚁发现了一个蝗虫的尸体,他会怎么做呢?"孩子们积极汇报自己平时的发现:"对,小蚂蚁迅速找来同伴齐心协力把食物运回'家'。那你们在学习中遇到困难,怎么办呢? "于是,我选择一些简短的文章交给孩子们阅读讨论。某些同学发现了问题,在小组里提出,其他同学一起来解决。于是各种合作行为就在教学过程中潜移默化地开始了:如尊重对方,理解对方,善于倾听对方:有了不同见解,要等对方说完,再补充或提出反对意见;对对方的精彩见解和独立观点,要通过表扬、鼓励形式,达到相互支持;碰到困难和分歧较大之处,要心平气和,学会反思,建设性地解决问题。

学习合作的气氛慢慢有些融洽了，发现孩子们都愿意参与到小组的探究中来了。可是又有了新问题:小能人们的积极性不再高涨了,在汇报的时候,手不愿举了。哇,我在无形中又打击了一些孩子的探究积极性。怎么办?由于小能人是在每位老师的呵护中成长的,他们也养成了一些骄傲自大的习惯,当不再被众星捧月时,他们感到了失落。面对这种情况,于是我又采取另一种做法:对小组进行重组，能力强的集中在一起，选择能力一般的做组长,让他在激烈的竞争中进步,能力相对弱的组成一组,选派班上的小能人,由他来带动整个小组的活动,充分发挥他的作用,带动其他学生进步,有些组员在小能人的影响下,甚至可以到其他组去当组长了。这样一来,班级中的合作学习更融洽了。

曾有人说过这样一句话:"不说没有效果的话,不做没有效果的事。"我想说:"我们也不要组织没有效果的小组合作探究学习"。

▶美术课上的"表演"

余晓东

题记：想起来觉得很有趣，"茂密"是个形容词，如何能表演？但在那天的美术课上，我和学生们却真的让"茂密"这个词的意思清晰明了地展现在眼前。

三年级美术新教材中有《茂密的花》一课，打开课本，首先映入眼帘的就是那一幅又一幅美不胜收的花的图片。看到那些五颜六色、鲜艳欲滴的花朵，学生们顿时欢呼雀跃起来："哇，好美！好漂亮哦！"

开始上课了，我从花的形状、色彩、大小等一步步进行引导，指导学生进行观察。但是，讲到画画时要表现出花的"茂密"时，我自觉语言的贫乏，很难将"茂密"一词的意思解释清楚，而且根据新课程要求，在该课中需要让学生领悟到物与物之间的位置关系(并列或者遮挡)，于是问学生："你们知道什么叫茂密吗？"他们纷纷举手，有的说"茂密"就是多，有的说"茂密"就是漂亮，还有的说是大的意思，我听了这些学生的答案，忍俊不禁，心想：好一个童言无忌！这些天真的孩子们，我该怎么让他们明白"茂密"的含义，又表现出"茂密"的花的意境呢？

灵感突然在我脑中闪现，我说："看来你们都不太说得清，那就让我们来表演一下'茂密'好吗？"学生们显然被我弄得一头雾水，都睁大了眼睛不解地看着我。我连忙接下去说："假设老师就是花丛中的一朵花，谁愿意上来和我组成一群茂密的花朋友呢？"经过我这么一"号召"，几乎所有的学生都高高地举起了手。我随意地挑选了几位同学，让他们或站，或蹲，或前，或后，互相依靠，你挨着我，我贴着你，前后呼应，相互遮挡。"你们瞧，我们现在就是一群茂密的花朋友啦！"

不用太多累赘的语言,也不用太多华丽的言语,"茂密"就这样清晰明了地展现在了学生的眼前。我想他们是真的懂了,那一张张表现出前后位置遮挡关系的花的作业不就是最好的证明吗?

▶做个宽容的老师

余晓东

题记:宽容,是善良,是大度,是美德,教师尤其需要这样的美德,因为,有时候,宽容引起的内心震动和教育意义比一阵劈头盖脸的批评要大得多……

今天批改六(2)班美术作业,内容是美术字,看着学生书写得虽然不是十分美观、标准,可看得出他们都很努力!但改着改着,面前赫然出现了"大笨蛋"三个大字,再翻看前次作业,上书"傻瓜"二字。竟有这样的学生?我不禁火冒三丈!

想起上次批改作业,发现这个同学书写内容不健康时,我并没有很生气,只是在作业本上写下批语:"书写内容要健康。"而后在课堂上不点名地讲了一番道理,总认为纵使学生有错,也应该给他一个改过的机会。可他竟然熟视无睹,依然我行我素!简直就是无视老师的存在!于是提笔就在上面写到:"你是个笨蛋吗?"并发誓再上课时,首先宣布"该生可以不交作业",以解心头之恨。

过了几天,该上六(2)班美术课了。临上课前,我想,不能因为他一个人影响大家上课的情绪,应该讲完课后再处理这件事。课讲完了,大家开始画了,我把作业记录本拿过来,看了一眼上面的名字,发过誓言的那句话马上就要脱口而出，可话到嘴边却变成了另外一句，"要不要把你上次的作业给大家展览一下？"只见他慢吞吞地从座位上站起来，低头弯腰，胳膊几乎要抱住头，声音低得如蚊子一样："不要。"我又高声问了一遍，他的声音也稍高了一点点："不要。"我让他抬头看着我，他不动，依然那幅样子，我盯着他足有两分钟，看着他难受的样子就发了话："坐下吧！"整节课中，他一动不动坐在自己的座位上画，我走过去看了看他的画，这次没有胡写乱画，不错！还挺有创意。

　　课后，我庆幸：课堂上控制住了自己的情绪，没有向他大吼大叫或严辞批评，只是给了他一个反思的机会，就达到了教育的目的。试想，要是真的在课堂上当众宣布不让他再交作业了，那不等于在众人面前打他的脸，伤害他的自尊吗？他可能因此产生逆反的心理，从此以后在课堂上就会混日子，再也体会不到学习美术的乐趣了。

　　这件事让我深刻地感悟到："人非圣贤，孰能无过。"更何况是十来岁的孩子，当他们出现错误，需要我们帮助时，我们应以平等的态度出现，设身处地的为他们着想，尊重他们，相信他们，动之以情，晓之以理，真诚的帮助他们改正错误，而不是大声斥责。有的孩子比较调皮，可能一次、两次教育的效果不太明显，但作为教师的我们，应该再有点耐心，多点信心，相信学生不是一块石头，而是一个活生生的人，一个有血有肉有思想的人，在教师真情的呼唤下，一定会矫正自己的脚步，朝着健康成长之路走去。

　　做个宽容的老师吧！有了一颗宽容的心，我们会发现真的是海阔天空，我们的学生会更爱戴我们、亲近我们，教育的智慧之花才会绽开得更加艳丽！

▶触及心灵的教育

田 华

题记：生命之中有不断涌动的情感，成长中的孩子关注自我，追求理解，他们希望与老师交流，渴望和真情互动，从而获得成长的资源与养分。当老师与学生打开心灵，当老师与学生真情涌动时，才能为教育注入生机。富有生机的教育，触及心灵，感动人心。

离下课约还有五分钟，一件意想不到的事情发生了……

当时，我正和同学们兴致勃勃地举行计算比赛，大家做得热火朝天，我也暗自高兴。订正完这些计算题，我发现小谌同学正低着头，瞧她的神态，思想已游离于课堂之外了。顿时，内心深处涌起一丝不满，怎么搞的？于是，我不由自主地请她回答我提的问题，其实我的真实的想法是"惩罚"她一下。听到我叫她，她连忙抬起头环顾四周，然后扭扭身子，慢吞吞地站了起来，低头看了看书，又抬头看了看我，课堂上出现了短暂的沉默。我暗自想：是让她坐下了事呢？还是继续？对，关注一切学生的发展，我只要加以引导，她一定会知道。

我降低了问题的难度，原以为教学即将顺利进行，可谁知她抬起头，扫了我一眼，牙齿咬住嘴唇又低下了头。我耐住性子，重复了我的问题，这下她涨红了脸，但仍旧没吐出半个字，周围却响起了窃窃私语声。我暗自提醒自己：耐心！我满怀希望，因为在我看来，这个问题太简单了。

沉默继续控制着绝对优势，我拼命压住心底的怒火，"你能读读题目吗？"我知道，我的声音变得严厉了。"快读呀，小谌……"旁边的同学似乎也觉察到了不对劲，开始悄悄提醒她。可她用那双蓄满泪水的眼睛看了看我，仍旧保持沉默。我在生气之余，内心深处隐约有个念头一闪：难道我错了？最后，我以"下课后我们谈谈！"结束了这段"对峙"。

　　回到办公室，我独自生着闷气。小谌同学是一名多愁善感的女孩，只是性格内向，难得听到她的声音，即使说话也是嘤嘤细语，和她交流更是"惜字如金"。今天的一幕，应该说是在情理之中，可我为什么非要逼着她说话呢？难道是保全为人师者的脸面吗？这时，那双泪眼婆娑的眼睛浮现在我的脑海里，一种不安和自责悄悄袭上心头，我真的错了！我不该那样做！我决定找她谈谈。

　　下课，我们坐到了一起，她不安地绞着手，话未说，眼先红，"老师，我不是故意那样做的。"她的声音有些哽咽。我一震，不知说什么好，却不由自主地连连点头。"有什么原因吗？"我带着歉意和悔意问。依旧是惯有的寡言，"我也不知道，就是说不出来。"我知道我已伤害了她，我得弥补我的过错。"这样吧，"我深深地吸了一口气，"我们来个约定，下一堂课，我还要请你发言。当然，我更希望你自己举手。"她诧异地抬起头，似乎不相信谈话就这样结束了。虽然依旧沉默，但从她的点头中我还是发现了她眼睛后面隐藏的一丝笑意。

　　第二天，我带着一份激动和期盼走进课堂，因为我将实现一个约定。上课之余，我分了分神，偷偷观察她的"动静"，等待着……她的眼神不时地和我交会，我则向她示意。终于，那只手悄悄地举起了一半，虽然内心已急不可待，可我故作平静地请她回答问题，尽管声音还是不够响亮，但已足以引起同学们的诧异。我们俩会心一笑。我如释重负，我真不该那样逼她！通过这件事，我告诫自己，我今后再也不能这样。

▶让数学情境回归现实

田 华

题记:以冷静的眼光审视我们的课堂,对教学的评价的重心已经逐渐从丰富多彩的环节转移到教学的实际效果上来了。而情境创设作为教学活动中的一种潮流和时尚,越来越得到了教师的重视。虽然情境创设是联系数学与生活的纽带和桥梁,但随着"创新意识"的思想作怪,情境创设越来越"绚丽多姿",越来越复杂了。讲一节公开课,课件制作需要消耗掉大量时间和人力,教师往往感到力不从心。我思考着,数学情境的创设是否应该简单化、大众化?

在上学期上"有余数的除法"时,我曾经参考了几篇教学设计,其中有两篇给我留下了较深刻的印象。

(片段一)

一、创设情景

1.师:小朋友们,你们喜欢体育运动吗? 看来,每个小朋友都很喜欢。瞧,我们学校的小朋友正在开运动会呢!

2.(课件出示主题图)操场上多热闹! 你从图上都看到了什么?

3.师:小朋友们观察得真仔细,那你能根据这幅图提出一些用除法计算的问题吗?

二、感知意义

1.观察生列举的算式,说说与以前学过的除法算式有什么不同?

2.师:大家觉得在我们的生活中,什么时候会用7÷3这个算式计算?

3.师:小朋友们能不能用你喜欢的方式表示出7÷3这个算式呢?

4.师:小朋友用很多方式表示了这个算式的意思,谁能说说7÷3等于多少？师板书,介绍有余数除法的意义和写法。

5.师:谁能结合你举的例子来说说这个算式各部分的意思?

(片段二)

一、把握起点

1.师:小朋友们,知道这节课我们要一起研究什么知识吗?

2.师:你认为什么样的除法是有余数的除法?

生根据自己的经验回答,借机了解生的认知基础。

3.师:看来小朋友们对有余数的除法已经有了一些了解,谁能来说一个有余数除法的算式?

二、感知意义

1.观察生举的算式,说说与以前学过的除法算式有什么不同?

2.师:大家觉得在我们的生活中,什么时候会用7÷3这个算式去计算?

3.师:小朋友们能不能用你喜欢的方式表示出7÷3这个算式呢?

生出现的方法有:摆学具、画图、编数学问题……

4.师:小朋友用很多方式表示了这个算式的意思,谁能说说7÷3等于多少?

师板书,介绍有余数除法的意义和写法。

5.师:谁能结合你举的例子来说说这个算式各部分的意思。

在片段二中,老师从学生的现有知识起点出发,作为数学情境,学生的直接反应和直接感受,很快得到体验,兴趣也油然而生;而且老师始终围绕这节课的主要内容展开教学的情境,学生开始感到茫然,但随着情境的展开,学生豁然开朗。

我后来也在自己班上用片段二的案例进行了教学,我欣喜地看到,整节课孩子们自始至终处于思维的活跃状态,他们被数学问题所吸引,他们为解决问题而思考,课堂上充满了生命的张力和活力。

所以，我认为情境创设应该是充满"真实性"、"数学味"、"针对性"、"思考性"、"探究性"的，只有这样，才符合儿童内在发展需要的"平实"情境，才能达到我们所期盼的理想课堂教学效果。

第三部分

教育随笔

　　与一个个天真活泼的孩子为伍，每天生活在一个又一个鲜活的教育故事中，这是我们一线教师生命的特征。随笔，没有正襟危坐的俨然，没有煞有介事的虚假，没有耳提面命的烦闷，它不是某些为了晋升职称而炮制的论文，也不是为了课题交差而拼凑的"成果"，随笔随处可写。夜深人静的时候，品一杯香茗，整理自己一天的心情，反思的，领悟的，收获的……一点点，一滴滴，哪怕是那些稍纵即逝却湿润我们眼眸的丝丝灵感，都在心中沉淀积累，在脑中品味反思，然后倾泻于笔端，或是流淌在指间，凝聚成一份最美丽、最快乐、最温馨的记忆，任岁月侵蚀，永不漠视，永远地珍藏在我们的心中。

▶促进思考的最佳方式——写作

焦 莉

题记:作为教师,我常感到知足,又在知足中感到自己的不足,静下心来,在不足中寻找,发现唯有克服惰性,勤动脑、勤动手,勤写作,才能不断地完善教学,完善自我。

一天,在网上查找有关"智慧课堂"的有关资料,有幸看到了《黄爱华与智慧课堂》这本书,全书按"我的成长之路"、"我的教学主张"、"课堂实录与点评"、"专家评说"、"人物介绍"五大部分详细解读了黄老师的成长历程。

成长之路——努力、实力、魅力

"教师是智者。首先,教师应该博学,应该上通天文,下晓地理,学富五车,满腹经纶。其次,教师应该是睿智的,是智慧的化身。他像一块宝石,永远散发着人格、学识和智慧的魅力。"在他的自传中,我看到他从小就对数学有着浓厚的兴趣;初涉教坛,他又得到了全国著名特级教师卢志文、邱学华等专家悉心的指导,有更多的机会参加各级各类的公开课来展示自己,磨炼自己。有了专家的指点,黄老师前行的路上有了正确的航标。他潜心研究课堂教学,每学期都要制定详细的读书计划,还养成了做阅读摘记的好习惯,有一个星期他竟写了近十万字的笔记。这是多么难能可贵的精神! 读书不但丰厚了他的精神底蕴,还滋养了他的灵气,使他在教改路上越走越远。

教学主张——生活化、细节化、智慧化

在书中,黄爱华老师介绍了的许多教学主张,印象最深的是他提出的数学生活化、细节化、智慧化三大观点。

"数学应该是现实的,是生活化的,是儿童乐于学的。"黄老师这样认为。上同一教学内容"百分数的意义和读写法",黄老师在浙江绍兴借班上课时,他从绍兴黄酒的酒精度17.5%导入新课。而三个星期后去大连上课时,他想如果再问大连的小朋友知道绍兴黄酒吗?肯定不妥当,于是,他想到大连是个足球城市,恰逢上课前一天有一场奥运会外围赛。于是,他又从中国国奥队的控球时间占整场比赛时间的69.8%来导入新课……不难发现,黄老师把生活中的鲜活题材引入了数学课堂,让学生时时感到数学就在我们身边。

我所在的学校要求每人每月完成一篇教育叙事,不仅要交,还要评讲,老师们都嚷嚷着累,没时间写,说实在的,我也有同感——带一个班的主课,每天上课、批改作业、辅导学困生、还有开会、常规抽查等一堆的事,确实没精力去写。当然,我也曾多次有过灵感的火花在闪烁,就拿上次观摩全国第八届数学优质课来说吧,由于是第一次参加全国的活动,听了32节来自各地的优秀教师的课,感触很多,当时的想法是,我先放着,待到有时间时再来整理。可后来呢? 就因一些琐事打岔而搁浅了,最后只好不了了之。

我又想起了全国著名的数学特级教师吴正宪老师。她在《追求教师职业的生命价值》一文中也曾写到：在教学工作中，人人都会产生点点滴滴的体会，或深刻，或肤浅，如果置之不理，则稍纵即逝；如果稍作留心，把它记下来，哪怕是肤浅的感悟或理性的直觉思维，都会带来日后冷静的思考，点点滴滴，积少成多，厚积薄发，拿起手中的笔，勤于笔耕，做教学的有心人。因为教师这一职业的特殊性要求我们笔耕不断，不然只能停留在工匠的水平，得不到提高。

正如有人说的那样，因为与智者交流，所以能得到1+1>2的收获。老师们，不要埋怨，也不要说"等到以后"了，拿起手中的笔，今天就开始行动吧！

▶言为师　行为表
——学习王道智老师讲座有感
陈　丽

题记：庸师比庸医更可怕，庸医害死的是人命，而庸师却断了人的慧根。

八月二十三日，我有幸聆听了襄阳市教育局规划科的王道智老师主讲的专题讲座，其中，王老师讲的两个内容令我受益匪浅。

一个是谈到怎样培养人的问题。王老师举例说，有的老师为了对学生进行孝雅教育，到了周末让学生给妈妈洗脚，并且还要妈妈签字，老师检查。听到这里，我深感惭愧，这样的"作业"，我布置过不少，什么给父母洗脚啊，帮父母做菜啊，帮妈妈做卫生啊，力行《弟子规》啊，我都让学生做完之后给家长签字，让父母写出他们的感受，同时也证明事情的真实性。天长日久，同学们力行《弟子规》成了应付差事、完成任务，甚至成了一件令他们头疼的事、反感的事,"因为今天力行《弟子规》的哪一条呢?""哪一条最容易做到就做哪一条吧!"这些问题,与他们如影相随,天天如此,怎能不烦。

我所带的班学习《弟子规》三年了,同学们都会背经文,会说意思,却不会身体力行,甚至产生了不愿学习《弟子规》的反感情绪,看到这种现状,我很自责,这么好的德育教材,这么好的孩子,我是怎么在这两者之间挖开了一道鸿沟呢?问题肯定出在我身上!一时说不清我打算怎么做,但是要改变,要从自身找原因,发现旧做法的弊端,重新寻找新的做法。

王老师还讲到一点:"做老师一定要谨言慎行!"我非常赞同,王老师举例说,在一所高校,一位老师的课讲得很好,很得学生欣赏。可是他与同事谈话时却说自己讲课是"糊弄学生的"。不必分析这位老师与他的同事说这话时的心态,且看被他的学生听见了会产生什么影响:老师太虚伪了,老师讲的那些都是假的,老师不再值得信任,老师真令我们失望、伤心……老师一句随意的话语会对学生造成这么大的影响,我有什么理由不注意自己的一言一行呢?父母给了孩子生命,教育者给了孩子"慧命"。孩子是父母的镜子,也是老师的镜子,看到一个孩子就看到他受到怎样的家教和学校教育,或许偶尔的哪一句话或者哪一个动作行为会使一个学生受益终身或者毁了他的一生啊!

由此我想到了曾看过的《十九层地狱的故事》:

一个蒙古大夫治好了很多人的病,但同时也治死了几个人。治死的几个人死不甘心,到阴曹地府时向阎王爷告状,说他们是被蒙古大夫害死的。阎王爷就将蒙古大夫打到了十八层地狱。

蒙古大夫在阎王面前连呼冤枉,说自己治好了很多人,只治死了几个人,就要打下十八层地狱,永世不得翻身,阎王爷做法有失公允。他又哭又闹,又喊又叫,又蹦又跳,结果从脚底下传来了一个声音,叫他不要再闹了。大夫听了一惊，因为他知道地狱只有十八层，而且第十八层最为凄惨，只有在阳间犯下最为人耻恨，罄竹难书的恶事的人才会遭此报应。

脚底下怎么会有声音呢？经询问得知说话者是自己的老师，就好奇地询问老师是如何下得十九层地狱的。老师说："你手里还有几条人命，我一条命也没有，只是教了你这样的学生，贻害社会，祸害他人，阎王就将我打下了十九层地狱。"

这虽然只是个故事，但是其中的哲理很深刻——庸师比庸医更可怕，庸医害死的是人命，而庸师却断了人的慧根，让人承受一世的苦痛与煎熬，最后还要自食恶果。

因此，教育就是"言传身教"，我作为一名教师，有什么理由不"谨言慎行"呢？

▶作弊发生以后

吴厚珍

题记：考试时，他偷偷地翻看藏在抽屉里的书，考试结果当然就失去了真实性。如何对一个作弊了的孩子进行教育呢？请看我是怎样做的。

那是一次再普通不过的单元测试，考场静悄悄的，我的目光像探照灯一样在教室里扫过来，扫过去，确信无异常后，我低下头来思考问题。俄顷，不经意地一抬头，我发现坐在后排的小文正在偷看藏在课桌里的书，没错，他在作弊！而且，此时的他那样"专注"，竟然没发现我怒视的目光！

果然不出我所料,考卷改完一看,他考了个相当不错的分数。可我心里非常清楚,这根本不是他的真实成绩。怎么处理?冷静地想了想,我决定赌这一把——这次不但不批评他,反而表扬他。

第二天发考卷时,我表扬了一贯优秀和这次测验有进步的同学,当点到他的名字时,我特别加重了赞许的语气。正如我所料,马上就有同学做出反应:"老师,做按课文内容填空时他抄书。""对,他不诚实。"同学们的正义感使我感到欣慰,我提高了嗓门说:"大家安静!我相信咱们班每一位同学的成绩都是真实的。"说着,我把目光看过去,只见他羞红了脸,低下了头。

下课后,我把他叫到办公室去,温和地说:"小文,你这次进步很大,老师相信,在以后的测试中都能取得这样好的成绩,加油啊!"说完,我拉起他的小手,师生俩拉了拉钩,他的嘴唇翕动了几下,虽然最终什么也没说,我已感受到那只拉钩的小手明显加重了力量!看着他离去的背影,我陷入了沉思……

好在这小子没有辜负我的期望,从那以后,他几乎每一次考试都会有些许进步,同学们也发现,他上课注意力集中了,发言积极了,作业越写越认真了。看到这些,我心里的一块石头落地了,因为,我总担心他把我的信任和宽容当作继续作弊的"保护伞",也担心其他同学以为老师认可考场作弊行为,纷纷效仿,我是冒着很大的风险的啊!

反思我的处理办法,有几点值得肯定:一、我的假装不知就给了他一份信任,最大限度地降低了对他的心灵伤害,保护了自尊,刺激了愧疚心理,有利于他尽早自我反思;二、对他进行表扬又创造了一个"高期望值"的积极发展空间;三、对老师的用心良苦的感激,他很容易产生"应验"老师"预言"的愿望,这股内在的强大动力是驱使他发生翻天覆地变化的根本原因。原来我的"赌一把"完全是"志在必得"啊!

　　当然，作弊行为归根到底是一个诚信问题，为彻底根除考试作弊现象，我又组织了"诚信"现象大讨论。这样既可以借个别生的问题来教育集体，又可以通过集体的力量营造一个良好的育人环境。

　　从此，作弊现象在我班销声匿迹。

▶弯下腰来，仔细倾听

邓秀梅

　　题记：弯下腰来，仔细倾听，尊重每一个独立的、需要呵护和鼓励的脆弱灵魂，是为师的最高境界。

　　我曾有幸目睹一位名师的课堂教学，其中一个镜头至今历历在目。

　　那位名师执教的是《祖父的园子》这篇课文。那位白发苍苍的老教师点几个学生读书之后，又点到一位同学。那个孩子犹犹豫豫、慢慢腾腾地站起来的那一刻，全班同学都在窃笑，有的甚至窃窃私语起来。很显然，那是一个学困生。那个孩子红着脸站起来后，拿着书，面对着摄像师的镜头，也许由于紧张，也许是太拘谨，一个字也读不出来，呆呆地站在那儿。台下数千名教师的目光此时全部凝聚在那儿，我的心也提到了嗓子眼：这怎么办？只见那位老教师满脸笑容，走到孩子身边，弯下腰来，拍拍孩子的肩，亲切的问："你叫什么名字？"孩子小声地回答了。老教师惊喜地说："不错，能不能大点声？！"孩子声音响亮了些，老人更激动了，"对，就像这样读课文，来！"孩子看了老师一眼，结结巴巴地读了，中间错了好几个字。读罢，老人帮他一一纠正。我想：这个环节该告一段落了。因为在这个孩子身上，已经花费了不少时间，一般情况下，做课的老师是"舍不得"这么花时间的。没想到这位老先生竟然再一次弯下腰来，和这个孩子又一起读了一遍课文，然后又把孩子拉到前台，面对所有的教师，鼓励着孩子，赞扬着孩子，让孩子又读了一遍。这个孩子虽然还有些腼腆，但与开始相比，已有很多自信，朗读的声音大了许多，感情也充沛了许多。当孩子读完后，全场报以雷鸣般的掌声。我知道，这掌声，不仅送给孩子，更多的是送给那位老名师。我不知道，此刻，那个孩子心中想着什么，但我知道，这堂课他将铭记一生，或许这节课，也将改变他的人生。这就是教育的力量！

一堂课结束，教学过程我已记得不甚清晰，但老教师的微笑的面容，那弯下腰来仔细倾听的身姿，那轻抚孩子肩头或脑袋的那只手，却深深地印在我脑海中。我为能听这位名师讲课的孩子庆幸，更是妒忌那位名师的学生们，如果我的孩子能遇到这样的教师，他的人生发展该是怎样的一个前景？！继而，我不禁羞愧：同样身为教师，我在孩子们的心中是怎样的一种形象？！当我面对那些后进生时，我何曾有像那位老名师一样，弯下腰来，尊重每一个独立的、需要呵护和鼓励的脆弱灵魂？！那声声呵斥在那一刻不知击毁了多少孩子的自尊啊？！

此事虽五六年已过去，那位老教师的身影在我心中却愈发清晰。它时刻在提醒我：弯下腰来，仔细倾听！

▶那一刻,我流下了幸福的眼泪

吴晓玲

题记:哭并不代表着软弱,此时的哭是一种情感的表达,幸福地表现。

《老人与海鸥》是小学语文六年级上册的一篇课文,它写的是一位老人生前悉心照顾海鸥,老人去世后,海鸥悼念老人的感人故事。其中,海鸥对老人那令人震撼的情让每一个读者为之动容。其实动物是有灵性的,人类对它们所付出的任何一份感情,都能得到它们加倍的回报。动物尚且如此,人与人之间,老师与学生之间更是如此吗?这让我不由得想起自己从一年级起一直带了快六年的孩子们。

2008年的教师节,将是我和这帮孩子一起度过的最后一个教师节。那天,踏着上课的铃声,我像往常一样拿着书和备课本来到教室,当一声"上课"刚落下,只见同学们整齐地从座位上站起来,齐声说:"祝吴老师节日快乐,天天开心!"教师节?我给忙忘了,孩子们却替我记着!多么有心的孩子们啊!惊讶中,班长向我跑来,献上了全班同学的祝福贺卡,我的手顿时感觉沉甸甸的。这哪里是贺卡?这分明是班上63名同学的63颗真诚的心啊!我再也控制不住自己的情绪,眼泪禁不住流了下来。望着孩子们那一张张写满真挚的小脸,此刻的我真想说几句感谢的话,却哽住了,我深深地向63名同学鞠了一躬,感谢他们对我的祝福,也祝福他们健康快乐成长。此时我的心里像打翻了五味瓶似的无法平静,想到他们五年前曾是一个个不懂事的孩子,如今……那一刻,我不再觉得我的努力付之东流,我感受到了我是世上最幸福的老师,我为自己是一位老师而骄傲,为自己能成为他们的老师而骄傲,也为天下所有的老师感到骄傲!

▶微笑源于内心

刘湘丽

　　题记:微笑是成功的毛毛雨,是乐观的阳光,是自信的支柱。

　　古希腊哲学家苏格拉底说:"在世界上,除了阳光、空气、水和微笑,我们还需要什么呢?"

　　不错,微笑浓缩着一个人的涵养。微笑既是一种亲切的语言,能架起心灵沟通的桥梁,又是一缕柔和的阳光,温暖别人,也明朗自己;微笑还是一曲无声流淌的音乐,能调节紧张的气氛;微笑更是沟通心灵的七彩阳光,能融化你心中的冰雪。有时候微笑的力量是柔软的,有时候微笑的力量却是无坚不摧的。

　　世界处处需要微笑,教育更需要微笑,尤其是老师的微笑。每一位老师与学生在一起交谈时,温柔的微笑会给学生带来无限的理解和信任,让学生感到无比的激动和快乐;课堂上,教师甜蜜的微笑,将给这节课增添浪漫的感情色彩;教师给学生解惑时春风润雨的微笑,将点燃学生智慧的火花;教师在化解学生矛盾时从容的微笑,将为学生架起沟通的桥梁。

　　每一个生命呱呱坠地,他给父母带来了喜悦和希望。这个小小的生命,无论漂亮还是丑陋,聪明还是愚笨,都是父母眼中的心肝宝贝。随着时间的推移,孩子走进了校门,成了小学生,和其他的孩子一起学习生活,大多数的父母都把目光投入到孩子的学习成绩和成长上。聪明伶俐的孩子当然让自己的家长惊喜和欣慰。可哪个班没有理解能力差甚至性格有缺陷的孩子呢?这些孩子在学习上不能和同龄的孩子同步,行动也不如别人敏捷,他们受到了伙伴们的冷落和挖苦。他们成了班级中的灰色人群,有些孩子还相当自卑。这是一群更需要爱的孩子,如何看待他们呢? 作为一名教师,我们都要对他们投入比其他学生多得多的爱。因此我对这些孩子常说的一句话就是:"你是老师眼中最可爱的孩子。"这句平实的话,就像一缕阳光,温暖着孩子的心,传递着快乐、慈爱,让孩子感觉是生活在大家的关爱中,更加热爱班集体,更加充满了学习的信心。

细细想来,我觉得我们老师不应用粗暴冷酷的面孔对着新鲜的生命和活泼的童年。那天的事例让我真正认识到了微笑是一种力量,微笑是"随风潜入夜,润物细无声"的春雨,教师的微笑对学生而言尤为重要! 在他们看来,老师的笑容就是对他们的理解、信任和宽容!作为教师,我们一定要把美丽的微笑留给可爱的学生们! 因为微笑能消除误解、消除压抑、消除隔阂;如铁的沉闷遇见了它,就像心里扔了一枚快乐的石头,必将荡起快乐的涟漪;如山的重压遇见了它,就像给压抑的心灵推开了一扇明亮的窗户,接纳窗外的清风明月。我以后能做的就是把我真诚的爱、炙热的情毫无保留的奉献给孩子们,要让他们感受到人生的温暖,我会用微笑将欢乐投影在脸上,用微笑将信任输送给他们,让他们成长的道路上每天都有灿烂阳光相伴左右。

▶呵护梦想

罗 红

题记:孩子是祖国的花朵,孩子的心灵就是那娇嫩的花蕊。我们只有对每一颗心灵都敞开温情的怀抱,才能呵护他们的梦想,让孩子们健康快乐地成长。

泰戈尔在诗中写道:"花的事业是甜蜜的,果的事业是珍贵的,让我做叶的事业吧,因为它总是谦逊地低垂着它的绿阴。"带着对叶的事业执著地追求和向往,十五年前,我无怨无悔地选择了教师这一职业,在平凡的工作岗位上做着平凡的事情,可是我始终把"一切为了孩子,为了孩子一切,为了一切孩子"当作我从教的最高准则,为了他们,我甘愿奉献自己无私的爱。

记得刚站在三尺讲台上时,面对无数双渴望求知的眼睛,心里充满了激动和兴奋。望着比我还高的孩子们,还有些许的担心和忐忑,虽然终于实现了儿时的梦想,可是我能胜任这份教书育人的工作吗?在我教书生涯的最初一段时间,"发怒"成了我教学中运用得最多的武器。课堂上有人不专心听讲,没完成作业等,都会引起我的愤怒。我会在课堂上大声呵斥犯错的学生,只因为觉得这样做会在全班起到威慑作用,却没有去想这个学生内心会有怎样的感受,也忽略了同样坐在教室中其他的那些满怀期待等老师讲授新知识的学生。经过一段时间的摸索之后,我虽然能控制住课堂上的纪律了,可又觉得课堂上哪里不对劲了。感受着每个学生看我时畏缩的目光,回想着课堂上死一般的沉寂,我开始思索。虽然我是70后,我儿时的老师大多是严肃的,让人敬畏的。但用心回味过去的求学生涯,最让我难忘的老师仍是我初中的那位女老师。她温文尔雅,不爱发怒,因此我很喜欢她。曾几何时,我是那样的梦想成为一名教师,一曲《长大后我就成了你》让人潸然泪下。她不就是我奋斗的目标吗?为何我现在要背道而驰?作为一名小学老师,必须要有爱心和耐心。有了爱心,就有了耐心,尽管工作繁忙,累得无暇休息,无暇娱乐,甚至逛街购物都挤不出时间;尽管教育孩子十分操心,甚至可以说操碎了心,有时让你哭笑不得,有时让你气得发疯,但你必须忍耐、忍耐、再忍耐。静下心来,想一想,他们都是不懂事的孩子,不必大动肝火,只要心平气和,一切都会水到渠成。

一天，我在学习新课标时，感悟到课堂应是向在场的每一颗心灵都敞开温情的怀抱，才明白是我严厉的目光切断了学生的思维，是我冰冷的面孔熄灭了学生心中的热情。如何激活我的课堂，让学生们能在愉悦的气氛中学习呢？我陷入了沉思。我想起一位美国教育心理学家说："如果孩子生活在批评中，他便学会谴责；如果孩子生活在敌视中，他便学会好斗；如果孩子生活在恐惧中，他便会忧心忡忡；如果孩子生活在鼓励中，他便学会自信；如果孩子生活在受欢迎的环境中，他便学会钟爱别人；如果孩子生活在安全中，他便学会相信自己和周围的人们；如果孩子生活在友谊中，他便会觉得他生活在一个多么美好的世界里。"看来，只有良好的学习氛围与融洽的师生关系，才能促使学生们更喜欢上课，期待上课。

于是我精心设计上好每一节课，让同学们在无意中喜欢上我。同时，在平时的教学活动中，我也从不吝啬对学生的表扬，因为我明白希望得到表扬是每个孩子的天性，孩子的内心世界是清澈的。每个人都希望自己能得到别人的肯定。得到了肯定后，良好的情绪会给你带来下一次成功。大人如此，小孩亦如此。来自老师和家长的表扬与肯定，会令孩子们更加自信和可爱，从而以更加积极的态度做出回应。就像魏书生所说：我们教育子女、教育学生还停留在忠言逆耳的观念上，就落伍了，就不受欢迎了。我们应适当地用上"糖衣""良药"，会有意想不到的收获。一句表扬乃至一个微笑就是孩子奋发向上的强大动力，孩子建立了自信心，对待各种事物的态度就会变得更加积极。

教育的根本就是要呵护孩子们的梦想，给他们希望。

▶责任·感动

罗 红

　　题记:如何在英语教学中融汇culture和进行德育的渗透? 身为一名骨干教师,要承担用恰当的教学内容对孩子们进行德育渗透的责任,但同时也从送教下乡的过程中收获孩子们最朴实的感动。我想,这就是我一次次欣然接受送教下乡这一艰巨任务的原因吧。

　　为了充分发挥骨干教师辐射作用,缩小城乡差别,全面提高教师整体素质,市继教中心定期开展"送教下乡"活动,我有幸成为其中的一员。作为一名送教老师,我要感谢继教中心和校领导对我的信任和支持,是你们给了我学习和锻炼的机会;还要感谢保康县的老师和孩子们,是他们给了我展示的平台。

　　其实每次到保康送课,我内心都会出现两个"小人"的声音。一个"小人"说:"算了,你还是别去了,保康那蜿蜒崎岖的山路,哪次不是让你吐得昏天黑地的? 你还是在家休息吧!"另一个"小人"却说:"难道你忘了保康孩子们一张张可爱的笑脸和一双双渴求知识的眼睛吗?"于是天使战胜了魔鬼,我又一次欣然接受了任务,更何况我是讲师团的成员,把最新的课改理念带给保康县的小学英语老师,是我义不容辞的责任啊!

　　一、责任

　　去年我在北京参加了小学英语教师国家培训, 中国小学英语教育界的泰斗人物陈琳教授的讲座对我以往的教育理念形成了很大的冲击,改变了我对小学英语教学的看法。陈琳教授说:"我们现在的小学英语教育过多的注重了它的工具性而忽略了它的人文性。"陈琳教授所说的人文性就是指英语这门语言的文化意识。的确,在我们的日常教学中,很少有人在英语教学中融汇culture和进行德育的渗透。就算有的课有德育渗透这一块,但老师的德育渗透设计几乎是和本课的教学内容风牛马不相及的。为了让老师们很好的了解这一理念,我精心地设计了我的课。

　　我讲的内容是六年级下册的复习单元有关告别晚会的一篇阅读文章,因为还有2个月六年级的孩子就要离开学校了,因此我的情感切入点就是惜别,通过惜别让孩子们记住和老师的师生情,和同学间的友情。因此在设计课的时候,我选择了《友谊地久天长》这首曲子,我把它的歌词重新进行了改编,编成了一首英语歌《It's time to say goodbye》(该说再见了),歌词是这样的It's time to say goodbye to school. It's time to say goodbye. Goodbye to my classroom. Goodbye to my friends. It's time to say goodbye. I'll miss you for ever.(该说再见了我的学校,该说再见了。再见了我的教室,再见了我的朋友,到了该说再见的时候。我会永远地想你们。)当我带着孩子们唱这首歌时, 连我自己都被感动了, 孩子们的眼中也流露出难过和不舍。课后,听课的老师说,罗老师,听了你的这堂课,让我们对英语教学的人文性有了更深的认识,英语教学不仅要教会孩子用英语,说英语,更重要的是它给孩子们打开了一扇认识世界的窗。在今后的英语教学中,我们也知道了如何恰当地结合教学内容对孩子们进行德育渗透了。

　　二、感动

　　这次保康之行给了我太多太多的感动。首先是孩子们在课堂上的表现带给我太多的感动和惊喜。因为我这堂课的主题是告别晚会,举行晚会首先要发邀请函,于是我对孩子们说,两个月以后你们就要离开这所学校了,让我们来办一场告别晚会,好吗?听了我的提议,孩子们大声说好。然后我又接着说,办晚会首先要发邀请函,你们想邀请谁?在哪儿办晚会?什么时候? 什么地点? 准备哪些食物? 以4人小组为单位讨论并完成一张邀请函。我的问题一提出,孩子们纷纷说出自己的意见,讨论极为热烈,有的小组竟然用英语问我爱吃什么?我问他们为什么这么问,孩子们说老师您喜欢吃什么我们就准备什么。4个小组有3个小组邀请对象都是我。听了他们的话,我真的很感动,很开心。

谁说山里的孩子羞涩,不愿意开口说话,开口表达? 我觉得只要教师创设恰当的情境,去激活他们内在的情感,他们不仅和城里的孩子一样优秀,而且还会创造出你意想不到的乐趣! 其次让我感动的是这里的老师,听课的时候他们很用心地听着,时而跟着我一起读,一起唱,时而思索,认真地做笔记。课后还和我一起讨论平时英语教学中遇到的问题,怎样处理会更好。他们的好学和严谨的治学态度让我感动和钦佩。还让我感动的是继教中心的领导和老师们,当我身体不适没有吃饭时,他们专门买水果来看我,对我嘘寒问暖,关怀备至,让我感觉到讲师团就是一个大家庭,能成为其中的一分子,我真的很开心!

如果说教育是一艘船,那么课改就是扬起的风帆,送教下乡就是鼓起帆的风。愿我们襄阳的教育扬起风帆,越走越广阔!

▶不经风雨,怎见彩虹

郑亚莉

题记:不经历风雨,怎见彩虹! 珍惜机会,拥抱成功!

今年的春天依然花团锦簇,姹紫嫣红,我的心中也早已开出绚丽多彩的花儿,收获了成功的果实。回首参赛路上的日日夜夜,点点滴滴的往事涌上心头,至今历历在目。苦与乐也罢,成与败也罢,值得回味的太多,想说的太多。我唯有静静地拾起那激动凌乱的思绪,记录下来,使之成为我人生历程中永不磨灭的珍贵记忆。

开学初我被委以重任，代表学校参加我市第十届小语青年教师阅读教学大赛。学校的信任令我激动，随之而来的是忐忑不安。我清楚自己的实力，从没奢望过参加这么大型的赛事，与那些藏龙卧虎一争高下。但转念一想，这也是挑战自己的绝好机会。相信自己一定能行，我鼓励自己，欣然接受了任务。正当我信心十足，准备大展拳脚时，突如其来的一场重病把我打倒了，白白耽误了一个月时间。身体的不适使我再次犹豫，不知自己是否还有精力在赛场上奋力一搏。躺在病床上，我反复思量着，想了很多……机会是稍纵即逝的，我难道拱手让人？人生能有几回搏，放弃与坚持总在一念之间。不，我绝不是个如此软弱、退缩的人，不能让自己后悔，要把握机会，证明自己。可能是坚强信念的支撑，身体也日渐恢复得快些。后来校长和教研组长的及时来电，更坚定了我参赛的决心。

屈指一算，时间已不多了，我向来不打无准备之仗，而且要么不做，要做就做到最好。这种想法给了我极大的动力，以至于我不顾身体欠佳，全力以赴，废寝忘食地去准备，选课、备课、查阅、修改、做课件，一步步精心酝酿，课终于有了雏形。

磨课的经历确实痛并快乐着。一次次试讲，一次次被否定，又一次次获得重生。整个人就像一根皮筋，越绷越紧。我曾一度过于迷恋自己认为的完美设计，而不能走出来。"当局者迷，旁观者清。"导师们给我提出了中肯的建议，要我善于取舍，多为学生提供有价值的学习空间，而不是教师一味地作秀。我虚心听取建议，重理思路，构建框架。之后"柳暗花明又一村"的惊喜，使我终于明白"跳出庐山，方能看清庐山真面目"这一真理。

当然，我也曾一度恐惧，失落过。磨课中，精彩赞美的话是没有人奉上的，批评、建议则是铺天盖地卷来，甚至是赤裸裸的批评。你的动作、你的板书、你的每句话、你的语调，都被人像剥竹笋一样被一层层拨开、晾晒。

评课老师的直言不讳令我无地自容,只觉得像一根根刺刺向我。我的自信被打击得荡然无存。此时已不是身体的疲惫,而是心理的煎熬,心中竟有种怪念头:快点儿结束吧,早点儿解脱这种煎熬。看我情绪低落,细心的张校长一语惊醒梦中人,她关于凤凰涅槃、欲火重生的一番话,拨云见日,令我豁然开朗。每一个成功的教者,都是在这种近似残酷的环境中经历一次次阵痛,才能脱胎换骨的。我顿时认识到自己的短浅,又重新拾起自信。"只能成功,不能失败。"我时刻告诫自己。课间,我对着黑板一笔一画练习粉笔字;课后,我在空旷的教室里,对着墙壁一声声调整自己的语调;夜深人静时,我反复斟酌修改教案;躺在床上时,我毫无睡意,一遍遍默念着教学流程。"衣带渐宽终不悔,为伊消得人憔悴",这种经历虽痛苦,但也让我品尝到快乐,使我获得重生,迅速地成长起来。

其实一路上我并不孤单、寂寞。我的身边有一群可敬可爱的领导和老师默默地支持我。她们牺牲了多少休息时间,手把手地辅导我,竭尽全力给予我帮助。一次次交流,一声声鼓励,使我消除压力,超越自我。在此感谢在关键时刻帮我拨开迷雾的张校长,感谢时刻在一旁耐心为我出谋划策的李运梅老师、吴厚珍主任、刘晓云主任、罗静老师、吴萍老师、徐永红老师、邱峻老师。感谢与我搭班的江中明老师,感谢所有陪我一路走来的领导和老师们,是你们让我真正感受到学校团队的力量,集体的温暖,更让我收获到一份份感动。

短暂的四十分钟已过去,但其中漫长的历程,又怎能忘怀?激动、欣喜、失败、痛苦、成功、振奋……,如同打翻了五味瓶,又似神奇的百宝箱,这番经历,让人如此痴迷!不经历风雨,怎见彩虹!珍惜机会,拥抱成功吧!

▶等待点亮的灯

赵凤玲

题记：家访让我收获了很多，更让我感到肩上的责任。

早读时间快到了，我像往日一样在黑板上写下了早读内容。突然一个身影钻进了教室，我转身看去，王铭已经坐在座位上了。再定睛看他，却见他脸上青一块紫一块的。我连忙走过去询问，他告诉我是昨天晚上不小心摔跤摔的，我安抚了几句就开始上课了。

课后，我和教数学的康老师谈起这事，觉得事情不会这么简单。于是决定晚上到他家去家访。

秋雨淅沥地下着，按着约定的时间，下午一放学，我就和康老师踏上了家访之路。由于晚上王铭要打扫卫生，我们就请班上一位认识他家的女生带路。刚走到他家楼下的时候，女生悄悄告诉我说："老师，刚才站那儿看我们的就是王铭的妈妈。"我们一听，面面相觑，心里纳闷：看见老师怎么就不打声招呼呢？连这种最起码的礼貌都不懂吗？还是不欢迎我们？

"老师，王铭家到了，我去敲门吧。"门开了，招呼我们的是男主人，一位四十岁左右的中年人，满脸稀疏的皱纹和头上夹杂的白发写满了人生的沧桑。一番客套后，我们坐下来。我们首先跟孩子的爸爸谈了王铭的表现，孩子接受能力强，反应快，但作业书写潦草，有忙于应付的现象。最近跟班上几个贪玩的学生打得火热，这样下去，孩子势必会往不良方向发展。听到这儿，孩子的爸爸一脸忧愁，然后叹气道："我就知道会这样，我实在没精力管他的学习，也没有时间。有时候说他几句，他还跟我顶嘴。"我们连忙问："他妈呢？他妈怎么不管？""唉，你们不知道，他妈是个智障，智力只相当于三、四岁的小孩。"什么？智障？我和康老师面面相觑，恍然大悟。

接着，他爸爸又向我们讲了一些情况：王铭在学习上基本上就是自己管自己，爸爸白天没在家，晚上才回来，所以王铭要做家务，还要照顾妈妈和年迈的奶奶。说着，他爸爸往里屋指了指，只见卧室里坐着一位老太太，老太太微笑着，安安静静的。此时，我又打量了一下这间小屋子，家具很简单，但收拾得干干净净。摆在门口的鞋子整整齐齐，小饭桌上一点油迹也没有，干净得发亮……此刻，我仿佛看到一个小小的身影在屋子里忙碌的情景。

突然，我们听到用钥匙开门的声音，接着走进一位略胖短发的中年妇女，不用说，肯定是孩子的妈妈。她一言不发，直接走到饭桌旁坐在小椅子上微笑着看我们说话。我又突然想到今天早上的事，连忙问道："王铭脸上的伤是咋回事？"没想到这个四十岁的男人突然变得手足无措，嗫嚅道："我……我打的。"我震惊了！接着，他像一个做错了事的小孩一样向我们陈述如何因为一件小事控制不了自己而打了孩子。听他说完，我们都沉默了。此刻，我们能说些什么呢？批评他打孩子不对，还是安慰他？这个中年男人——家里的顶梁柱，既要谋求生计，又要赡养老人，照顾妻子，还要教育儿子，这一切已经压得他喘不过气来。孩子的妈妈坐在旁边微笑着，看到她始终如一的微笑的表情，我觉得好心酸。客厅的正面墙上挂着孩子幼时的照片，看着那黝黑的、圆乎乎的笑脸，同为母亲的我，心里最柔软的地方被触痛了。孩子，有几次，已经上课了，你大汗淋漓地跑到教室，我严厉地批评了你，你怎么就没辩解几句呢？去年班上捐书，你迟迟拿不出一本书来，面对同学们鄙夷的目光，你为什么要沉默呢？想到这些，再看看这个干净的小屋，我百感交集。

最后，我们就孩子的教育问题又交换了意见，在很多方面达成了共识。我们一再强调：王铭天资聪慧，只是疏于管教，爱玩，但这孩子很懂事，品质很好,如果做父亲的稍微抽一点时间管孩子,孩子肯定会很优秀的。"真的吗? 以后我一定要多管管他,他能不能成为班上的尖子生?"看到他充满期盼的目光,我们使劲点了点头。

不知不觉中,一个小时过去了,王铭的爸爸到门口相送,口里叨念着:"孩子的学习就拜托两位老师了! 今天让你们饭都没吃到一口,真不好意思!"当我们走了一段路,再回头看时,他还站在那儿。

一路上,我们感叹唏嘘,心情都很沉重。也许班上还有很多这样的孩子,也许他们背后还有很多这样的家庭。在学校里,也许我们感受到的仅仅是他的学习态度差,甚至一味讨厌他的顽劣,却不知道他是那样的勤劳善良,当小小的他在面对生活的压力与不幸时,甚至比我们大人都要坚强。他们的心里有一盏灯等待老师去点亮,我们教师应该去倾听去了解,但仅靠观察他们的在校表现是远远不够的,家访,为我们搭建了一座通向孩子内心深处的桥梁。

▶感动在心中

王岚岚

题记:家访是沟通教师与家长、学生的一座桥梁。

"临近9点,夜幕降临,我们目送你们的背影,感动在心中;你们工作了一天,已很疲惫,晚上却还要来关心我们的孩子,询问在家的学习情况,观察家里的学习环境……"这是我们班学生黄筱晗妈妈写的。

看了她给我们写的心灵对话,突然有种想哭的感觉,为自己也为这可爱的家长,晚上9点了,我们忙碌了一天,放着自己的孩子不管,还在每个学生家中穿梭,做家访,然而家长的话却让我们怨气全消!而且作为老师,作为一位三岁孩子的妈妈,我也从中学到了不少东西!

那天到了晗晗家,晗晗正在做数学卷子,看见我们来了,赶紧起立向我们问好!晗晗的妈妈先向我们介绍了孩子的房间,东西摆放得真是整齐,书柜第一层是工具书,第二层是订阅的杂志,书桌上只能放学习用具,床上不能放书什么的,练习琵琶也只能坐在固定的地方……家长直言不讳地告诉我说:"王老师,您现在孩子还小,培养什么都来得及,一定要从小对孩子的习惯方面严格教育,千万不能心慈手软,别以为她还小,就放松,千万不要一哭就说好吧好吧,晗晗小时候我们就是对她说一不二,她犟你要比她更犟,所以她现在习惯特别好,尤其是练习琵琶,很枯燥,作为家长一定要大量地付出。"听她妈妈介绍,晗晗练习琵琶已经两年多了,她现在的水平比别人练习四年的都练得好,这其中一定少不了她妈妈的辛苦付出,有的歌谱有6、7页,为了让晗晗便于练习,当妈妈的又想办法把歌谱排成一行,粘在硬纸板上,真是用心良苦啊!后来晗晗还给我们表演了一首曲子,很是动听!30分钟的家访,作为老师的我受益匪浅!

这次"家访"很受学生和家长的欢迎,有的家长感到十分意外和兴奋。他们没有想到老师对学生是如此牵挂和关心,而且还寄予这么高的厚望,不管怎么样总有一种欣慰的感觉。特别是平时我们关注不够的学生,更是让他们觉得温暖,倍感兴奋——原来自己并不是一个被"遗忘的角落",自己在教师的心中也绝不是可有可无的,教师还是注视和关心着自己。而我们也只有看到学生的生活环境,才能对他们有更深的了解,才能针对每个人不同的个性特点进行教育。家长们对我们的到来表示肯定和赞赏,并由此谈到学校的管理非常正规,他们非常放心自己孩子在校接受教育。

这次家访使家长和学生感到十分亲切,他们从内心深处非常感激教师。通过家访,我们帮助家长解决了一些家庭教育中存在的问题。有些家长把孩子管得太紧，孩子自由活动的时间很少；有些家长成天要孩子学这学那，孩子没有了童年的天真和烂漫；有些家长忙生意，过问孩子的时间也较少……我们建议家长给孩子一点时间，和孩子多做交流，让孩子知道父母对他学习的重视，体会到父母的用心良苦，这对孩子而言，无疑是极好的鞭策。

总之，家访是沟通教师与家长、学生的一座桥梁，非常必要，也非常有效。当然这次家访率还很低，我打算在以后经常去走一走，走遍每一个学生的家庭，我想这是对自己负责，对学生负责，也是对家长负责。

给女儿买书

胡凤琴

题记："子不教，父之过。"忙不是理由，只是借口。身为父母的我们不仅是孩子思想上的引领者，更是生活中的播种者，传播者。

眼看着马上就要开学了，为了不使孩子输在起跑线上，我和女儿来到书店，想为她选购一些适合她的书籍，店内中央最醒目的地方摆放着"2011年最畅销的书"。我们围着书摊开始挑选，女儿一会儿就选中了三本杨红樱写的书。

女儿高兴地跑过来告诉我："妈妈，我给爸爸找了适合他读的一本书。"说着递给我一本《再忙也要当个好爸爸》。我觉得很惊讶，没想到小精灵还会给他老爸买书，我就对女儿说："好呀，作为礼物送给爸爸吧！"女儿爽快地答应了，决定用自己的零花钱买下这本书，并对我说："我要让爸爸每天都看，还要做读书笔记。"说完，露出诡秘的笑容。

这次,我和女儿收获不少,一共买了八本书,花掉了200多元。这是我第一次花这么多钱为全家买书。说也奇怪,花掉钱后,我内心一点也不心疼,反而觉得好踏实。

我和女儿拎着沉甸甸的书,走在回家的路上,女儿一手拎着书,一边说着今天的收获,最令她高兴的是今天为爸爸买到了一本书。在女儿眼里,爸爸最不爱学习,平时很少看书,只是要求她看书。尽管我平时也提醒她爸爸要多看书,可他整天忙于工作,对女儿的教育很少,即使教育,方式也是简单粗暴。

在女儿的成长教育中,父亲的角色不可替代,父亲的责任最为重要。像我们这样的家庭,由于她爸爸工作性质的原因,很少与女儿相处在一起。每天早上,我们还躺在被窝时,他就去上班了;晚上他回家时,女儿已经进入了甜蜜的梦乡。教育女儿的重担几乎由我一人在承担,造成这样状况的原因是什么?老公的回答是"太忙"!然而,今天女儿为他爸爸买的这本书也算是对他的一个忠告:"再忙也要当个好爸爸"。

在这本书的封面写着这样一段话:终日奔波的父亲,您可想过,再忙也不能忽略给予孩子关爱?含辛茹苦的父亲,您可知道,再忙也不能疏于引导孩子的成长?别忘了——"子不教,父之过"!忙不是理由,只是借口。这些话写得真是太好了,我希望女儿的爸爸看后能从中受到启发,能从书中学到教育孩子的正确方法,使自己成为一名名副其实的好爸爸。

▶善待课堂教学中的"小插曲"

张　慧

　　题记：当"意外"不期而至时，是一顿棒喝、置之不理，还是一带而过呢？其实不妨抓住一切"意外"，对其充分利用，及时调整自己的教学思路，让课堂生出另一份精彩！

　　一次上数学课，我正兴致勃勃地讲解"7的乘法口诀"练习题中的一题（图文应用题，用7的乘法口诀解决实际问题的练习）。按照预先的教学设计，我要引导学生横看、竖看观察图意。这时，一名学生站起来说："老师，这道题中的单位应该是多少'罐'奶粉，而不应该是'个'。"仿佛一石激起千层浪，其他同学也七嘴八舌议论起来："老师，应该是'瓶'。""老师，应该是'桶'。""应该是'听'。"声音此起彼伏……

　　这突如其来的"小插曲"打断了教学进度，我不由得烦躁起来，心想："下课后，我一定要找这几个孩子谈谈，不遵守课堂纪律，乱发言。"这个想法在头脑中一闪而过，我突然又想："这个意外不正是另一个教孩子们知识的好时机吗？"

　　"同学们真细心！"我决定放下自己精心设计的教学环节，改为探讨语文知识——奶粉的单位应该是"个"还是"瓶"，抑或是"桶"？

　　后来，经过讨论，学生们一致认为，在这道数学题中，奶粉单位用"个"更为合适。我及时肯定了学生们的想法，并热情拥抱了第一个提出意见的学生。

　　孩子们笑了，我也笑了，为他们思维火花的碰撞而激动、惊喜……

　　作为老师，我们总在课前精心设计教学环节，做好各种教学准备。课堂上,一旦出现与自己心目中的"标准答案"相同或相近的答案时,就暗自高兴,并马上肯定一番,唯恐"节外生枝"。一些老师在潜意识里喜欢那种"正中下怀"的回答。可当"意外"不期而至时,是一顿棒喝、置之不理还是一带而过呢?其实不妨抓住"意外",随机应变,充分利用。课堂自然会生出另一份精彩来。

▶让学生在老师的关爱下健康成长

刘春华

题记:关爱孩子是教师生活中最主要的事情。

高尔基说过:"谁爱孩子,孩子就爱他。只有爱孩子的人,才可以教育孩子。"要建立良好的师生关系,真诚地、由衷地热爱自己的学生,是教师必备的基本品质,是教育成功的前提。而后进生的教育工作更需要我们倾注更大的爱心,我坚持用爱去感化他们,用爱去启迪他们。

我们班有一个非常淘气的孩子叫小易,开学的第一天就给我留下了深刻的印象。

一会儿,他捂着鼻子,流着血回到了教室,我一问原来是和同年级的另一个班级的学生打起架来了,而且主要是因为他的不对;一会儿,他扔垃圾被抓了个"现行"。学校三令五申要求学生保持操场卫生,坚决杜绝在操场乱扔杂物,我在班级也多次强调,可是他还在操场乱扔喝过的牛奶袋,结果被校长抓住,学校进行了通报批评;后来,他不愿意去做操,不但在厕所躲藏而且还带着其他同学也一起藏起来;上课他开小差,总是偷偷地拿一些小玩具玩等等。诸如此类的事真是太多了,他淘气的程度可想而知。刚开始,我总是不分青红皂白、严厉地训斥他,他也总是一副天不怕地不怕的样子,我对他的教育也陷入了茫然的阶段。我想这个孩子可真是令人头疼。

然而有一天,我却看到了他的另一面。

那天,学校来了一批新书,通知我去领。我赶到一楼,发现他正主动地把一捆捆的书往楼上抬,累得满头大汗。我表扬了他,看到了他腼腆的笑容。后来,我安排他当值日小组长,每次值日,他都能把值日工作组织好。从那以后一有时间我就和他谈心,了解他的家庭情况和他的一些特长及爱好,在合适的机会表扬他,经过我耐心细致的思想工作,渐渐地,他惹事的时候少了,我批评他的时候他也不再狡辩,而是老老实实地接受。

最让我感动的是那件事。临近期末考试那段时间,学习任务非常重,而且天气也异常炎热。我每次上完课汗水都湿透了衣服。有一天午休时间,我正在教室里和几个同学研究一道习题,一瓶饮料出现在我的面前。我抬头一看,正是他,一张满是汗水和道道黑印的小脸,宛如小花猫一样,他对我说:"老师,你喝吧!"当时我真的是非常感动。一个平时我经常批评的学生,一个一犯错误我就劈头盖脸地严厉训斥的孩子,在这个炎炎夏日里,能关心自己的老师,说明他长大了,理解了老师对他的用心良苦,明白了老师平时对自己的教导是爱他的一种表现。在他的坚持下,我收下了那杯饱含着他浓浓深情的饮料,喝着带有甜丝丝香味的青苹果饮料,我心潮涌动。我深深地反思自己,他毕竟是成长过程中的孩子,孩子不可能像成人一样,况且成人也一样会犯错误,可是什么错误比一个孩子善良单纯的心更重要?我作为承载着教书育人责任的老师,我有什么理由去忽视和怠慢一个鲜活而又真诚的生命呢? 我陷入深深的自责之中。从此,我对他格外关注,用宽容的心去慢慢转化他,并且积极引导他努力学习。

当然,"冰冻三尺,非一日之寒",他的行为习惯也不是一天两天形成的,他还是隔三差五经常犯一些错误,学习也还是落在后面,而且受到环境的干扰及习惯的影响,他的思想行动总具有很大的反复性,但我想出现反复是正常的事,这是进步中的曲折,绝不是徒劳无功。我在他身上已经看到了点滴进步,这使我充满了信心。

一个教育家曾经说过,通向孩子心灵之路的并不是肥沃的田野,在这片肥沃的土地上要获得丰收,需要辛勤耕耘,加强田间管理,更需要温暖的阳光、湿润的雨露。只有教师的爱化为阳光、化作雨露,才能滋润出一批批破土而出的幼苗。对后进生,我们更要倾注爱心,以尊重、赏识唤醒他们的进取心,以真诚、宽容激发他们的上进心,努力消除他们的心理障碍,引导他们力争上游、健康成长。只要我们从热爱学生的真诚愿望出发,动之以情,晓之以理,细如雨丝,润物无声,一定能更好地做好后进生的转化工作。

▶做一个宽容的老师

张海燕

题记:做个宽容的老师吧!有一颗宽容的心,我们的学生会更加爱戴我们,亲近我们。

"上课,起立!"还没来得及等我说坐下,教室里突然发出一声尖叫。原来一位男生把一些蚕放进了这位同学的脖子里,弄得全班同学哈哈大笑,课堂立即变得乱哄哄的。我火冒三丈,正准备狠狠地批评那位恶作剧的学生,但转念一想,我极力压抑自己的情绪,心平气和地走到那名同学,把蚕拿上讲台,然后讲了一番道理,而没有批评指责那名犯错的学生。

之后,像往常一样安静有序地上课,整节课那位同学在课堂上表现得异常积极,不停地发言,我也装着像什么事情都没有发生……课后,他一个箭步冲过来,向我承认了错误,并向那位同学道歉了,我用手抚摸着他的头,对他笑了笑,他似乎什么都明白了。

课后,我非常庆幸在课堂上控制了自己的情绪,我没有对他大吼大叫、严厉批评,而是给了他一个反思的机会。试想,如果真的在课堂上当众批评一顿,那不就在众人面前打他的脸,伤害他的自尊心吗? 他可能会有更逆反的心理,做出更加不可思议的事来啊!

这件事让我顿悟,教师应该是一个宽容的人。人非圣贤,孰能无过,更何况是一个十来岁的孩子。当他们需要我们帮助时,我们应该设身处地为他们着想,尊重他们,相信他们,动之以情,晓之以理,真诚地帮助他们改正错误。学生不是石头,而是一个个活生生的人,一个个有血有肉有思想的人,在真情的呼唤下,他们是终究会被感染的。

做个宽容的老师吧! 这样我们的学生会更爱戴我们,亲近我们,智慧之花才会绽放得更加艳丽!

▶让我也开心一下

张先凤

题记:批评学生也要讲究策略。用"柔性"的方式提醒他,比对他发火,高声吼叫,生硬地说理要强百倍。

三年级的学生年龄小,自控能力差。有不少的学生上课爱说话。我有时正上着课,突然看到有些同学有说有笑的,心里就直冒火。点名批评的次数多了,有的学生对批评好像产生了"免疫"力,批评毫无效果。

有一次上课,我正讲新课,看到小熊又在和小马隔组交流,并用书遮住自己的脸,作掩耳盗铃状。当时觉得又生气又好笑。为了不影响上课的气氛,我边讲边走到他们的面前,用手摸摸他们的头,提醒他们要遵守纪律。这样既没有伤他们的自尊心,给足了他们的面子,又提醒了他们应该注意什么,其实,都是一种善意的批评。

下课后,我把他们叫到我的跟前,对他们说:"你们上课在谈什么开心的事?说出来,让我也开心一下。"小熊看到我说话的态度比较好,就说了实话:"我在说我家养的蚕又长大了。"我说:"这确实是一件值得高兴的事儿,你养了几条蚕?"他说:我养了8条。"你记得你怎样给他们喂桑叶吗?""我每天都买新鲜的桑叶。妈妈说我是个细心的孩子。""你养蚕的表现可真不错。但上课时说这件事就不对了,这样影响学习,你要把你的细心用到学习上就好了。下一次要说开心的事,就下课的时候说。我们说好了,下次你有什么开心的事,一定要说给我听,让我也开心一下,记住了!""好,我以后再也不上课说笑了,老师,我一定认真听讲,好好学习。"

自从这次找他们谈话以后,我发现他上课很少说话了,即使有时候控制不住自己又犯了,我只要看他一眼,他马上就意识到了。从这件事中我也体会到:批评学生也要讲究策略。用"柔性"的方式提醒他,比对他发火、高声吼叫,生硬地说教要强百倍。

▶其实，我也是优秀的

王　萍

题记：不以成绩论英雄！每个孩子都有自己的闪光点，老师要用一双伯乐的眼睛去发现。

很多时候，我们习惯于以成绩论英雄。因此，我们常常关注成绩优秀的孩子，给他们充分展示自己的平台，而对于成绩不够理想的孩子，我们就很容易漠视他们的存在。长此以往，这些孩子会对老师、班集体产生疏远感，个别孩子甚至会游离于班集体之外。

作为教师，我们应该为所有孩子创造发展自我的舞台。我认为，要做到这一点并不难，只要我们用心发现，捕捉孩子的闪光点，总是能找到一个让他们彰显个性、表现自我的机会。

我班有一名学生，成绩不理想，而且格外调皮。下课后，经常会制造些小状况：同学玩耍他捣乱，同学看书他也凑着看，同学写字他就晃桌子。上课时不听讲，总是在抽屉里鼓捣他的小玩意儿。几乎每天他都要来点"小插曲"，给同学们来点"小惊喜"，让我头痛不已。

一天课间，我看见他把走道的一张纸屑捡起来，赶紧在他把纸片乱扔之前喊到面前，对他的讲卫生、主动拾起垃圾的行为大大表扬了一番。他很高兴，但是我也看出了他的不好意思。从那天开始，我特地给他安排了一件差事：负责每天中午班级打扫卫生的事情，包括安排同学打扫卫生、检查卫生打扫情况、教室保洁工作等。他的注意力很快就转移到新"工作"上来了，下午来了就对照值日表，安排同学打扫教室；课间也在教室巡视，叫这个拣东西，让那个讲卫生，忙得不亦乐乎！一段时间下来，他的表现好多了!没有时间和兴趣去捣乱了,与同学相处的也融洽多了。与此同时,通过我的及时表扬和同学们的真诚道谢,他感受到了自己的重要性,小脸上每天都洋溢着开心的笑容。

我想,他应该是从自己的工作中认识到一件事实——他也是个很有用的、能干的孩子。

从这件事上,我发现教师应该给每一个孩子创造以适合他们自己的表现机会。在让孩子表现自我的同时,帮助他们发掘自己内在的潜质,发扬优点,找到正确的价值观。这样,他们才能有机会发现:其实,我也是优秀的!

▶与时俱进,活力永存

王岚岚

题记:我愿做一名与时俱进的教师。我为自己能从事太阳底下最光辉的事业而感到骄傲,选择教师这一职业,我无怨无悔。

我是一名普普通通的小学教师,从1998年踏上教师岗位到今天已经有13个年头了。13年来,在学校领导和同事的关心帮助下,我从一名极其普通的初级教师成长为现在的骨干教师,成为一个深受学生喜爱的教师,我不敢说为教师这个神圣的称号增添了什么光辉色彩,但我确实从教学岗位上品尝到了人生的幸福与快乐,而我感受最深的一点是:与时俱进,活力永存。

江泽民曾经说过:"老师作为'人类灵魂的工程师',不仅要教好书,还要育好人,各个方面都要为人师表。"13年来,我不断更新自我,发展自我,真正做到了与时俱进。

这次的暑期培训，吴校长讲到要做一名语言时尚、行为时尚的教师，我非常认可，自己这么多年来也是努力这样做的，所带的学生都非常喜欢我并喜欢我的课，愿意和我聊天，把我当成他们的朋友。时尚是社会发展的需要，顺应时尚，才能与学生心灵零距离。因为我"时尚"，所以我才能努力地和他们靠近。

当我看到孩子们因为我一个关爱的眼神而莫名感动，因为我的一个抚摸而涨红了小脸，因为我一句亲切的问话而欢呼雀跃，因为我的一个小礼物而兴奋半天时，我陶醉了，陶醉在他们甜蜜的笑脸和欢乐的笑声中。教师这份职业，让我获得了额外的"礼物"。当我嗓子嘶哑时，一双双小手送来了含片、热茶；当我批改作业手酸背疼时，立即就有一双小手在我背上轻轻捶打；教师节来临，雪片般的贺卡、祝愿堆满了桌。是的，我因为爱而幸福，也因为被爱而幸福着！

我们的教育对象是少年儿童，像春天的花儿一般，一拨儿走了又来一拨儿，他们永远是年少活泼的，可我们却日渐衰老，甚至厌倦了周而复始的教学生活。我今年30岁了，可我仍然觉得自己很年轻。战胜衰老和倦怠，法宝就是永葆一颗童心。有了一颗童心，你就有了与学生沟通的语言，你就会跟学生的情感产生共鸣，奠定教育的基础。我带学生玩老鹰捉小鸡，我和他们一起放风筝，我和他们聊QQ，和他们一起追周杰伦，玩桌游！孩子们还小，有时我亲热地叫他们的昵称：超超，在看什么？天天，遇到难题了吗？感觉心与心贴得更近。投学生之所好，用他们的语言沟通、尊重他们的情感并不等于放纵学生的言行举止。教师的最大满足是得到学生的认可。

我崇尚的工作作风是踏踏实实，我追求的品格是真诚朴实，但我满意的课堂却是充满了创造和新意的。因为有了创造才有美感，有了新意才有魅力。

　　课堂上,我力求方法新。我讲课,总把大块的时间让给学生各抒己见,更多地去激发学生的创造欲望。我总是希望自己的课能上成游戏课,为此,我想方设法创设情境,让孩子们在游戏中学习,在比赛中学习。

　　爱学生使我幸福,反思令我清醒,童心给我活力,创新是我追求的境界。我愿做一名与时俱进的教师。

▶由常春藤想到的

陈　丽

　　题记:生命的答案水知道,育人的真理心主宰。

　　2012年8月18日的下午,我有幸听取了襄阳市二十五中的徐老师做的班主任经验报告。报告中徐老师讲到,有一个班级养了两棵常春藤,并做试验, 每天孩子们对其中一株常春藤表现出爱意, 说些赞美和喜爱的话语,而对另一株常春藤置之不理,一个月后,备受关爱的那株常春藤长得油亮而又精神,但是那株不被理睬的常春藤却蔫了,低垂着头。于是大家就把这两株常春藤交换了一下位置,对蔫了的常春藤说赞美和喜爱的话,而对先前那株精神的常春藤不予理睬,一个月后,他们呈现出与第一次试验相同的结果。由此可见,人的态度对植物的生长影响是多么大啊! 植物尚且如此,更何况是人呢! 这让我想起了《生命的答案水知道》这本书,作者是日本科学家江本胜博士。

　　江本胜博士数万次的水试验结果曾风靡全球。当一瓶自然状态下的水样被贴上任何语种的"爱、感谢"等赞美的标签时,它呈现在显微镜下的结晶体都非常美丽；而同样一瓶被贴上"恨、讨厌"等诅咒或侮辱标签的水样，在显微镜下呈现的结晶体却非常恐怖；听到播放自然轻松音乐的水样，结晶体舒展优雅；听到离别乐曲的水样，呈现的是分崩离析的破碎状态。水试验的结果让人震惊，更发人深思。

众所周知，人体内70%是水。我们每天所思所想，时时发出或善或恶的信息，无不是在改变着体内水分子的排列组合，从而改变着我们的体质。地球上百分之七十的面积是水，这些水分子也在时时接受着人类或善或恶的信息，从而改变着地球的生态系统。美国最新的科学研究发现：水有记忆功能。有记忆功能也就意味着水有意识能力，会对人类所发出的信息产生反作用。这也许就是我们时常所说的大自然的报复吧。

现代科学家们将物质分为原子、分子、离子，基本离子，一直往下分，到极处之后才发现，一切物质现象、生命现象不过是波动现象而已。这种波动现象难以简单地用物质或意识加以概括。生命波动现象说为古圣先贤的生命观做了最好的诠释。人的起心动念，时刻都在改变着组成各种物质形体的分子排列组合方式，从而改变着我们自己的体质，同时也在改变着我们赖以生存的自然环境中的物质分子排列组合方式，看来，自然灾害与人的道德伦理、善恶言行有着密切的关系。

这一实验结果令我想到，要教育学生做真善美的人，这一教育宗旨从古至今从未改变，原来有着如此深远的含义。

▶送教,我的成长之旅

焦 莉

　　题记:送教下乡是辛苦的,尤其是对于坐车晕车的人。但回望送教之路,无疑又是幸福的。

　　2005年11月28日,一个阳光明媚、天气温暖的冬日,是我从教以来记忆最深刻的一天,我第一次参加由市继教中心组织的送教下乡活动,我们一行7人随继教中心的老师到保康县歇马镇中心小学,周五中午出发,一路颠簸,傍晚时分才到歇马镇。安排周六上午在歇马讲课,周日上午到城关镇。

　　29日一大早,我来到歇马镇中心小学,校园不大,但很整洁。我和梁玉梅老师讲数学课,我执教的内容是《认识几分之一》,上课的是三年级的学生。上课伊始,老师和班里的30多名孩子进行了简单地交流,30多张可爱的笑脸,30多双充满了好奇的眼睛。我信心百倍地开始了讲课。通过折一折、画一画、涂一涂,让学生感知几分之一的含义,孩子们认真地折着、画着,听课的老师们埋头记着笔记,孩子们用不同的折法折出了1/4,他们精彩的发言不时赢得在座老师们的掌声。我热情地和孩子们拥抱,以示鼓励。下课后,孩子们围着我说:老师,希望你还来给我们上课,并争着要我给签名。我第一次感到自己像明星一样,被这么多可爱的小"粉丝"拥抱着。

　　从此,我与送教结缘,先后四次到保康的马桥、马良以及襄阳区的黄集镇、襄城区的卧龙、欧庙等地,在与老师们互相交流学习中成长、提升。几年来,伴随着送教的脚步,一路走来,收获了很多。

收获之一：感动

送教，让我感受到农村教师清苦的教书生活。这里没有先进的教学设备，没有优越的教学环境，更没有舒适的办公条件。可他们有着自力更生、积极进取、不甘落后的精神，有一颗热爱学生的心，有对教育事业的孜孜追求，更有对新教理理念的渴求。有的教师为了听课，天不亮就出发，坐两个多小时的车，真的让我敬佩和感动。感动之余我在反思：我上的课值得他们听吗？其实，他们——这些战斗在乡村教坛的同仁们，这种虚心好学的精神不更值得我学习吗？

收获之二：行动

在2007年5月28日的市教育讲师团第三次会议上，李菲局长讲：送教是一份荣誉、一份责任、一次机会。的确，每接受一次任务，一种使命感就油然而生，因此，我把每一次送教任务都当作是一次锻炼机会，用心去准备，不敢有丝毫的懈怠。《数学新课程标准》《教师的幸福人生》《黄爱华的教学之路》《我的教学勇气》等，代替了床头的休闲刊物，厚厚一摞学习笔记，20多篇的教学论文和教学随笔，是我实践的见证。

收获之三：改变

几年来，我由参加送教者，慢慢成为送教下乡、城乡互动和联片教研的组织者，个人的业务水平和协调能力得到提高。在一次次锻炼中，解读教材水平也日益提升，课堂调控能力不断提高，教学艺术日臻娴熟，职业的幸福感越来越强。

送教下乡，已成为我教书生涯中不可缺少的一部分，也将成为我人生中一笔宝贵的财富。我坚信，同伴的关爱、阳光下孩子们灿烂的笑脸都会激励我不断前行。

▶桂花飘着爱的芳香

康　艳

　　题记:校园里飘着爱的芳香,你闻到了吗?

　　桂花开了,又回到那充满哀伤、凄清的秋天,听着秋天的哀歌,聆听秋风低吟着拂过耳边……

　　是啊,秋天回来了,还是飘洒着落叶,还是使大地变得寂寥,肃穆,还是让蔚蓝深漫的天空无边无际。

　　有人说春天是一年的开始,我却认为秋天是万物繁茂的启程。

　　秋天的校园每个角落都洋溢着笑声,似乎从这些欢乐中感受不到一丝秋的苍凉。落叶伴随着读书声幽幽地飘落,校园的秋天遍地黄花,芳香四溢,香气中夹杂着爱的气息。

　　每天早上我都会把教室的窗户打开,让花香飘进我的教室,让爱的气息盘旋在教室的上空。偶尔看看窗外飘过朵朵白云,载着秋的忧郁远去了……每天黄昏我都会把教室的窗户关上,让花香久久徘徊在教室中的每一个角落。看看那西边灰蒙蒙的晚霞,似乎在倾诉着这一天秋的忧愁……

　　从来不知道我能坚持做某些事,但那开窗、关窗的时间中,我感到了桂花那温馨的甜。

　　是的,桂花中飘着爱的芳香……

▶师生每周作对忙　共同成长乐趣多

徐永红

题记：一件事，只要你认真去做了，它总是会带给你很多的惊喜。对对联活动就让我与孩子共同成长在楹联的长河中。

说起学校创楹联特色，开始我一直很不理解，也不感兴趣，总觉得对联是汉语言独特的艺术形式，是中华民族的瑰宝，这一文学中的瑰宝，不是一般人就可以掌握的，必须是有相当高的文学素养的人才可以作对。我这个老师都不会对对联，何况让小学生来作对，简直有点玄乎！

本学期，学校出台了新的创建楹联特色管理细则，要求每班同学都要参与到"每周征联"的活动中，我也只好硬着头皮组织学生参加。抱着试一试的态度，怀着掌握一点知识总比没有强的心态，我开始在本班学生中尝试教他们对对联，没想到竟然给我带来了一些惊喜。

惊喜之一：

记得第一周的对联，学校出了上联，征下联。我想：如果我就让他们自己作对，投进信箱，恐怕没有多少人会理睬我，还是得想办法提高他们的兴趣吧，怎么办呢？我决定利用周五的早读时间，给同学们先上一节楹联知识培训课。我告诉他们对对联的一些基本知识，如上下联要字数相等、平仄结合、词性相对，下联的结尾字必须是第一声或第二声，我们小学生初学对对联，可以是宽对，但下联结尾的字一定要是阴平或阳平，等等。学生听得很认真，比听我讲课文还专心。讲完这些知识后，我随即提出学校本周的上联："莺歌燕舞春光美"，请他们对下联，结果一位学习成绩平平的男孩子第一个举起了手，说出了下联："鸟语花香气象新"，还很像那么回事儿。我一下子觉得有门儿了，看来这些孩子是可以塑造的。于是，我决定以后每周的星期五早读时间留出10至15分钟时间让大家来对对联。

惊喜之二：

一次，校门口出了一则下联："金木水火土生生不息"，这副对联显然有难度。我在周五的作对时间里问学生有没有对出上联？结果个个目瞪口呆。看到这情景，我说："同学们，这条对联其实很好对，你只要想出哪五种事物我们经常连在一起说就可以对出来了。"我提示让学生茅塞顿开，马上就有不少举起的小手。一位同学说："老师，我想到了五种口味，我的对联是：酸甜苦辣咸味味俱全。"一位同学也紧接着说："老师，我想到了五种行为：德智体美劳样样领先。"一位同学抢着说："我想到了五个方位：东西南北中面面俱到。"还有一位同学说："我想到了五岳：东西南北中岳岳闻名。"还有的同学说："我想到了五业：农林牧副渔业业兴旺。"……就这样，学生的思维一下子被激活了，妙语连珠，精彩不断。我赶紧提醒孩子们把刚才想到的对联写下来，投进"每周征联"箱内，大家兴趣盎然。下课铃响了，几位同学拿着自己的"作品"，兴冲冲地奔向征联处，我的内心也充满了喜悦。看来学生的思维需要老师去激活，他们的想象力无比丰富。虽然那一条条对联还很稚嫩，但至少他们现在有兴趣了，喜欢上了对对联。

惊喜之三：

我们班每周五作对已形成惯例，每到这个时间，我都会让学生展示自己的对联作品：或是展示成品；或是对不好的我加以引导；或是师生共同讨论。每次在他们思维遇到障碍的时候，我总会助他们一臂之力，帮他们铲除障碍物，我有时给他们一个思路、一个开头，让他们顺着思路想下去，有时帮他们更正一两个不恰当的字……就这样，学生对对联的兴趣越来越浓；课堂上师生共同讨论；课堂下，不少学生拿着自己对的对联和我商榷，让我帮他们修改；更有甚者，中午我在休息的时候手机突然发出短信提示音，打开一看，竟是一学生给我发的短信，问："老师，您看对'柳绿花红绘春色'可以吗？"虽说搅乱了我的午休，但我仍然高兴为他修改对联，我回到："上联是表示颜色的词在前，那么下联也应该和上联相对，应该是：绿柳红花绘春色。"写好发过去。不一会儿，手机又响了："谢谢老师！"这些"小捣蛋鬼"，让我午休都不能睡个完整觉。不过回头一想，孩子们中午都还在想怎么对对联，这不是一件可喜的事情吗？于是，微笑着闭上眼睛继续休息，连做梦都是甜的。

几个月的时间里，我欣喜地看到了孩子们的变化，他们对对联感兴趣了，我也学会对对联了，我与孩子们在作对中共同成长起来。

▶我的职业幸福感

徐永红

题记：幸福是什么？"幸福是一种灵魂的芳香"这是对幸福最诗意的描述。能沐浴着灵魂的芳香的人该是多么幸福！教师，便是这样的幸运者。

有幸参加国培计划——中西部地区小学语文骨干教师培训，期间聆听了湖北省特级教师董琼的讲座《享受职业生活的幸福》。董老师在讲座中诠释了幸福的含义：那就是当一个人的需求被满足时就会产生幸福感。

当然，对于幸福，很多人都有不同的理解，罗曼·罗兰在《约翰·克里斯多夫》中这样写道："幸福是一种灵魂的芳香。"这是我在所有关于幸福的描述中读到的最具诗意情怀的，也是留给我印象最深的一种说法。灵魂散发香味，多么美妙！能沐浴着灵魂的芳香的人该是多么幸福！教师，便是这样的幸运者,常常能被学生那美好的心灵感动,容易感动的人是幸福的。

20多年的教学生涯,也让我感受到了从学生那儿得来的幸福。每年的生日,清晨,我一走进教室,总会听到学生为我唱起《生日歌》,得到他们的祝福,那是我听到的最美的歌声;每次嗓子哑了,总会有学生为我送上润喉片,让我心中充满感动;有一次,我的脚扭了,走路一瘸一拐的,走进校园,总会有一双双小手拉我上楼,那一双双小手让我感到无比温暖;节假日,有时会有以前教毕业的学生捧着鲜花来看我,那是我最骄傲的时刻……一桩桩一件件小事,但凡老师们或多或少都经历过,也或多或少感动过,幸福过。当你得到学生的关怀时,常常不知不觉中就热泪盈眶。流泪的同时,你沐浴着灵魂的芳香。

我也许成不了一名特级教师,也许不会像董老师那样在教学上有很大的成就,但在今后的教学生涯中,我愿更加用心地工作,品味工作中的幸福,做一个沐浴着灵魂芳香的、幸福的教师。

▶遇见这帮可爱的精灵

徐永红

题记:记录下孩子成长的点点滴滴,做一个有故事的教师。

送走了一届毕业生,新学期要接手带一年级,真有点不能适应了。想到那帮还不懂规矩的小家伙,想到要维持半天纪律的课堂,想到我都四十多岁的人了每天还要撇着一口童音跟他们讲话,头皮都发麻。在我眼里,他们简直就是一帮小魔鬼,我有一千个、一万个不情愿,不想面对他们。

　　开学第一天就给我来了个下马威。那天刚进教室,就听到一阵哭声,刚上学不适应哭也很正常,不足为奇。我走上前准备安慰几句,只见他哭得一把鼻涕一把泪,我拉着他的手说:"不哭了,上学了就是小学生了,哭鼻子别人要笑话的,多难为情啊,有什么话跟我说好吗?"他泣不成声,向我乞求:"阿姨,你让我看我爸爸一眼,就看一眼,我想我爸爸!"那样子别提有多可怜了,我说:"这是学校,要叫我老师。你答应我,出去看一眼,就进教室。"他点点头,我相信了他,带他出去见爸爸。谁知小家伙一出门,一改刚才顺从的样子,抱住他爸爸的腿号啕大哭起来,那个哭呀简直是撕心裂肺,仿佛在我这儿受尽了虐待,任凭我怎么劝,全然不理我那一套,再也不回教室了。这阵势我还真是第一次见到,只好对他爸爸说:"哄一哄吧,马上送回教室。"父亲非常配合,把脸一拉,冲孩子吼道:"快进教室,不然我就走了。"说完,扭身就往校门外走,小家伙竟然拼命地跟在后面追,就这样,父子俩在操场上追了几个来回,最终被父亲押回了教室。后来任凭他怎么哭,我也不心慈手软了。上午他哭了个惊天动地,我正在想下午要怎么对付他,谁知,他走进教室,像什么事也没发生一样,冲着我笑眯眯、脆生生地来了句:"老师好!"与上午的表现简直判若两人!

　　上课不能专心听讲、注意力不集中是一年级孩子的特点。一次上课,我见一男生走神了,就采取惯用的手段点他起来回答问题,他果然答不上来,我训斥道:"上课不听讲,回答不到问题吧。"谁知小家伙面不改色心不跳,振振有词地说:"老师,可是我没举手啊。"是啊,人家没举手,老师凭什么喊人家发言啊?看来是我错了,我无语!

　　发作业本也是件头疼的事。孩子们识字不多,不认识名字,而且刚开学互相之间也不认识,每次发作业都要浪费很长时间。即使这样,还有几个捣乱的。一次好不容易发完作业,几个组长把几本作业本递给我说不知道是谁的,我拿起来一看,只见本子上歪歪斜斜的写着"文文"、"可可"

……气得我拿着本子,对着全班同学喊了几声,才把这几个"文文"、"可可"之类的小家伙揪出来,然后冲他们大吼:"不许在作业本上写小名,给我改过来!"

送路队也很麻烦。每天我们两个老师一前一后跟着80多个孩子,走出校门,队伍旁边又跟上了80多个家长,那队伍真是浩浩荡荡!接孩子的大都是爷爷奶奶,他们生怕孩子走丢,一出校门都想拉孩子,我和小乔老师每次都要制止半天。一天放学,我们的队伍走出校门,就看见一个妈妈拉着我班上的一个小男孩在旁边走,顿时,我就有些生气,厉声说道:"小聪同学,你怎么不跟着路队走啊?"那位妈妈忙笑着跟我解释:"老师,这不是你们班上的那个,这两个孩子是双胞胎,这是弟弟,哥哥在你们队伍里。"我回头一看,果然不错。这下,不好意思的是我了,我连忙冲着家长难为情地笑了,别提有多尴尬了。

新学期里,我与这80多个小精灵相遇了,我将与他们在一起度过六年的小学生活。六年里,我们之间不知要发生多少故事,现在,仅仅是故事的开始……

▶守住清贫,守住教育的根

陈 霞

题记:选择教师这个职业,就是选择了与高尚、清贫为伍。也许,在世俗人的眼中,我们寒酸,但,在我们心底的那块芳草地里,自己比谁都富有而快乐……

"教育,我所从事的神圣事业;教师,我所选择的崇高职业;育人,我所承载的终身使命。我宣誓:我将全身心投入我的工作,用爱心去塑造,用真情去感化,用榜样去激励,用人格去熏陶,坚决对有偿家教说'不'。无论面对什么样的孩子,我都能改进他的现状,让他受益……"这是我校张德兰校长领着全体教师在鲜艳的国旗下,面向全校学生发出的以"拒绝有偿家教"为主题的铿锵誓言,这誓言犹如长鸣的警钟,时时在我心中敲响,不断督促我看淡私利,志存高远,像麦田的守望者那样去守望自己的教育理想,守住教育的根……

诚然,在市场经济大潮中,在几乎一切都可以用金钱来明码标价的今天,我也曾困惑过,迷惘过:每月面对自己不足两千的工资,总会不由自主地想:我的价值到底在哪里?一名小学教师难道就只值这几个钱?尤其是看到个别头脑"灵光"的教师,利用寒暑假、双休日搞有偿家教,挣得大把大把的钞票,过着有房有车、衣着光鲜的生活时,我心里更加失衡,像打翻了五味瓶一样不是滋味,总在愤愤地想:哼,这点猫腻谁不会?论教书的能力我不比他们差,我也可以这么挣钱嘛。

可是,就在这个念头刚刚冒出来的第二天,一个偶然令我改变了主意。

记得那是一个周末,我在一家餐馆过早,邻桌几位女士边吃边聊,谈兴正浓,谈什么呢?你听——"自打孩子上中学后,我家就开始入不敷出,每个月光补课费就得好几百元。""那有什么办法呢?孩子的老师让报名,谁敢不报?我看我们的孩子都成人质了。""哎,现在一切都向钱看啦,我算了笔账:和我女儿一起上家教的有17个孩子,一人收30元,一天下来就能挣510元,那十天、二十天、三十天呢?啧啧,这教师一只手拿国家的工资,一只手捞外快,可发财呢。""有一天,我儿子向老师请教一道物理题时,老师冷淡地反问,上了我的家教班吗?意思是不上他的家教课,就学不到真东西。无奈之下,只好给儿子报了这位教师的家教班,他对儿子的态度才渐渐好了起来。"天啊!这就是家长眼中的教师形象?这些议论犹如鞭子,一记一记狠狠抽打在我的心上,我如坐针毡,赶紧丢下饭碗,仓皇逃走了……

回到家,我进行了深刻的反思,清醒地认识到了有偿家教的危害性,它不仅违背了教师应有的职业道德,败坏了教师个人的形象,还败坏了学校的形象,败坏了整体教师队伍的形象,造成了很不好的社会影响。于是,我赶紧把效仿他人的念头扼杀在了摇篮之中。

从此,我浮躁的心安静下来,开始在本职工作中寻找自己的人生价值。我欣喜地发现,我的价值在一本本画满对勾的作业本上,在一份份优异的成绩单中,也在一篇篇变成铅字的习作里;在孩子们绽放的笑颜上,在校长赞许的目光中,也在家长感激的话语里。在教师这个岗位上,我找准了自己的人生定位,找到了内心的满足与宁静,也找到了自身的幸福和快乐。因为我明白了,社会上并不是什么人都可以做教师的,一夜之间可能诞生一位百万富翁,但几年时间也未必能培养出一名优秀教师,因为教师有着与别人不一样的信仰;有着超于自己灵魂的职责;肩负着亿万群众的期望,责任大于天,使命重于山,我们有什么理由心生懈怠或舍本逐末呢?叶圣陶、斯霞以及我身边那些默默奉献了一生的老教师们已用美丽的教育诠释了教师这个职业的全部内涵,那就是:选择教师这个职业,就是选择了与高尚、清贫为伍。也许,在世俗人的眼中,他们寒酸,但,在他们心底的那块芳草地里,自己比谁都富有而快乐——学生是他们最大的财富,学生的健康成长是最大的快乐和回报啊!

既然选择了远方,就日夜兼程吧;既然选择了教育这个终身为之奋斗的事业,就守住这份清贫朴素的生活吧。放下思想包袱后,我开始规划自己的发展蓝图,按部就班地向着教育的理想而努力奋斗。如今的我,活在当下,再也不把收入作为自我价值最直接、最"硬"的衡量标杆。我知道,教师的工资虽不高,却也衣食无忧,世俗之事,大可一笑了之,外面的世界再精彩,热闹是他们的,任尔滚滚红尘,我自清风明月。三尺讲台是一方热土,我将始终坚守着,美丽着,幸福着,因为——这是教育的根。

▶今天我家访了

王　萍

　　题记:这些笔记记录下我的工作,我的学习足迹,希望它能带给我更多的思考。

　　本来我就对家访有抵触情绪,而且很严重!

　　一上班,手不停、脚不停、嘴不停,不断有事情让你忙个不停。有时候累得回到家就想倒在床上哭一场,好好发泄发泄! 好不容易熬到下班,又要让你去家访,并且不准造假,还必须在两个月的时间走访完80个家庭,唉! 我的命怎么这么苦啊!

　　不去不行,我还是去吧!

　　第一次家访,找不到孩子的家,打了个电话,孩子的爸爸快速下楼,飞奔出来迎接,让我倍受感动。

　　第一次家访,看到门口摆放整齐的拖鞋,感受到家长多么"隆重"的欢迎仪式!

　　第一次家访,平时文文静静的小姑娘在我面前又蹦又跳,让我看到了孩子的另一面,感受到孩子的美好天性。

　　第一次家访,我发现,在班上一直默默无闻的小家伙,竟然是琴棋书画样样通呀,了不起!

　　第一次家访,年过花甲的老人待我如上宾,让我惭愧不已!

第一次家访,我体会到了家长对孩子教育的良苦用心!

······

太多的感慨,让我对家访有了新的认识!于是,我开始期待下一次的家访!

▶反躬十问诫勉录

吴 平

题记:吾日省三身。

个体自我的每一次伟大的提升,都源于放慢追求的凌乱脚步,进行思想的梳理与心灵的叩问。"治庸问责"掀起的风暴冲击着每一个人,我也同样接受了这场风暴的洗礼,今日三省吾身,有此十问:

抓紧学习了没有?

停下思考了没有?

有没有积极的工作态度?

有没有雷厉风行的工作作风?

懈怠了没有?

偷懒了没有?

还有激情自信吗?

还敢气冲斗牛迎接挑战吗?

骄娇二气还在不在?

散漫之心还有没有?

　　我一遍又一遍反复自问。自我问责是一件痛苦的事，自己给自己打分，似乎算不上庸，也算不上懒，似乎也学习过，思考过，积极过，大胆过，可似乎也偷过懒，抱过怨，取过巧，躲过奸，真正让我理直气壮，毫不心虚地回答：我不庸不懒不散，却又不敢了，心里自忖：能完成工作任务，能忠于自己的职责，能守好自己的摊子，能不出什么乱子，兢兢业业，安分守己就够了吗？不妨再自问十句：

　　你在追求自强不息，精进向上的人生吗？

　　你有学校兴亡，匹夫有责的忧患意识吗？

　　你有厚德载物，不拒细流的博大胸襟吗？

　　你有见贤思齐，从善如流的学习态度吗？

　　你有谦虚谨慎，克己奉公的德行品质吗？

　　你有允公允能的公允正直之心吗？

　　你具备知行合一的求是精神吗？

　　你有善于合作，以德驭才的人格魅力吗？

　　你有如临如覆，朽索驭马的自律意识吗？

　　你敢于挑战吗？

　　如此一问，我离庸、散、懒竟又不远了，如今虽有了自我解剖的勇气，要完善自己，勇于纠错，去骄气、树正气、治暮气还要严格要求，为重塑形象，不妨每天十问，做一个胸怀理想，充满激情，追求卓越，勇于创新，勤于学习、善于研究的人。

　　老师：今天，你自我问责了吗？

▶明眼看特色 静心思发展

吴 平

两周前,我跟随学校领导学习参观了环宇小学,贾州小学、昭明小学,感触颇深。

一、弱校不弱

贾洲小学、环宇小学属城区薄弱学校,生源少,硬件建设不足,却能在短短几年形成自己的特色。特别是贾洲小学,校领导知人善任,善于发挥教师的个性特长,学校教师安贫乐道,甘于奉献,全体教师团结合作,硬是将一个村小打造出一个书法特色品牌学校,其定位之准——书法与育人结合,其机制之新——制度保障领导护航,其贯彻之透——全面覆盖,全体参与,其过程之实——稳打稳扎,步步夯实,其运行之恒——坚持不懈,锲而不舍,是贾州小学能形成精品、构建特色的重要原因,仅此一项,拿出来硬邦邦,响当当,可看可感,已足以让贾洲小学在相当长的时间内,在相当广泛的范围里显得弱校不弱,独领风骚。

二、强校更强

昭明小学是一所百年老校,如今更是面貌一新,让人叹为观止:红墙碧瓦,曲径通幽,更有新建的红绿相间宽阔大气的新塑胶操场,仿古建筑大门与厕所内的电子显示屏交相辉映,使这所百年名校集古典与现代一身,更具魅力,这才是梦想中的校园;校园文化主题鲜明,处处透出匠心,环境布置处处凸出精心,学校卫生管理处处显出细心,师生服装整洁统一,礼仪规范,学校实行封闭管理,门卫制度安全防范,教师与学生行为规范随处可见,教学秩序井然,这才是真正的校园。虽然我们没有时间去深入交流,但强大的视觉冲击力已让我们产生强烈的震撼, 如此完美无缺的规划与建设,如此细致入微的管理,让昭明小学步入"跨越式发展"的快车道。

弱校不弱,强校更强带给我们学校更大的挑战,每个实小人都应该有忧患意识,危机意识,综观我校软实力:有一批齐心协力、业务精深、充满激情的教师队伍,已初具规模效应的楹联特色建设誉满省内外,得天独厚的地理位置与人脉资源可圈可点。几年内,学校规模不断扩大,与庞大的学校机器相匹配的管理机制需要不断完善。现仅就教学有关的问题谈谈自己的看法。

1.科学管理,健康运行。

学校各块工作分工明确,交叉自然,学校对于不可预知的突然性活动要有预见性,领导要加强执行力,提高交际协调能力,比如:面对日益繁杂的参观学习访问、检查等活动,学校应成立以办公室主任牵头,教导室、政教室、总务处抽人组成的专班,各司其责,卫生、接待、节目、听课安排、回报材料、档案、摄影固定到人,有序应对。

2.抓教师队伍建设,聚人心士气。

教师是办好学校的保证,抓好了人,我们的事业才有希望,要经常深入到教师中调查研究,了解老师的内心需要与对学校行政决策的真实看法,要尊重民意,还要关心教师生活,要聚人心,鼓士气,增强教师的幸福指数,挖掘实小教师能力潜质与人心齐的优良传统,带好、管好、用好这支敢于亮剑的队伍,学校才能立于不败之地。

3.坚持楹联特色。

楹联特色有今天的成果实在不易,但动作力度不够大,很多方面还不落实,教师培训要强化,校本教材一定要尽快投放到课堂,并起到作用,要抓学科管理,真正把楹联作为一个学科去研究,抓特色建设易精宜深,要坚持不懈,不贪多求全,忌眉毛胡子一把抓。学习贾洲小学经验,打持久战,走出一条特色创建之路。

试问：手里有一群干劲冲天、爱岗敬业的老师，学校有自己的办学特色，又何愁办不好学校呢？

▶孩子们，我来了

韩　凤

题记：通过学习，我深刻认识到全国优秀教师魏书生的关于老师劳动有"三重收获"的观念非常正确。他认为老师的劳动一是收获各类人才，二是收获学生真挚的感情，三是收获科研成果。正是这"三重收获"的观念，指引我在教育教学的征途上不断地调整自己的步伐，潜心钻研学与教的规律，在教育教学的过程中，细细地体会着教书育人带给我的乐趣。

为了更好地为祖国培养的人才，今天的我倍加珍惜自己的岗位，备课、上课、批改作业、管理班级对我来说不再是平凡、琐碎的单调劳动，而是成了我展示个人才能的舞台。随着教育事业的发展，我们日常的教学工作也越来越繁忙，而我的儿子一岁了，总是生病，他爸爸在部队工作，很少回家，爷爷奶奶身体又不好，所有的重担都压在了我一个人身上。尽管如此，儿子生病住院我也没耽误过一节课，中午下班跑步去医院抱孩子打针，一抱一中午，下午按时到校批改作业，查漏补缺。晚上放学顺路买两个饼子就去医院照顾孩子，夜里孩子睡不好一抱就是一夜，第二天把孩子交给姥姥又去上班，看着儿子满头的针眼儿，听着儿子嘶哑稚嫩的哭声，我的心早都碎了。

整整一个月，儿子出院了，我代的两个班的孩子没有落下一节数学课，学期末的成绩在年级名列前茅，而我瘦了十几斤，成了真正的骨感美人！直到现在，只要有空我总是抢着上课，大家都笑我是拼命三郎，其实我打心眼里喜欢站在讲台上的感觉，每次听到上课铃声响起，我的心都会激动地说："孩子们，我来啦！"

▶家访——架起心之桥

梁玉梅

　　题记：家访，让我们路越走越远，心越靠越近

　　9月28日，我和吴老师去了本班一位留守儿童张宇潇的家。借着昏暗的灯光，我看到家里非常拥挤，他和爷爷、叔叔、婶婶、弟弟、妹妹一起住在两室一厅的房子里，到处堆满东西，空气也不新鲜，但我看到了他爷爷眼睛里的那一抹兴奋之色。经过了解，我的心深深地被这个孩子的生活状况给揪住了：他的日常生活由年迈的爷爷照顾，一年级下学期爷爷生病住院，还把他送回老家，等爷爷病好了，才重新回到我们班。而学习则是靠一位亲戚监管，父母都是常年在日本务工，孩子几年难得和父母见一面。"爸爸，妈妈"这两个孩子们心中最美的称呼，对他来说却相当陌生，因此造成了孩子少言寡语的性格。家访过程中，他爷爷说的最多的一句话就是："请老师多帮助他，我的能力有限，只有拜托老师，麻烦老师。"走出他的家，外面已是华灯初上，而我们的脚步无法轻快，心情也无法轻松。

　　一路上，我不禁想起了班上几个和张宇潇一样独自留守在家，由爷爷、奶奶或姥姥，姥爷进行隔代监管的孩子。处于这种环境下的孩子，情感比较脆弱，并且行为习惯上的偏差也得不到及时地纠正，所以也就容易失

去学习的信心,导致"学困"。

对于这些孩子,我们在平时的工作中更要多关心爱护他们,积极帮助他们弥补情感缺失,并积极联系孩子的父母,让他们及时了解孩子的学习情况。我也借着家访的机会,走进一些孩子的家庭,多了解这些孩子,希望能在他们独自留守的后方,为他们撑起一方蓝天,让他们在师爱的天空下快乐地学习和生活。

两个月来,我们走进四十几个孩子的家,接触了一百多位家长,了解了形形色色的家庭情况:单亲家庭,下岗家庭,进城务工家庭,干部家庭,学习型家庭,放养型家庭等。我要真心对家长们说:

感谢您,亲爱的家长朋友,您的热情,您的信任,您对孩子的付出,犹如缕缕阳光,让我在萧瑟的晚秋也有了心旷神怡!

感谢您,亲爱的孩子,你可爱的笑脸、深情的呼唤、清澈的双眸、期待的眼神,让我的心润泽在教育的幸福之中!

与家长的及时沟通,与家长之间的一次次短暂接触,一个个小小的故事,可让我们更多地了解了孩子,使我们更加公平地去看待孩子,使我们更加恰当地教育好孩子,使我们用期待和发展的眼光看待他们,使我们有敏锐的观察力,善于捕捉、发现学生身上的闪光之处,使他们在表扬中体验到成功的快乐,增强自尊心和自信心,在避短中看到自己的未来与希望,感受到老师的信任和期待,而这一次感受,甚至能改变孩子的一生……

一次家访不可能解决家长们的所有问题,重要的是我们彼此传递信心,加深了解,从而达到相约相知,携手合作。

家访,让我们路越走越远,心越靠越近!

▶一个男孩正把你仰望

刘晓云

题记：参加国培时观看了《放牛班的春天》这部感人至深的法国影片，心潮起伏，写下这篇观后感。

看完《放牛班的春天》，那天籁般的歌声还在耳边回荡，其中有一句歌词我记得最清楚——"一个男孩正把你仰望"，有一个画面刻在我的脑海——合唱团中当乐谱架的男孩一直仰望着马修，一动不动。想到这句歌词、这幅画面，马修的所作所为令我感动，这群早已听从野性呼唤的孩子在马修的感召下重新捡回属于自己的人格尊严。

然而，有一个男孩的命运却让我唏嘘不已，他就是蒙东。蒙东初次出现是在校长室的时候是独自坐在门口的，所谓的心理学家正向校长介绍他的情况，"近乎白痴，有邪恶倾向"，马修对此不闻不问；在派皮诺遭到蒙东的强势威胁时，马修再失良好的教育机会，以不向校长告发为交换条件，警告他"不允许再看派皮诺一眼，即使是一眼，也会让他的生活变成噩梦"；在蒙东因为偷窃查贝尔的手表而被禁闭时，马修也只是埋怨失去了唯一的男中音；更无法谅解的是，在学校资金丢失而误解为蒙东所偷，被校长拷打半小时，强行送往警察局的时候，查贝尔向他投去求助的一眼，马修竟然无动于衷，只留下蒙东意味深长的一笑……影片快结束时，因误解而被蒙羞的蒙东，纵火烧了给自己带去无尽痛苦记忆的学校，留下一个诡秘的笑容，转身远去。

看到这里，我想：如果我是马修，我能不能挽救这个孩子呢？或者在他灰暗的人生中增添一抹亮色，让他感到一丝温暖呢？

电影终归是电影，面对自己班上的孩子，面对一个个仰望自己的孩子，我决心不让任何一个成为"蒙东"。

▶和学生相处的日子

邱晓莉

题记：由于信息技术的飞速发展，电话联系、校信通平台、班级QQ群等代替了老师家访，教师停留在学生的表象了解之中，而关注孩子的发展，更要求教师从多方面去认识孩子。

虽说每年的四月是师德活动月，其实只要你还在教育战线上，那么每月、每日、每分、每秒无不以师德规范自律，小学教师与半大不小的孩子相处，更要注意自身的言行举止，并以自己的人格魅力去吸引他们，感染他们。

小学阶段对孩子良好行为习惯的养成十分重要，在与学生不断接触的过程中，我发现有许多学困生，并不是脑子笨，或者智商有问题，而是学习习惯差。我在与这些学生交谈的过程中，还发现他们大都知道自己的问题和毛病，也很想改，但就是管不住自己，一次一次地下决心，又一次一次地犯错误，犯了错误又一次一次地埋怨自己，渐渐地时间长了，也就听之任之了。

小伟是我们班的"三剑客"之一。提起他，我的头就痛。上课的时候，他自控力很差，一会儿站起身来，一会儿和同桌、前后桌说话，他一个人影响一大片。对于老师说的话，他高兴了才听，不高兴了撅起嘴来，还给老师脸色看；你若说一句，他一定还三句；下课了，他常常因为鸡毛蒜皮的小事儿和同学起矛盾，嘴巴里还唠唠叨叨的，有时还动起手来；学习，他时好时差不稳定,作业比较马虎,书写不工整。

　　虽然这个孩子我已带了近五年了,和他的家长也沟通过很多次,但是学习的状态和与同学间的相处没有多大的改变。记得有一次课前做眼保健操,他用双手捂住了脸,假装是在做。当我走近他的座位时,他又好好做一会儿。我想我也不用走到他跟前了,像这种没有一点自觉性的学生,在远处看着他就行。我走到讲台边,将目光投向了他,他也知道我正注视着他,于是又装作是在做眼保健操的样子。那一刻,我发现他竟眯着眼睛,正偷偷地看着我笑。我感到无奈极了,只好假装自言自语地说:"没有必要跟我玩猫捉老鼠的游戏,我不是猫,你也不是老鼠,这种游戏对你来讲,没有一点意义!眼睛是你自己的,等哪一天,你像老师一样戴上眼镜,就知道保护视力的重要性了!"听我这么一说,小伟只好很不情愿地做起了眼保健操。他就是这样的一个孩子,一个明调皮、睁着眼睛尿床的家伙。针对这样的孩子,既要抓到他的不足也要发现他星星点点的进步,由于近来在课堂上表现得比较积极,于是决定对他进行一次家访。告诉他我第二天到他家进行家访,他坦然接受,没有一点怕的意思。其实我决定当天就去,只是不让他有过多的家庭准备。

　　那天冒着雨,我来到新城湾小区,登上七楼,来到他家门口,没有马上敲门,因为想了解真实的情况,就在门外听几分钟。这时从里面传来一阵阵吵闹声。发生什么事了? 我马上敲门,为我开门的正是这孩子,看到我时,他几乎傻了眼,拘束的样子也是我从来没见过的。妈妈说:"孩子一回家就告诉我明天老师来家访,还让我准备点水果呢!"看来这孩子还有点心思。我问了问刚才为什么那么吵,妈妈告诉我,小伟刚写完作业,检查出了一些错误,字迹潦草,妈妈让他改正,他不干,还死皮赖脸的让妈妈签字,妈妈也不签,说等爸爸回来收拾他,就这样,家庭战争爆发了。我和家长聊着,小伟的坐姿几乎没变过,我把他拉到身边坐下,告诉他,老师这次来,是来报喜的,而不是告状的。因为你今天上课很认真,还积极举手发言,课堂作业完成得又好又快,老师就提前家访了。听完这些话,孩子的双肩略略放松了些。我也告诉他,妈妈帮你检查作业是关心你的学习,发现问题就要及时改正,这样进步才快些,你改好了,妈妈自然不会撕掉让你重写。他点点头,自觉地拿着作业进屋改去了。

通过这次家访,我感觉到学生对老师进入家庭的感觉很微妙,或许会呈现出另一个"他",我准备抓住这一特点对那些个性较强的学生制定针对性的家访计划,而且对小伟这样的特殊学生还要进行再次家访。

▶快乐缘自于那份信赖

魏 艳

题记:每天我很忙碌也很快乐,这份快乐来自于孩子们的可爱,也来自于家长们的信赖!

10月份,学校开展了家访活动,我以新班主任的身份进行家访。我原本想不通,认为打个电话,带个口信就可以了,为什么非要跟家长面对面地交流呢?可是当我真正踏上本次家访之路之后,我才体会到了电访所不能达到的效果。面对面促膝交谈与电话里的听声不见面,那感觉和效果就是不一样。

每天放学后利用休息时间,我深入几个学生家中家访,感受颇深。家访真能让我们和学生家长打成一片,感情亲切融洽,这样双方就不再会有什么误会和责怨,我们工作起来就会得心应手。同时大部分家长的热情好客,让我深深地体会到作为一名教师的自豪。

　　学生张布兰的家长对我的到来感到十分意外和兴奋,真有点"受宠若惊"的感觉。我给他们简要介绍了当前教育的理念与发展,汇报了我们学校在教育方向上的引领,以及我们班级是如何开展教育、教学工作的。面对面促膝畅谈,家长对老师给予了高度评价,最后我说到:"我们实验小学生源广,学校大门都要挤破了,班级容量也很大,我们有做得不到位的地方敬请家长谅解,对于我们学校的发展、班级建设有什么建议可以尽管提出来。"张布兰的家长说:"万万没有想到老师对学生是如此牵挂和关心,我们的孩子放在你们学校,就是放心,你们这是在办人民满意的学校。我们家长一定大力支持学校的工作。"

　　刚刚接到这个班的时候,同事们告诉我,五(2)班是个问题很大的班级,学生行为习惯差,家长好告状,我很忐忑,但与他们相处一段时间后,发现孩子们真的很聪明,只是相比五年级其他几个班而言,这个班的孩子有一个明显的特点,就是学生大多偏幼稚,有个别学生的心智甚至只相当于幼儿园的小朋友。针对班级的特点,这一学年来,我调整了很多教育教学方式。

　　正由于他们的幼稚,所以相对来说也比较活泼,说得不好听一点就是纪律意识不是很强。我想孩子们最需要的是鼓励,从一开始我就告诉他们,我们是一个很不错的集体,然而当很多任课老师说他们调皮时,我还是告诉他们,我相信你们会做得更好。就比如说刚开学的时候,英语老师总是说一些孩子听得不够认真,经常作业收不齐,不重视英语,几个不懂事的还会气老师。于是,我对他们说,我们不能让别人看扁我们,还分析了英语的重要性,我们要让Miss李微笑,听到这些鼓励的话,他们真的进步了,听到英语老师表扬他们的时候,我为之欢欣鼓舞。

　　这几个月来,感动无处不在,一个班级要进步,是需要每一个人都来努力的,有时候一两个人不在状态就会影响到全班,看到班上那几个特别调皮的孩子,我想,要是他们能做出些改变的话将会对整个班起到推动作用。于是我就先找他们谈话,跟他们沟通,让他们确实感受到跟老师的距离可以很近。在了解了他们的情况后我就给他们制定目标。比如班上最调皮的两个孩子,我让他们互相竞争,并多给他们表现的机会。比如,他们谁先认真地开始做眼操,就让谁管纪律;谁出操排队的速度快谁就能得到宝贵的表现机会。还比如,班上有几个孩子废话特别多,很多时候上课都会插嘴,那么我就让全班同学监督,第二天评议他昨天的表现有没有进步。总的来说,面对偏幼稚的五(2)班,我哄得比较多点,孩子的不良表现当然要及时批评,我会把批评放在我们教室内的小教室中,尽量避免在整个班上批评。几个月下来,我让他们感受到,表扬不是属于个别同学的,只要努力,谁都可以。

大多教师都比较喜欢班上的佼佼者,可我觉得越是后进的学生就越可能带给你更多的快乐,因为他们更会让你感动。从一开始我就给他们灌输这样的思想:谁有进步,谁就是了不起的。比如说班上的小源,小婕等同学,在家访中我就感觉到连他们的家长都给他们打上了差生的烙印,在这段时间的学习中,我时刻关注他们,一有进步就在全班表扬,并且找出了问题所在,比如说小琦就是因为信心不足,又老喜欢看电视,所以给他限制了看电视时间,字写得好了点,表扬;作文进步了点,表扬;单元测试进步了,表扬。多次表扬后他学习的劲头就来了,语文测验以前总是七十多一点点,现在好几次都考到了85分以上。

一转眼半个学期过去了,期中考试改卷时,代道琴老师开玩笑地说:"魏老师你们班变化真大呀!班上没有辣子味了,考试时教室里好安静呀!"我的回答是:"那是必须的!不然这段时间我不是白忙活了嘛!"

每天我很忙碌也很快乐,这份快乐来自于孩子们的可爱,来自于家长的支持!作为班主任的我,通过此次家访,更加深刻地感悟到:无论怎样的一个孩子,他的成长都离不开"爱",这种爱既要来自家庭,也要来自于教师。只有播进学生心灵深处真挚的无私的绵延无尽的爱,才能促进孩子的健康成长。我们要加强家校的密切联系,同时注重学生的个别教育,真正达到"教育一个孩子,带动一个家庭,影响整个社会"的育人效果。

▶生命礼赞

陈会芳

题记:中午,一直坐在电视机前看灾区救援情况,痛楚,悲伤,揪心……不足以表达心情。我也想飞抵前线,救出废墟下的生命;也想走近灾区,用温暖爱心包裹所有的孩子,但我不能,坚守岗位,搞好本职工作是对灾区的最大支持。

走进三年级思想品德教育课堂,《行行出状元》一课我讲得很快,在学生小组讨论交流身边的"状元"时,我的思绪又飘到四川:"生命状元"——那些在废墟中被埋了100多个小时而生还的人们,我在心里为他们祈祷,是他们让我对生命更加崇敬。

随后的课堂,请同学们谈谈在电视、报纸、网络上的所见所闻。当一个同学讲到有一位老师被埋在废墟之下,渴了,喝自己的尿;饿了,吃学生的作业本;坚持了几天之后,终于被救时,只听得下面有几个学生发出无知的笑声,我有点儿不知所措,想批评,又觉不妥。平静一下,我反问道:尿好喝吗? 不好喝! 那他为什么要喝? 不喝不行吗? 我的话很苍白,没有多少说服力。我只想告诉他们:孩子们,在自然灾难面前,生命是第一位的,保住了生命,才能重建家园,开创未来,一切挽救生命的措施,都是值得尊敬的。

一节课过去了,我却陷入了沉思:从教二十多年,还没有把"崇尚生命,珍爱自己"这一主题认真灌输给学生,这到底是学生的无知还是我的无知?今后的教学中,如何引导学生理解生命的意义?这是我必须思考的问题。

▶换个角度想问题

张德兰

题记:换个角度想问题是一种人生境界。

最近,我对电视连续剧《梅艳芳菲》着了迷。这部电视剧以已故香港巨星梅艳芳为原型,讲述了梅艳芳辉煌而又坎坷的一生。剧中有一段对话让我印象深刻。那是在梅艳芳刚摘得香港首届新秀大赛冠军不久,一手捧她的明星公司与她签约。方妍梅(剧中名)一看合约,忍不住大叫:"这太不公平啦!"导演助理对她说:"新人都是这样签的(第一年),等你出名了,成大牌了,续约的时候你才可以讲条件的。"她极不情愿地签了合约,又在她的经纪人面前叫屈喊冤。经纪人海伦对她说:"阿梅,你不要老是觉得你吃了亏,不公平,你应该这样想:能与国际大公司明星公司签约是你的幸运,你由此获得了难得的学习机会,得到了一个展示才华的舞台,这样换个角度想问题,你就不会觉得吃亏了。"

"换个角度想问题",说得多好啊。是的,世界上不公平的事太多了,每个人在世上都会遇到或大或小的不公平的事。指望头顶上永远艳阳高照,那是不可能的。遇到暴风骤雨就怨天尤人也是不明智的。许多人喜欢抱怨自己生不逢时、怀才不遇,感叹人生苦涩,无缘富贵,却对自身拥有的一切视而不见,王晓冰在《羡慕》一文中这样说:"上帝是不公平的,于是便有了世间的穷和富、善与恶、美与丑、成功与失败、幸福与不幸。上帝又是公平的,它给了你金钱,往往就夺走你的真诚和善良;给了你成熟,往往就要夺走你的年轻和纯真;它给了你美貌,往往就要夺走你的智慧和毅力;它给了你成功,往往就夺走你的健康和幸福。"

这是我最喜欢的一段话之一,每当遇到打击和挫折时,我都大声朗诵这段话,告诉自己:没有什么可抱怨的,磨难也是人生的一笔恩赐,一种财富。有了磨难,我们人生才会更丰富。

我们要让学生知道,人生的道路上不光洒满鲜花,也有荆棘丛生。不论是什么,都要提前警醒自己:坦然面对人生路,换个角度想问题,你会发现:山重水复疑无路,柳暗花明又一村。

▶我排课程表

邹勋慧

我从1996年来到襄城实验小学,一直担任教务员工作,在这最琐碎、最繁忙的岗位上一干就是15年。主要工作有:学籍管理、排课程表、调课、教材教辅的发放及管理、教务各种材料的打印、报刊发行、考试试卷领发收,每次学生考试成绩统计和教学资料的收集整理……都是些周而复始的琐碎的事。

在教务工作中,排课程表是最棘手的一项,每学年开学前要科学合理、及时地完成课程表的安排,保证教学工作的正常运行。只有你到教务处工作才会知道学期初排课表是多么艰难。每学期的人员变动、任课教师、任课班级排列的不同使每个班的课程表都要重新设计。8月28日左右才完成任课教师和班主任的聘任，9月1日学生就要上课，课程表必须在8月31日前发到班级和任课教师手里，时间总是很紧。近1000节课的课程表不是简单的数字排列组合，它好比一项复杂的系统工程，要顾及到方方面面。一份课程表不仅要按照课程特点和学校的教学指导思想安排各学科的学习时间、保证不重课，要考虑到老教师的身体和住得较远的教师，还要顾及每个班同一学科的课上下午搭配、每个任课教师一周课的均衡等多方面的问题，有时为调一节课，就像走迷宫一样，转来转去，直到找到合适的位置为止。一个年级的课程表排出来不知要调多少次才能照顾到每一学科，每个班级都合理又要使大部分老师满意。为了达到这个目标，焦校长、主任和我绞尽脑汁，一站就是六七个小时，腰酸腿痛，顾不得喝一口水，加班到凌晨一两点钟。当然要想达到每人都满意也是不可能的，有的老师的课就在上午最后一节，或者在下午，这样就免不了个别老师的不满意。当有意见的老师找到我们时，我就耐心地解释，说出排课的难处，以"和风细雨"迎接"急风骤雨"，在沟通中让"急风骤雨"变为"和风细雨"，使彼此在工作中多了一些理解，多了一些和谐。辛苦地付出也得到了老师们的认可、支持和理解，我感到无比的欣慰。看来，一个人的奉献大小不在于她处在什么样的岗位，而取决于她对待工作的态度。

► 忙而不乱

邹勋慧

我的工作真叫一个"大杂烩"，教务方面：学籍建立管理、考勤、调课、报刊、教学资料收集、教材订发、考试前后工作、教学用具领发等；计划生育工作方面：每月报表、平时育龄妇女信息、避孕节育、三查、生育证、看望住院职工等。头绪多，繁琐杂乱，明轻暗重，我常常处于忙碌状态。

　　当然，在这十来年中我也摸索了一点规律，急是没有用的，事情只能一样一样地去做。后勤工作一定要统筹兼顾，大事要办，小事也不能忽略，分清轻重缓急，处理好大事与小事、重要与次要的关系，急事急办，特事特办。在实际工作中，急缓和轻重是不断转化的，有时同样一件事情，在不同的时间，重要性就有了差别，有的事，本来是次要可以缓办的，随着条件转化，却变得无比重要，成了必须立即解决的问题。工作上分清轻重缓急，合理运筹，加强预见性和灵活应变能力，就能既保证按时完成任务，又忙而不乱了！

▶做好简单事

张德兰

　　题记：做好简单的事，你就能成为不简单的人。

　　有一年夏令营带学生参观青岛海尔集团时，楼道里用镜框悬挂的一幅幅员工的"画与话"吸引了我的眼球，从一楼到五楼，我一一认真看下来，其中海尔员工李昕的一句话让我印象深刻："什么叫不简单？把一件简单的事情成千上万遍地做好，就叫不简单。"

　　看完这句话，细细琢磨，还真是这个理儿。当老师简单吧，备课、上课、改作业，干熟悉了干顺了它就是个简单的事儿，但不用心去做这些简单事儿，你这个老师就会很快忘了你教的学生，学生也很快忘了你这个仅算是合格的老师。我认识了不少不简单的老师,例如湖北名师----武汉市汉阳钟家村小学的桂贤娣老师,她三十多年如一日,几乎每天晚饭后去家访。在成千上万次的家访中,她高尚的师德、真挚的师爱感动着每一位家长、每一位学生,不简单,真的是不简单。

再如特级教师——樊城区教研室的张运敏老师,她是我上夜大时的同学,也是好朋友。她爱学习,作了大量的学习笔记。有一次,我跟她在一块儿开会,我翻开她的笔记本,编号是17,应该是第十七本学习笔记本,上面记的有最前沿的教育理念,最精辟的教育名言……。她还有一摞摘抄剪报本,分作文、阅读、识字写字、说话等四大类,分门别类剪贴摘抄。她这个名师就是在摘抄、剪贴、自悟中成长起来的。

还记得我讲《难忘的泼水节》这篇课文时的情景,那是1996年,我的儿子不满七岁,我参加了全国小语学法指导选拔赛,参赛课文就是《难忘的泼水节》。我每天晚上来到教室里,面对着空无一人的桌椅,一遍又一遍地试讲。为了读好课文,我反复朗诵,声情并茂。有一次,我刚给课文开了个头,下面一个稚嫩的声音传来:"泼呀,洒呀,傣族人民笑哇,跳哇……"我循声望去,哈,儿子坐在最后一排的位子上,摇头晃脑地背着课文。一瞬间,我信心倍增。其实,我就是在认真地朗诵着每一篇课文中成熟、成长的。

很多人不屑于她正在面对的简单的事,他们一门心思要做大事。古人云:"一屋不扫,何以扫天下?"是的,小事没做好的人,大事根本不会跟她打照面。

对于一个老师而言,认认真真地上好每一节课,改好每一本作业,走进每一个孩子的心灵,足矣! 一天天这样做,一月月这样做,一年年这样做,不简单,真的是不简单。对于其他人而言,同样如此。

做好简单的事,你就能成为不简单的人。

第四部分

师生关系

在校园的门口,老师和学生相遇了,老师在门里招手,学生在门外微笑。从此,师生成了好朋友……

在教室的讲台边,老师和学生相遇了,老师在台上耕耘,学生在台下成长。从此,师生书海同舟……

在友谊的赛场上,老师和学生相遇了,学生在场上奔跑,老师在场下呐喊。从此,师生风雨共走……

在人生的道路上,老师和学生分别了,老师在此岸挥手,学生在彼岸回首。从此,师生情义传永久……

是春风和种子的相遇,身后是希望的萌芽;是春雨与桃李的相逢,身后是漫天的彩霞。是心与心的碰撞,所以才能把理想点燃;是情与情的浇灌,所以才情深意长……

▶家访，让心心相依

陈　丽

题记：家访让我收获的是一份沉甸甸的甜蜜。

王苇航是我们班的明星人物。留着小平头的、帅气的阳光男孩儿形象，开朗大方、多情善良的性格，积极进取、勇于表现的学习劲头，各科成绩均保持在全班前五名，还是学校大队部的副大队长。他，几乎是一个完美的男孩。

但自从江老师带我们班数学课开始，他就如同泄了气的皮球，常常受到江老师的"拍打"：身为班长小里小气，管不住人；上课发言嗯叽半天，语言重复、啰嗦；作业和考试都马虎，明明能打100分，偏要被扣掉几分……于是，课后常看到小王站在江老师面前受训，课堂上也脸红脖子粗地把问题答了一遍又一遍……

随着《弟子规力行表》的问世，明星小王在家的表现也浮出了水面：早上起床不叠被子；吃饭时就爱吃肉不吃素菜；跟爷爷犟嘴、发脾气……于是《弟子规》交流课时，常常看到小王羞愧地低下了头，或是看到他红着脸使劲地点点头决心改正错误……

一年过去了，我和江老师专程来到王苇航家家访。王苇航怀着激动的心情，彬彬有礼地把我们接到了他们家。他的父母早已在门口迎接，知道我们不会留下吃晚饭，特意准备了很多小点心和洗好、削好的水果。我们刚坐下，王苇航就小心翼翼地端着两杯热茶走过来，恭恭敬敬地说："江老师、陈老师请喝茶！"我们立刻起身接过来，夸赞道："谢谢，王苇航真懂事！"他搬了一个凳子，又面带微笑，恭恭敬敬地坐在我们对面。

在学习好的学生家里，我们做老师的其实也格外轻松一些，我就对他说："要不你针对这一年的表现，先做个自我总结和评价吧。"他立刻笑着点点头说："嗯，好的，我觉得我今年改变了很多……"他说到自己上课发言再也不嗯嗯叽叽的了，总是先想好再组织语言流利地说出来，同学们也对他投来鼓励和赞赏的目光；说到自己在家再也不挑食了，反而吃素菜多吃肉少了，也不再随便和家人发脾气了，这些方面妈妈都可以作证。说到这儿，他和爸爸妈妈都自豪地笑了。他的妈妈说："真得谢谢老师，让你们费心了！"我又对王苇航说："你还记得去年江老师一次次地严厉地批评你、教育你的那段时间吗？是不是很难受？怪老师吗？"王苇航的神情似乎回到了那段令他难忘的日子，沉思了一会儿，他激动地说："不，不怪老师，我……我想说……谢谢……谢谢江老师，没有您的严厉批评，到今天，说不定我还没有改正那些小毛病。"我看到王苇航激动地双手撑着膝盖，眼泪不住地往下流，一边努力克制情绪，一边忍不住看着江老师和我，不住地表示感谢。我的眼泪也快流下来了，看到孩子的进步真比其他任何事情都让我高兴，我和他一样激动。那一刻没有人说话，因为他的妈妈跟他一样流着眼泪，欣慰地看着他，说不出话来……我想，他的父母只会比我们更欣慰更高兴吧？

告别时，他们一家人把我们送下楼，又送出生活小区的大门。我和江老师的外套口袋里装满了被他们塞进来的小点心和水果，揣着这份沉甸甸的甜蜜，我们踏着夜色，挽着胳膊，边谈边笑，走在回家的路上……

▶孩子，我爱你

乔红雨

题记：俯下身走进孩子的世界，告诉他们老师爱的就是你。

班上有个孩子叫小丁，长得眉清目秀，课间总是喜欢跑上跑下不安分，还不时出现在我的面前，报告一些同学之间的小秘密和有关他自己的情况。尽管之前就听说这孩子的"前科"，但在最初的两个星期里，他倒显得比较"安分"。可过了不久，"狐狸的尾巴"终于露了出来，课堂上的他终于闲不住了，铅笔、尺子、橡皮变成了他的玩物，甚至一张纸片他也能玩得不亦乐乎。我用眼神扫过去，他马上心领神会，两只手像弹簧似的立马恢复坐姿。可是，不一会儿工夫，又继续沉浸在自己的世界，重操"旧业"，我行我素了。我们之间进入了猫捉老鼠的游戏状态，这着实让我感到苦恼。更令我苦恼的是，随着时间的推移，他作业的错误率也随之增加，书写犹如外星文字常常，让我瞪大眼睛，看了又看也看不懂……

我开始特别关注他。不久，我发现他除了不认真学习以外，却是把劳动的好手。早上走进教室，总能看到他忙碌的身影，而且他还心地善良，周围的同学谁没带铅笔，尺子之类的东西，他总是第一时间送上。慢慢地，我还发现他是个爱"表现"的人，在老师的视线范围之内，他总是表现得特别好，但只要老师稍不留神，他立马原形毕露了……

如何"对付"这个学生呢？我陷入了苦思冥想之中……一日，不经意在杂志上看到这样一句话："爱，需要表达！"这世界缺少爱吗？不，这世界缺少的不是爱，而是爱的表达！爱，是需要表达的！

一次放学后，他因为未完成作业被留了下来，等他补齐后，我按捺住心中不悦的情绪和他唠起嗑来,话题从他爱看的动画片入手,天南海北地聊着,俨然一对老友。聊着聊着,我趁机将话锋一转,说:"你有没有发觉,老师最近上课老爱看你?"这突如其来的一问使他丈二和尚摸不着头脑,他疑惑地摇摇头。我乘胜追击:"因为老师发现你是个聪明可爱的孩子,老师可喜欢你了,所以老师最喜欢朝你那儿看。"他受宠若惊,疑惑地看了看我。我又故作神秘地补充:"这句话只有你知道,可不能告诉其他人哦。"他兴奋地点了点头,小脸现出异样的光彩。

接下来的几天,每当我用爱的眼神关注他时,他便心领神会地立马"安分"了起来。不知不觉中,眼神专注了,小手听话了,甚至能主动举手回答问题了,声音响亮极了……

作为老师,一味热情和奉献是远远不够的。不要吝啬一句简单的话,不要吝啬一个关切的眼神,蹲下身子走进孩子的世界,对学生说,老师最爱的就是你!

▶我们之间

乔红雨

题记:面对孩子,我总是觉得自己做的还不够。

我们,一个年轻女教师和六十九个八岁的孩子。

他们似乎心胸更宽广。上课时,为一点小问题吹胡子、瞪眼睛的是我;下课时,嘻嘻哈哈跑过来,替你按肩膀、捶背的是他们。

他们似乎又更不留情面。课堂上他们不会或者出错的问题,得到的永远是我的鼓励:"没关系,你很勇敢。""答案接近了,你真牛。"换了我,抄题时写错的一个字,计算时算错一个数,立刻会被当堂指出,而且是声音洪亮:"老师,你错了!"

他们似乎又会顾及你的感受。当我因为生病,精神状态不佳时,他们会及时洞察出来;当我因为连续上课而露出倦容时,他们会格外听话;当我因为讲课频繁嗓音沙哑时,他们会懂事地带来一盒药或者一个水果;我的一举一动,他们看在眼里。

他们似乎更在意与你的不期而遇。周末的超市里,人潮涌动,他们却发现了角落里的你,隔着老远,扯着高出音乐几分贝的声音叫住我。书店里相遇,他们非要看看我买的书,小脸上一阵莫名窃喜。肯德基店里偶遇,他们会抛下父母,径直走向你这儿,调皮地问你喜欢吃什么? 鸡翅、汉堡、薯条还是蛋挞? 一直问到我头晕为止,可爱至极!

他们似乎更加心存感激。他会记得生病时,我带他去办公室喝的一杯热水;她会感谢我因为在学校里小小的进步而告知他的父母;他会记得他在回答问题时,我让全班同学给予的掌声;她会珍藏我在她作业本上随手画的一个笑脸;他会因为我随口一句表扬的话激动一整天;她会把我奖励的糖果放在口袋里,迟迟舍不得吃。在我看来,这些都是最不起眼的小事,却深深地留在他们的脑海里。

我们之间,相比之下,我做得似乎永远不如他们……

▶爱的教育

秦　雨

题记:用微笑面对每一个孩子,因为每个孩子都有自己的闪光之处。

关爱一个学生就等于塑造一个学生，而放弃一个学生无异于毁掉一个学生。一名老师，要热爱自己的工作，热爱自己的学生。好学生需要关爱，但那些有缺点、有问题的落后学生更需要我们关爱，教育就是播撒爱。一名好老师应该关注到班级的各个角落，不让任何一个学生掉队。

刚担任一年级2班的班主任，就发现班上有一个小男孩，他是班上年龄最小的，让人感觉很可爱。上学没几天，班上很多孩子都来告他的状，总之都是打人、欺负同学的行为。于是，开学没几天，他在我心中留下了深刻的印象。

每当听到有关他的小报告，我都会去了解事情的前因后果，然后认真地处理。我发现其中不少矛盾都是因误解产生的，而且也发现这孩子总是用拳头解决矛盾。每当遇到这种情况，我都会先把其他的孩子请出去，拉起他的小手，摸摸他的头，温柔地问他，今天为什么和同学发生矛盾？应该怎么解决？引导他明白拳头不能解决矛盾，只能让对方更加误解你，讨厌你。久而久之，他已经学会了很多处理问题的方法，也懂得和同学之间相互体谅了。虽然偶尔还会很调皮，但只要和他聊聊天，就能尽快地改正。

渐渐地，我发现语文课上，他很喜欢积极参与回答问题了，连续一个月都没有发生不交作业和打架的现象。后来到了学期中，我要在每组选一位组长检查同学们的背诵情况，其实他的语文成绩不算好，但当我选小组长时，他的手举得最高，表情最期待，于是我毫不犹豫地选了他。一年过去了，他果然没让我失望，不但学习成绩提高了很多，课文背诵得滚瓜烂熟，表演模仿能力超强，而且也是全班最负责任的小组长之一。

今天回想起这件事，感动多过当时的艰辛。热爱学生是教师的天职，那远比渊博的知识更重要，得到老师的关爱，是每个孩子的心愿，它会鼓励、鞭策孩子，大大推动学生的成长和进步。每一个孩子都是独一无二的，他们都会很优秀,只是需要我们耐心地了解和正确地引导。每一个学生,都像天空中的星星,有的灿烂耀眼,有的光彩暗淡。那些光彩暗淡的,可能是由于我们离它太远,如果我们离它近些,多关心他们些,那么他们就会更好。

▶感动的瞬间

田　华

题记:感动不会随着岁月变迁而流逝,也不会随着工作的繁杂冗长而褪色,它是挂在心之天空的一抹彩虹,是人类最美好的情感。

生活的每一天,不经意之间,总会有一些不同昨日的情景翩然而至;总会有一些令人感动和心怀感慨的片段破壳而出。即使我们的生活是如此的平凡和简单。教学生涯,有多少感动在我记忆中收藏,点点滴滴,如钻石般耀眼。

曾以为自己过了感动的年龄,不会再像情窦初开时看见深秋的落叶而感伤,为了一部浪漫爱情电影或一本言情小说而流泪,也不会再像学生时代一样见到无边的大海而狂呼,听到一句赞美而激动。

那一天上课,我一边揉着昏昏然的额头,一边皱着眉头走进教室。感冒一周了,又熬夜备课,疲惫和慵懒纠缠着我,喉咙烟熏火燎般地疼,不停地咳嗽。我拿起保温杯想喝口水润润嗓子,才发现水喝完了。我晃了晃放回讲台,舔了舔干裂的嘴唇,清了清嗓门继续讲课,转过身去板书。

忽然"丁当"一声,是哪个调皮鬼趁我不注意又捣蛋了?我迅速回转身,看见讲台下第一张座位的王欣探出的身子往回缩正要落座。又是这个小家伙,没有一天让我省心的。老师病了不知道心疼,不懂得要专心听讲,自己不努力还影响别人。我正要训斥一通,忽然发现教室里静得出奇,全班同学的目光齐刷刷地集中在我的杯子上。我忍住怒火,顺势看了我的杯子。杯子里的水满满的,一股热气正往上升腾……我一下子明白了,刚才王欣是把自己的水倒进我的杯里啊!他用自己独有的方式表达了对老师无声的关爱,他做得悄无声响、做得心安理得、做得有点大男子主义。他只是不善于表达不想用语言表达罢了。老师病了,他是看在眼里疼在心里,多么可爱,多么懂事的孩子呀!

霎时,一股暖流涌上我的心头,我明白那是一种久违的感动。联想到平日里经常看到的一幕:当有事急着想汇报时,他往往会脱口而出:"妈妈……"发现自己喊错时,又急忙用小手捂住嘴巴;上楼梯时,我的教案集"啪"地一声掉落在地,刚要冲下楼的一个大男孩转身捡起来递给我,冲我笑笑;电脑桌上,不知谁偷偷放了一盆绿意盎然的仙人掌……面对孩子的可爱纯真,面对孩子的信任依赖,我感到了教育赋予我的使命感。我无数次问自己,当孩子取得成绩、获得荣誉时,我除了一些"客套"的鼓励,真的能和他一起分享快乐吗?当孩子受到委屈时,我除了"例行公事"的安慰,真的给了他母亲般的呵护了吗?面对屡教不改的孩子,我除了"必要的说教",真的如母亲般不厌其烦地俯下身子了吗……

写到这里,我忽然觉得,感动不会随着岁月变迁而流逝,也不会随着工作的繁杂冗长而褪色,它是挂在心之天空的一抹彩虹,是人类最美好的情感,是一种无声的教育,更是一种向上的鞭策,正是这些来自心灵的感动心灵的慰藉,才不会让我们感到人生旅途的漫长寂寞,才会让我们倍感人生的温馨和美好。

▶尊重学生的名字

田　华

题记：爱学生，请从善待学生的名字开始。

一个人的名字不仅仅是一个代号，更是代表着他的尊严，我想说：爱学生，请从善待学生的名字开始，因为这是一个简单而又重要的开端。

有政治家说尊重选民的名字就是政治才能，那么对于教师来说，尊重学生的名字就是教育智慧，等于给学生一个巧妙的赞美。我们每个教师应当扪心自问：你尊重学生的名字了吗？有多少学生的名字被你"委屈了"？

记得我刚接这个班不久，因为同时带两个班，学生有130多名，有一次课上我看到一名女孩把手举得高高的，于是想让她来回答问题，可一想不起她的名字，只好将手往旁边一指："张×，你来回答！"那个女孩原有的兴奋减了大半，仿佛霜打的茄子，怅然若失。此后的几节课，我虽尽量弥补，但她的发言也极少。

还有一名男生，贺×，他一直不太听我的话，有时和我对着干，甚至能看出他是故意的。所以我一直不太喜欢他，以至于在100多名学生中，我常忘了他的名字，只称呼他"你"，久而久之，我和他说话时"你"就成了"贺×"的代名词！这样一直到了四年级，一次运动会后，我对获奖的几名学生说"李×，你太棒了！""郑×，你好样的！""你，也为我们班争了光！"这时"贺×"万分委屈，又带点愤怒地说："田老师，你从来不喊我的名字！"这时，我才惊觉自己的失误！

马斯洛说："记住学生的姓名，是对他们人格的尊重。"学生肯定是渴望老师能很快叫出自己的名字，这是一种自尊的表现。学生不是"这个"，也不是"那个"。直呼其名,有时可以体现出教师对学生的关注度,拉近师生之间的距离。

班上有一个叫"宋祎祺"的学生,第一次点名,我读成了"宋伟祺",她笑笑地对我说:"老师,我叫宋祎祺"。"哦,宋祎祺!"没过两天,我又叫她"宋伟祺"(因为她自己写的名字"祎"太像"伟"了),她红着脸说:"老师,是宋祎祺!""哦,宋祎祺!"当我第三次叫她"宋伟祺"的时候,我看到她在全班的哄笑声中,捶了一下桌子……现在想来,非常懊恼,为什么我不在第一次叫错之后,立刻把她正确的名字叫清点呢?

班上还有一个叫"沈芃越"的女孩,我不太确定她的名字怎么念,所以每次点名,我总是跳过她的名字,她因此常常失去回答问题的权力!当我现在意识到这个问题时,心里觉得很对不起她。老师点名,看似极其平常的小事,实则却是关乎老师的水平和威望的大事。我想,当我再迎来新的学生时,我一定事先找到学生的名单,把那些生僻字名,事先查查字典搞清楚,练读准确。

还记得有一次,测试时,我看到一名学生拿看水枪,往前排同学的身上、卷子上喷水,我严厉地大喝一声:"××,你干什么?!"谁知,另一个同学满腹委屈地说:"我没干什么啊!"原来,我叫错了名字!而那名被批评的同学一直到考完,情绪都很低落。看!老师叫错了学生的名字,也给学生带来了这么大的影响!而且在不经意间丢掉了对学生的尊重,和学生对自己的信任!

每个人的名字都藏着尊严和梦想,只有内心深处并不在乎学生的老师,才会对他们的名字无所谓。尊重名字虽然是个教育细节,但"一滴水可以反映太阳的光芒。"一个老师的教育观就体现在这些细节上,不可等闲视之,须知"教育成功的秘密在于尊重学生。"

▶最美的风景

徐永红

题记:世上最纯真的感情是亲情,除此之外,便是师生情了;世上最美的风景是春华秋实,除此之外,便是纯洁童心了。

又到了橙黄橘绿的时候,我也迎来了自己的不惑之年。想想自己都四十岁了,真还有点酸酸的滋味。

下午第三节课后,几位同学跑到办公室来叫我,让我到教室里去一趟,我心想:这帮小家伙又在搞什么鬼?

走进教室,全班同学为我唱起了生日歌,更让我没想到的是,两位女同学手捧着一个蛋糕慢慢地向我走来,走到我跟前,轻轻地跟我说:"徐老师,我们祝你生日快乐!"紧接着,又递给我一个小本子,说:"本子上写着同学们对你的祝福。"真让我感到有点意外,我本以为他们就是跟以前一样为我唱首生日歌罢了,没想到还做了如此精心的策划。我仔细地端详着那个蛋糕,很小(只有六寸)却很漂亮:外圈裹着一层黄色的果酱,上面铺着一层黄色的水果,几根蜡烛的火苗欢快地跳动着,让人真不忍心把它吃下去。我忍着泪水说:"谢谢同学们,谢谢你们的祝福!蛋糕虽然很小,我却感受到了你们火热的心。我们一起来分享它,每人都吃上一口吧。"大家一听,都兴奋起来。我把蛋糕分成四块,每组一块,组长端着蛋糕盘给每个人喂蛋糕。顿时,教室里活跃了起来,都争着抢着要吃蛋糕,不过没有一个贪吃的。吃完了蛋糕,看来大家还是觉得不够过瘾,于是把蛋糕盘上的奶油当起了"面霜",开始互相化起妆来,你抹在我的脸上,我抹在他的头上,他抹在另一个人的鼻子下成了胡子……我没有制止他们,任他们尽情地嬉闹。过了一会儿，大家你看看我，我看看你，爆发出一阵笑声，教室里成了欢乐的海洋。看着他们一个个滑稽的样子，我也忍俊不禁，赶紧组织孩子们打扫战场，等大家安静下来有序地坐好，我说："同学们，过了这个生日徐老师就四十岁了，已经到了不惑之年，不过跟你们在一起，徐老师觉得自己永远也不会老，永远都年轻。老师的快乐是你们带来的，跟你们在一起我永远都快乐，谢谢同学们了！"

晚上回到家，我坐在灯下细细品味孩子们给我的祝福，读着一句句质朴的话，我的心里感到无比温暖。有的孩子写到："徐老师，谢谢您多年来对我的精心栽培，今天是您的生日，是我在小学里最后一次为您庆祝生日了，祝您生日快乐！我以后会用更优异的成绩来报答您！"有的写着"徐老师，感谢您多年来对我的教育，我也没少让你生气，我想对你说一声对不起。在您的生日之际，我真心的祝您生日快乐，身体健康！"还有的写着"徐老师，祝您生日快乐！我平时老让您生气，我以后再也不会买一些小玩具上课玩了，希望您能过一个快乐的生日。""徐老师，今天是您的生日，我先祝您生日快乐。我一进学校，您就用天使般的微笑迎接我，一转眼六年就要过去了，我永远也不会忘记您！"……没有一句华丽的语言，却用最真诚的心在为我祝福，表达着他们的感受。这是我读到的最美的语言。

"一年好景君须记，最是橙黄橘绿时。"在这橙黄橘绿的时候，我看到了最美、最亮丽的风景，体味到了世间最纯洁的情谊，真是幸福不已。孩子们长大了，每年的生日都会有惊喜带给我，这也将成为我生命中最美好的记忆。谢谢可爱的孩子们，我的快乐源自你们！

▶做情绪的主人

张　慧

题记:教育需要信任。孩子们有着独特的思维方式。面对课堂上突如其来的"节外生枝",教师应学会保持最佳的情绪状态,做情绪的主人。

当老师十多年了,重复着一年接一年、一届换一届的劳动,难免会烦躁不安。直到有一件事情让我改变了自己……

一次数学课,我正兴致勃勃地准备在黑板上板书时,无意中发现第一组第一排(紧临老师的讲桌)的那个"调皮鬼",他正全神贯注地盯着讲台上的茶杯。

顿时,我气不打一处来,心里直冒火:"又走神了!难怪成绩不好。不好好听讲,怎么学得好?"我停止板书,盯着那个孩子,希望他能读懂老师的眼神,自己醒悟。

教室里一片静寂,那名学生依然沉浸在自己的世界里,丝毫没有反应。我恼怒了,快步走到他面前,教训的话还没出口,那个孩子却像发现新大陆似的,兴奋地大声宣布:"老师,老师,这杯水不能喝了。虫子在茶杯里跳舞呢,你快看呀!"

顺着他指的方向,我发现茶杯里真的有一只虫子。它不停地挣扎着,像在水中跳芭蕾。

望着孩子天真无邪的笑脸,我的怒气散了。我拍拍他的肩,说:"你观察得很细致!谢谢你的提醒。"那孩子美滋滋地看着我,我接着说:"如果你把这股专心致志的劲头用在学习上,老师相信,你的学习肯定会像猴子爬竿一样噌噌上来的,你说呢?"那孩子不由得点了点头。

"虫子在茶杯里跳舞。"这是多么美妙的图画。在实际教学中,我们每位老师都会时不时遇到"意外"。面对课堂上突如其来的"节外生枝"，我们是一顿棒喝、置之不理，还是一带而过呢？其实，教育需要信任。孩子们有着独特的思维方式，他们对事物充满好奇，老师切忌用成人的标准和眼光衡量他们的行为。只有懂得孩子的思维，了解他们的世界，才能真正走进他们的心灵。

教育学家苏霍姆林斯基说过："教育的技巧并不在于能预见课堂上发生的所有细节，而在于教师根据具体情况，巧妙地在学生中做出相应的变动。"因此，当课堂教学出现"意外"，教师要学会控制自己的情绪，激动时别大叫大喊，生气时不要声嘶力竭。教师应学会保持最佳的情绪状态，做情绪的主人。

▶爱如春风

陈 霞

题记：课堂不应该只是知识传递的场所，更应该是人性教育的殿堂。严师易遇，仁师难得，做一名仁爱之师吧，这样，我们的教育才会持续健康发展！

正是花红柳绿，草长莺飞的季节，春光易逝，我抓准时机，引导学生写观察日记《春风》。"孩子们，春风虽然看不见、摸不着，但能感受到它的存在，哪位有心的孩子来说一说？"仿佛触动了兴奋按钮一般，"唰"的一下，几十只小手高高举起。"春风像妈妈的手抚摸着我的脸。""柳枝像柳树姑娘的长辫子，在春风中摇摆，好美好美！""春风沙沙地吹，好像在演奏美妙的乐曲。""我看见春风和小鸟比谁飞得快，它还和太阳捉迷藏，和白云玩过家家呢。""老师,我想起了一首诗:碧玉妆成一树高,万条垂下绿丝绦,不知细叶谁裁出,二月春风似剪刀。"……瞧,孩子们像钢琴上那些欢快的琴键一样,你方坐下我站起,快活地谈论着自己眼里的春风。这是多么可爱的童趣,多么鲜活的语言,多么稚嫩的童心啊!我不住地点头微笑,不住地翘起大拇指夸他们,也尽情地享受着课堂带来的幸福和喜悦。

突然,不知谁对我说:"李想睡着了。"翘首一望,他果然趴在课桌上,我三步并作两步跨过去,几十双目光也追随过来。只见这小子歪坐桌前,双臂做枕,睡得正香呢,美好的课堂出现了不和谐的音符,教室成了卧室,我的课成了催眠曲,这岂不是对我这个当老师的讽刺吗?幸福感消失,不快和无名火从心里窜上来,我真想把他从座位上拎起来,狠狠训斥一顿,然后罚站,彻底赶跑他的瞌睡虫。然而,理智提醒我不能这样做,因为这样不仅会惊扰孩子,而且有失为师的风范,不是有这样一句谚语吗——"春困秋乏夏打盹,睡不醒的冬三月。"大人尚且有春困秋乏的时候,更何况是个少不更事、自控力弱的孩子呢?于是,我心里有了主意。这时,他突然转过脑袋来,我以为惊醒了他,谁知,这家伙咂咂嘴巴又睡过去了,简直像饱吃醋睡的小猪那般可爱,我忍俊不禁,"扑哧"笑出声来,这一笑气儿竟全消了,一帮孩子也跟着呵呵笑起来,于是,我对自己说:"就让他休息一会儿吧,养足精神,才会学得更好。"我冲同学们摆摆手,他们立刻会意,等我把目光移开,课继续进行下去,和煦的"春风"又"吹回来"……

"老师,我发现桃花红了,千树万树,汇成一片,像一片美丽的朝霞。""我发现杨柳绿了,一棵两棵,凝成一片,像一缕缕淡淡的云。""还有,春风吹蓝了天空,吹来了燕子,还把风筝也吹上了天……"这期间,我装着不经意的样子曾朝他瞥了两次,这浑小子嘴角淌着一串哈喇子,脸上竟挂着甜甜的笑,一定做了美梦,我不知他梦见了美丽的春天吗?

约十分钟后,"老师,还有……"李想的声音?循声望去,还真是他!点起来,这小子刚睡醒不仅不犯糊涂,还特精神,他大声说:"春风吹醒了青蛙。"我笑着回应:"是呀,春风吹醒了万物,瞧,还吹醒了你呢。"

"哈哈哈……"全班都笑了,那欢快的笑声在教室里回荡。李想也笑了,抓抓头皮,带着睡后的惬意和满足,笑得很不好意思。

我也欣慰地笑了,为自己小心呵护了一个孩子的美梦。

事情已经过去好久了,那一幕还常出现在我眼前,因为它带给我的思索远没有结束。我想,我们的课堂不应该只是学科知识传递的场所,更应该是人性教育的殿堂。严师易遇,仁师难得,做一名懂得尊重、理解,关爱、通晓激励、唤醒、鼓舞的仁爱之师,把学生作为完整独立的个体——"人"来尊重,了解学生的情感和精神需求,小心呵护,关怀备至,教师才能成为一把开启学生心灵的细腻的钥匙,我们的教育才会健康发展,孩子们才能健康成长。

▶老师,我要姓您的姓
吴厚珍

题记:"吴老师,我要姓您的姓。"七岁的雷拓突发奇想,不为别的,只因为喜欢老师!这真是件新鲜事,教了近二十年的书我还真没遇到也没听说过,可它就真真实实、实实在在地发生了。面对孩子清亮的眼神、真诚的眸子,为师的怎忍拒绝?

"唉!"每次批改到雷拓的作业时,我都会忍不住轻叹一声:这真是个特别的孩子……这不, 这小子的本子封面上总是赫然写着两个名字:雷拓、吴天。轻轻翻开本子,不用看,作业整洁、漂亮、而且全部正确。我挥笔写下一串大大的红钩和鲜红的一百分之后，会心的微笑，从嘴角翘起；幸福，从心底荡漾开去……

吴天，一个并不特别的名字，却代表着雷拓一个特别而真诚的心愿——老师，我想姓您的姓。

事情得从他上小学一年级下学期说起。

一天，雷拓同学的妈妈心急火燎地来找我："吴老师，儿子这几天闹着要跟你姓。把我闹烦了，就吼他一句：名字能随便改吗？真是无法无天了。嘿，小家伙就非要把户口本上的名字改成'吴天'不可。这孩子从小就驴脾气，老师，您说咋办呢？"真是件新鲜事，教了十几年的书还真没遇到也没听说过，我一时不知怎么回答，就先稳住家长："别急，我找雷拓谈谈。"

可两句话没问着，这孩子就哭了，"我就是喜欢吴老师嘛，就想要你做我妈妈嘛！""为什么喜欢我呢？""因为你最有本事。""不对呀，听说你爸爸是法学博士，中级法院的副院长，比吴老师有本事得多，你应该为有这样的好爸爸而骄傲啊！再说了，随父姓是咱中国人的传统呀。"这下孩子停止了哭泣，抬起圆圆的脑袋，倔强地回答："不，爸爸没你棒，他不会讲有趣的故事，他朗读课文不像播音员，也不会像你一样带着我们唱歌、跳舞。"哦，我明白了！原来，在年幼的孩子眼里，自己的老师才是天下最有本事的人，雷拓想跟老师姓，只不过是崇拜知识、崇拜老师，把给老师当儿子当成最大的荣耀罢了。

怎么办？思来想去，又和家长反复沟通，最后双方达成一致意见：为呵护这颗纯洁、宝贵的童心和向师心，我得认下这个儿子！

于是，我郑重其事地把雷拓请来，拉起他的小手，一板一眼地说："好吧，老师宣布，从今天起你就叫吴天了，但是，雷拓这个名大家都叫顺口了，也不必改，你把两个名字都写在本子上好不好？"孩子一听，笑出一脸的灿烂，一脸的兴奋。"不过，我有个条件。""什么条件？你快说，老师。"

孩子急切地询问,生怕变了卦。我故意顿了顿,盯着他那双清澈明净的眸子,极其认真地说:"你必须时时处处严格要求自己,要做就做老师妈妈最优秀的儿子!"孩子连连点头,一蹦三尺高,欢叫着"耶——",就一阵风似的卷走了。

从此,我多了"一双眼睛"观察他,呵呵,让我惊喜万分的是:改名后,这小子真的非常努力,表现越来越出色,成绩像猴子爬杆似的"蹭蹭蹭"就上来了。雷拓妈妈激动得不得了,逢人便讲儿子改名字的故事。《襄樊晚报》的记者听说后,赶写了一篇报道,题目就是《老师,我要姓你的姓》。文章刊出的当天,许多家长给报社打来电话,咨询怎么能把孩子转到吴老师班上。后来,报社值班的急了,一一转给我,问啥的都有,我不厌其烦地一一给人家解答。嘿,这下可好,我的手机成了咨询热线,还持续热了好一段时间呢。

随着"吴天"同学一天天成长,我们的师生情和母子情也在不断加深。每逢元旦、教师节,我准能收到署名为"你的学生、朋友、儿子吴天"的贺卡。去年,雷拓考取了省重点高中,他第一个给老师妈妈报喜,还表了一番决心,说三年后要报考重点大学,请吴妈妈静候佳音呢!

那一刻,做教师的我简直幸福得要晕了……

▶老师,你一定要说话算数

王 萍

新学期报名,七、八个孩子有作业未做完,还有三个孩子的补充作业只字未动。我非常气愤,用了很大功夫才弄清原因。说来有愧!教这帮学生三年了,每次放假前都要给他们敲边鼓:"按时完成作业,报名时我要认真检查作业,不合格坚决不予报名。"可每次都放了"空炮",只有这一次这样认真检查了作业。

没想到,五年级的学生会这样动脑筋地摸清老师的秉性,也学会了钻空子。平时,和孩子们在一起学习,一起生活,学生对老师的话总是坚信不疑,满怀希望的。老师为了鼓励督促学生不断地许诺,或许只是随口说说而已。可总是因为这样那样的原因使我们无法兑现自己的承诺,失信于孩子,次数多了,学生就认为你是一个"说话不算数"的老师。你呢,在孩子心目中的形象也会大打折扣。

人与人之间交往的基础是相互间的信任,老师和学生之间也是如此。教师尽量不要用"承诺"、"空头支票"来换取孩子今天的开心和努力,小则让孩子乏味,养成孩子的惰性,大则影响孩子健全人格的形成。所以,我想说:老师,你一定要说话算数!

▶孩子,你是不懂事还是太固执?

王华爱

题记:教育学生,不仅要看到他们的成长,更要关注他们的不足。

刚刚,是我们班的一名男生,做事非常拖沓,还爱撒谎。家长从来不跟老师沟通,即使是老师通知,也不见家长有什么反应,偶尔来到学校,也只是来接孩子,见了老师犹如遇见路人,从来没有半点表情。

对此,我感到非常奇怪。如果说家长不善言辞,不喜与人言谈,可总该关心一下孩子的学习吧。孩子的成绩非常一般,甚至只能刚刚过及格线。刚开始入学的时候,作业本上偶尔还能见到家长的一两次签字,可是后来,就再也见不到了。这不,孩子已经有两个多月没有交作业本了,发给他的本子不是弄丢了就是忘带了,再追问,就是闭嘴不谈,一个字也不说,两眼紧紧盯着老师,全无半点害怕,大有一副"我就不交我怕谁"的架势。

和很多老师一样,一有空闲的时候,我就把他请到办公室,拿出本子让他来补,与别的孩子不同,在办公室呆一节课,他也写不了一行字,因为他把时间都用在发呆上了。

他软硬不吃,对于他,我几乎无计可施了。

有时候想想,心里也愤愤然:家长都不闻不问,孩子也自暴自弃,何苦为他操心?

可是每次看到他年迈的奶奶接送他放学上学,我又莫名地感到心酸。这样下去,他的将来会怎样?

我决定改变策略,不再追着他要作业,只是私下让同学们督促他完成作业。课堂上,认字、记词、读课文这样简单的问题我都会点他,尽管总是出错,可同学们也会心领神会地不再笑他。

我不知道他心里怎么想,大概是不为所动吧。因为他的作业仍然不交,课本也依然常常忘带,课堂上还是那副嘻哈表情,是还没有开窍吗?

我不想放弃自己的努力,我只希望他能慢慢地体会到老师的用心,慢慢地取得哪怕是一丁点儿的进步。

▶老师,等等我

王华爱

题记:只要愿等,总会看到花开的时刻。

"老师,等等我!"这是入学三年来小林对我说的次数最多的一句话,这不,那天收测验卷时他又叫开了。"就你慢,天天像只小蜗牛。"我心里嘀咕着,却没敢发作,三步并作两步走到他面前一看,作文只写了一行,哎,真拿这孩子没治,无论做什么他都比别人慢一拍(写作文更是慢上加慢),两个小时的时间啊,其他同学都痛痛快快交了卷,他竟然又……我无声地摇摇头,伸手就去拽他的试卷。"不,老师,你等等我,我能写好!"一改往日无所谓的态度,他提高了嗓门,并用手按住了试卷,那诚挚的神情,近乎哀求的目光让我不由自主地松开了手……

曾经,我以为他写不出作文是写字慢的原因,为此我尝试让他练字,练速度,但却发现他除了写字慢外,还有一个更重要的原因是不会写,让他复述一件事,说了半天还说不出几个字,真觉得灰心啊,当老师的能有什么办法帮他呢?我也试过让他去读别人的作文,也试过与他一起完成作文,但收效甚微。后来我想,写不出作文很大的原因是没有素材,没有留心周围的事物,为此我又特意给他布置了一项作业,要求他天天写日记,记下自己想记的事情,唤起他写作的欲望。当然,这也要取得家长的配合,他的家长的做法常常让我觉得很感动,可怜天下父母心!他的父母每天都陪他做作业,他妈妈告诉我,他们常常要陪到深夜十一二点,听她这样说,我心里既感动又惭愧,我想我这样对他是不是太苛刻了?可不这样又有什么办法呢?

"老师,给,我写完了。"半个小时之后,他兴奋地叫起来,接过试卷一看,我惊奇地发现,他的作文破天荒竟有三、四百字,我抬起头冲他一笑,他就高兴得手舞足蹈起来,眼睛笑得弯成了月牙儿。

回到办公室仔细拜读他的"大作",又大吃一惊,天啊,竟然文字通顺,叙事清楚,文中还有对人物动作、语言、神态和心理活动的细节描写,其水平至少在中等生之列呢。原来他是很会写作文的!那一刻我看到了希望的曙光,竟激动得热泪盈眶!!同时,深深的愧疚也爬满了心头,是啊,以前,我哪一次理会过"老师,等等我!"的请求,允许他把考场作文写完过呢?又有哪一次我耐心地等待他把课文背熟、把问题的答案想出来过呢?想到这里,我把他找来,言辞切切,好一番鼓励,好一番语重心长,他开心地笑了,在我看来,那笑容是这世界上最美的花朵……

从此,我对他格外多了一份耐心,跑步,他落在最后,我停下来等等他,他会自觉地加快步子赶上来;做作业或测验,我等等他,他赶一赶,可以完成得很好;课堂上等等他,给他充裕的思考时间,他会想出答案来;再耐心一点,听他把想说的话说完,我发现他其实可以说得很精彩……

原来,小林就是一朵迟开的花啊,只要我愿意等一等,总会从他身上看到播下的种子开花结果。有时,我也悄悄地问自己,他现在上三年级,小学阶段也许还要教三年,三年啊,我能坚持等下去吗?呵呵,会的,我对自己说!因为当意志动摇时,我会提醒自己说:"请耐心等待一会儿,花儿就要开了,谁不愿意看到花儿开呢?"

▶那曾经被我遗忘的"另一半"

王华爱

题记:课堂不应该是少数学生的参与,后进生同样会给课堂带来意想不到的效果。

"叮铃铃……"在上课铃声的再三催促下,我才极不情愿地起身往教室走。这节课注定是一场平淡无味、自说自话的独角戏,既看不到"意外的"兴奋的表情,也听不到"意外的"争论,边走边想,我似乎看到学生们被动地等待着下课铃响起,灰暗的眼神里满是厌倦与烦躁……

哎,有什么办法呢? 一大早,数学老师就把班上的优生带到阶梯教室里上公开课去了———想起那帮孩子,我就不由得从心底漾起了笑意:他们真正是课堂上的小"明星"啊,平时,无论老师提什么问题,总能"兵来将挡,水来土掩",侃侃而谈,妙语连珠,课堂每每因他们而精彩。如果上公开课,他们就更来劲儿了,简直像钢琴上快乐的琴键那样,你方坐下我"弹"起,留下一串串快乐的乐音,赢来听课老师阵阵的喝彩,不仅为我挣足了面子,也让我这个当老师的找到许多成就感和幸福感。这不,今天数学老师也请他们去为自己露脸了。撇下的另一半嘛,或是事不关己、一问三不知的"木头人",或是唯恐课堂不乱、经常惹是生非的"小捣蛋",或是在下面说得热热闹闹,喊起来一言不发的"怪话匣"。这些孩子真够让人头疼的了,我常常会不由自主地想,如果咱班没这些人该多好啊!你说,给这样的一帮孩子上课,叫我怎么提得起精神来呢?

然而,我错了,而且是大错特错——课堂效果竟大大出乎我的意料!这节课我讲《鸟的天堂》一课,不仅上得顺当,甚至是前所未有的精彩!你瞧吧,三十多个孩子像注入了兴奋剂一般,一个个挺直了小脊背,坐得端端正正,小脸涨得通红,小手像雨后春笋一样争先恐后地举起,让我简直不敢相信自己的眼睛;你再听听吧,这个的问题提得多么巧妙,那个的回答多么准确;这个朗读课文娓娓动听,像个小播音员,那个辩论起来头头是道,像个小律师,让我简直不敢相信自己的耳朵;我的思维被这帮孩子激活了再激活,情绪被感染了再感染,我一边引领着,一边享受着,一会儿朝这个翘起大拇指,一会儿对那个发出由衷的赞叹,精彩纷呈的课堂使课文中描写的那鸟的天堂真正成了"鸟的天堂"!以至于下课铃响了好半天,师生都还沉浸在美好之中,久久不愿散去……

一次偶然,让我清醒地认识了班上曾经被我无数次忽略的"另一半",原来他们也是和优生一样聪慧灵动、善于表现、乐于表达呀,也应该是老师的宝贝呀,带他们的课三年多了,为什么我一直就没有发现呢? 我陷入了沉思。

反思自己平时的教学,哪一次不是为了完成课时计划,为了追求课堂教学的顺利进行,仅仅满足于课堂教学"我问你答"的精彩,沉醉在部分学生的出色表现中呢? 在部分优生的"垄断"下,另一半学生的星光被遮住,创造性被抑制,发言权被剥夺,他们躲在别人的阴影里,黯然失色,藏在被我遗忘的角落里,黯然神伤,长此以往,自然就形成了一半人"演戏",另一半"看戏";一半人"清醒",另一半"沉睡"的课堂怪圈,原来,自己以前所得意的精彩课堂都是牺牲了部分孩子的利益得到的, 我这个当老师的多么对不起这些可爱的宝贝们呀!

这次偶然事件使我清醒地认识到,课堂不是某一部分学生的,而应该属于大家,课堂的春天不仅要有繁花笑傲枝头,更需要肆意摇曳的"野草"或默默无闻的"小花"增添生命的气息。忽视"另一半"只能使课堂不完整,教学不完全,育人更是一种缺失,所以必须将今天的偶然变为必然,多关注他们,多搭建平台,多给予帮助,多倾听他们虽不完美却真实的声音! 这是教师向课堂投射的阳光、播撒的雨露,只有沐浴着师爱的阳光雨露,所有的学生才会在"课堂绿地"中焕发出勃勃生机与活力。

▶莫让承诺变成哄骗

杨 丹

题记:学生的心灵犹如鲜花上的露珠,需要我们精心呵护;教师的言行是孩子效仿的对象,需要我们树立正确的榜样。有时一句随意的许诺带给孩子的影响却是让人意料不到的。

何为师? 启功先生说:"学为人师,行为世范",其定义为,无论学识还是言行,教师时时处处都是世人效仿的楷模;何为"哄骗"? 词典里解释为:"用假话或手段欺骗人。""教师"——"哄骗",这两个词似乎没道理联系在一起,可身为人民教师的我,竟在不知不觉中哄骗了学生,并被学生当面指出来,那情景至今想起来还叫我汗颜……

那天,我们学习第13课《动手做做看》。课文讲的是法国科学家朗志万有一次向小朋友们提出了一个奇怪的问题,伊琳娜在妈妈的鼓励下,动手做实验后,发现与朗志万说的不一样。文中写道:伊琳娜生气地责怪朗志万:"你怎么可以提这样的问题,来哄骗我们小朋友呢?""哄骗"是个新词,也是理解课文、化解难点、突破重点的核心词。于是,我连珠炮式地发问:"知道'哄骗'是什么意思吗? 文中写谁'哄骗'谁? 朗志万真的在'哄骗'小朋友吗?"孩子们先通过查字典知道了"哄骗"就是欺骗的意思,然后结合上下文,没费太大的劲儿就弄明白了,朗志万并不是真的想哄骗小孩子,他只是想用善意的哄骗激发孩子动手操作的欲望,让他们懂得科学家的话也不一定都是对的,要自己动手做做看的道理。

引到这里,似乎已大功告成。但学习语文就要联系生活,于是我话锋一转,问:"在生活中,你也遇过这样被哄骗的事吗?"孩子们纷纷打开记忆的大门,举了好几个例子。突然,有一个声音说:"杨老师,你也哄骗过我们。""是吗? 说说看。"虽然心头一紧,但还保持着微笑,因为,我自信我是真心爱孩子的,绝不会做哄骗小孩的事,这小子一定记错了。

一个声音叫起来:"杨老师,你前几天说要带邮票来让我们欣赏的,怎么没带呢? 你骗人!"我一惊,是的,我的确说过,在学《邮票齿孔的故事》时,我问孩子们见过邮票吗?大部分都说没见过(怪不得孩子,现在是电子信息时代,已很少有人写信寄信了。)我告诉孩子们,我有好多很好看的邮票,可以带给他们欣赏,孩子们异常兴奋。第二天,孩子们追着问我把邮票给我们带来了吗?我重重地拍了一下脑袋,信誓旦旦地说"忘了,明天一定要带来!""第三天,孩子们又问起,我不无尴尬地说:"这——又忘了。"虽然那以后我也想过带邮票来,但每每一出门就给忘记了。后来就自我安慰道:"反正课已上过去了,看不看对他们来说没有多大关系。"因此就把带邮票的事情彻底抛到后脑勺了。

没想到,许下的诺言都成了欠下的债,这笔账都被他们牢牢地记在心上!也就因为这么件小事,我失去了孩子们的信任,一贯为人师表的形象被一个"骗"字撕得粉碎,想想真不值得啊!

孩子的话敲击了我的心扉,震撼了我的灵魂,也将我引入了深深地沉思之中:是啊,孩子的心是容不得半点虚伪的,即使你是老师!为了搞好自己的教育教学工作,在和学生相处的时时日日,我们这些做教师的常常会向学生作出各种承诺,很多时候只是一时闪过的想法,也许转身就忘了,或者因各种原因不能如实做到,素不知,天真无邪的孩子们还在眼巴巴地盼着——因为在学生眼里,教师是神圣的,是完美的,他们有时可以不听爸爸妈妈的话,但却愿意"亲其师,信其道",他们怎么想得到老师说话也会不算数,也会"哄骗我们小朋友呢?"

学生的心灵犹如鲜花上的露珠,需要我们精心呵护;教师的言行是孩子效仿的对象,需要我们树立正确的榜样。

▶做一名心灵的守护者

杨　丹

　　题记：作为一名教师没有能力点燃火种，但绝不能熄灭火种！面对眼前同样充满好奇和天真的孩子们，要珍惜，更要努力让每一个孩子的心中充满阳光，让每一个孩子在爱的抚慰下快乐成长。

　　有人说过这样的一句话："老师不经意的一句话，可能会创造一个奇迹；老师不经意的一个眼神，也许会扼杀一个人才。"

　　昨天的语文课上，当我讲到"我相信我们每个同学身上都有闪亮的光点"时，一名学生竟然情不自禁地脱口而出："老师，我身上有闪光点吗？"我听了这声幼稚的发问，心里感到一颤，循声而去，哦，原来是小飞同学。这时他的眼神充满期盼，脸上露出疑惑，望着他一脸的纯真，我马上说："小飞同学，你身上怎么会没有闪亮之处呢？你热爱劳动，乐于帮助同学，还有诚信的可贵品质。"当我表扬他拥有诚信时，不少学生马上举手反对，纷纷指责他言而无信，还列举了许多事例说明。但我依然为他据理力争：一次放学，我请小飞留下补作文，但临到放学时，突然有家长找我谈事情，小飞找了我好几次都没找着，于是写了张留言条，说是第二天一早到校马上交作文本。第二天一早，我刚踏进办公室，他就来交本子了。可见，他是个有诚信的孩子。尽管他做过不诚信的事，但只要诚心改过，依然值得大家的信赖。学生们被我的话打动了，没有再站起来反驳了，这时的小飞低下了头，似乎在反思，似乎在为以前所做的事感到惭愧。

　　下课回到办公室，我也在反思：他是一个学习成绩比较差的孩子，分数经常在及格线上下徘徊，我知道他经常受到同学的嘲笑，因此他是自卑的。由此我想到：一个总是低着头、弯着腰走路的孩子，他的骨骼必然会变得弯曲;同样,一个自卑的孩子,在人前人后抬不起头来,他的心灵也必然会出现不同程度的扭曲。孩子,需要昂起头来走路,需要昂起头来做人,我感到这是多么重要!课后,我找他谈了话,要让他学会面对现实、接纳自己,并善于扬长避短,发挥自身优势,找到属于自己的快乐。

在今天的语文课上,我欣喜地发现小飞勇敢地举手发言了,尽管他所答的问题很浅显,很简单,尽管他的回答在其他学生眼里不屑一顾,但他能站起来,能主动发言了,可见他的心理开始拥有阳光了,虽然只是斑斑点点的阳光,但我相信,从今以后小飞不再是低头弯腰的孩子,一定是个抬头挺胸,坚强而快乐的孩子。

作为一名教师没有能力点燃火种,但绝不能熄灭火种!面对眼前同样充满好奇和天真的孩子们,要珍惜,更要努力让每一个孩子的心中充满阳光,让每一个孩子在爱的抚慰下快乐成长。孩子的心灵是纯洁而美丽的,如水晶;孩子的心灵是脆弱而易碎,如玻璃。作为教师不但要欣赏着他们水晶般的心灵,而且更要保护着他们玻璃一样易碎的自尊。

▶爱的回报

郑亚莉

题记:每个孩子心中都有一块情感的芳草地,只要我们用心去播种、去耕耘,相信就一定能有丰盈的收获。

那年开学初,一场突如其来的疾病袭来,来不及与班上的孩子们道别,我便匆匆请假回家休养。身在家中,每日受病魔的煎熬,虽对孩子们心有牵挂，却已无力顾及。躺在床上与搭班老师的电话联系中，才知道孩子们都很挂念我。手机上不时也会收到一些家长、学生的问候与祝福之语，总令我内心不由涌起一阵阵暖流。

这天，受尽病魔煎熬的我无力地躺在床上，想到自己因为身体不争气，误了孩子们的学业，心中充满了自责和牵挂：课有没有拉下？那几个令人头疼的孩子是不是又没做完作业？再加上浑身难受，内心郁闷到了极点。忽然，手机铃声响起，接通的一瞬间，那头传来急促而亲切稚嫩的话语："郑老师，您家住在哪儿？我们来看您了。"是我的学生们来看我呀，想不到孩子们这么牵挂我。欣喜激动之余又不免有点担忧，自己的病会不会对孩子们的健康不利？于是在电话中百般地解释，劝阻他们到家来。孩子们急了，电话中传出了抽泣的声音，我实在不忍心了，拒人千里之外多没有人情味儿呀！拗不过孩子们的百般哀求，勉强答应了。没过多久，楼下便传来了一阵阵呼喊："郑老师，郑老师！"伴随着一阵阵轻快杂乱的上楼声，门铃响了。我打开门，看到了十几张红扑扑的小脸和一双双稚嫩而又充满关切的眼睛。孩子们簇拥在门口，双手送上他们带来的一份份礼物，同时送上一声声真挚的问候和祝福，我的内心顿时涌起一阵阵暖流。无意中，我发现了几个曾经令我头疼的孩子，他们正羞涩地藏在人群中，默默关注着我。没想到他们也来了，我的眼睛湿润了，心中不由涌起一份复杂的情感，有感动，也有愧疚。哦，孩子们，平时老师没少批评、训斥你们。可谁知，你们却时刻牵挂着老师，不辞辛苦地来看望老师。我还能说些什么呢？"谢谢！谢谢！"我的声音有些哽咽了，一时无语，孩子们的小脸上写满了久违的兴奋与喜悦，似乎还想多和我说些什么，还想再和我呆一会儿。但……我猛然想起自己的病情会对他们有所影响。看着那期待的眼睛，我真不忍心拂却那份真挚心意。理智克制了我，我一遍遍催促着他们离去。孩子们离别时不舍、失望的神情，却又让我心痛了很久。谁说孩子们不懂事，不懂爱,他们才是人间最懂得爱、懂得回报的小天使、小精灵。虽然只与他们相处两年,虽然相处的日子中有爱也有"恨",那是恨不成钢的恨啊!但此时我却收获了,收获了他们的关爱和温暖,收获了一份份爱的回报。

其实,每个孩子心中都有一块情感的芳草地,只要我们用心去播种、去耕耘,相信就一定能有丰盈的收获。

▶面对学困生

王 曼

题记:面对学困生,首先要改变的是自己的心态。

我班有几个特差的学困生,开始时我还可以很耐心地慢慢教他们,可是到现在我真的越来越感到无能为为了。就像我教他们$7 \times 3=21$,他们通过背口诀能记住,要是再问"$21 \div 3=?$",他们会呆呆地看着你,一声不吭,问急了,他们会说出一些五花八门的答案来,天啊!这可叫我如何是好?

面对这样的学生,我究竟是一种怎样的心态?我在自己枯燥的语言库中无法确定。你不管这些学生吧,考试会拉掉班上的平分,管吧,因为基础太差,态度也不踏实,简直老虎吃天——无从下爪,真是苦恼!

现在的我时不时地会用"暴跳如雷"的态度来惩罚自己和孩子,虽然每次我都对自己说:要心平气和,但一看到那几个不会又不好好学的孩子,我怎么也压不住自己的火气。可事实是,我这种态度对他们来说根本毫无意义,能开溜他们还开溜,上课照样玩得乐此不疲,而留给我自己的只是沮丧、徒劳和挫败感。用老爸的话来说:"老师都是恨铁不成钢,但是靠恨,铁终究也不能变成钢。"看来在选择行之有效的方法前,我必须先改变自己的心态。

对于这些成绩不好的学生,我既然一时无法去改变他,就要多去帮助他。只能先帮助,得到他的信任,才能改变他。经过观察,我发现,他们之所以不听讲,是因为根本听不懂。数学中的各个知识点都是环环相扣的,学习中少了不少环节,到了后面根本就接不上了,怎么会听得懂? 这个时候就只有一条路可选了:抽空补差,让他们慢慢拾回学习信心。虽然后来是学得还是不理想,至少有了些许信心,只要考试成绩有进步,那怕是不及格,也值得表扬。

心态转变了,心情也好了许多。现在我面对学困生的心态变得平和、积极了,我相信,慢慢地就会让我忘记他们是学困生,因为在我的期待和努力中,他们一定会进步的。

▶墨水打翻以后

邓正玲

题记:宽容是一束阳光,能温暖学生的心。

今天第一节课是我的课,像往常一样我拿着书往教室走。还没到教室就听见里面有吵吵闹闹的声音。我往教室门口一站,顿时鸦雀无声,个个神色紧张。我再往讲桌上一看,全明白了:我的半瓶红墨水泼了一桌,那惨状可想而知! 一股怒火油然而生,但理智令我强压住火气走进教室,还没等我开口,班长田亦隐怯生生地走到我面前说:"今天一来,桌上的红墨水瓶就不知被谁碰倒了,我问到现在也没人承认。"我扫视全班同学,有的焦急,有的惊奇,有的害怕,有的愤愤不平,有的一副事不关己的神情,有的甚至在等着看一场好戏上演。……我想现在我发火估计也查不出什么个结果,还不如换种方式教育他们。想到这儿我拿起抹布,心平气和地一边抹桌子,一边说:"谁不会犯错误呢? 再说这也不算错误,我想他一定是不小心碰的……。"班长见这情景,连忙走上来说:"老师,我去打盆水。"接着又上来几位同学,他们有的抹,有的洗,一会儿就把讲桌收拾干净了! 看到这情景,我心里暖洋洋的,我想:墨水瓶是谁打破的已经不重要了,重要的是我看到了一颗颗宝贵的童心……

▶排在最后

范智红

题记:不管是在学生中,还是生活中,有时排在最后并不是一种退缩,也不是一种胆怯,它是一次创造最佳学习的时间和机会,更是一种从容的智慧,如果每个学生都去用心留意身边最佳的学习机会,必将会更出色、更优秀。

每当学生排队改错时,我班总有几个学生磨磨蹭蹭排在最后改,一看到排在最后的学生,我的心里就立刻产生一种不快的感觉,我认为这样的学生肯定又是上课没听讲不知道怎么改。但不久前,一名排在最后的同学改变了我先前的看法。

那一次作业改错时,当我宣布完必须改完错题才能回家后,许多学生飞一般地冲向我,在一阵你推我搡的拥挤之后终于排好了队,全班仅剩了两三个人坐在那儿没动,其中就有小锋同学。我想,他可能还没改完错,我也没在意,开始检查孩子们的作业。作业已经检查了一大半后,我抬头发现,他仍然坐着没动,但也没写作业,而是紧盯着剩下的一半队伍数来数去。我想:"他可能是嫌人多,排队太麻烦吧!"当最后只有两、三个学生排队时,他才不紧不慢地排到队伍最后,很快改到他的了,我随口问一句:"为什么一直坐着,不抓紧时间过来排队呢?"他说:"我与其与同学挤来挤去排队等候,还不如利用这点时间来看点书,做点其他事。"我赶紧夸他一句:"你真会利用时间学习啊!"他却不好意思地笑着说:"其实我排在最后是想请教你几个问题。""你排在前面不是也可以问吗?"我笑着问他。没想到他的一番话让我很受启发,他说:"有时候排在最后不一定就不好,比如考试排名最后了,可以促进我下次考好。而在改错时,我特意来排最后,这样面对我这最后的一个学生,你就会有更多的时间来用心发现我的每一个错误,而且我也有机会求教你其他的问题,这不是很好吗?"

原来,不管是在学习中,还是生活中,有时排在最后并不是一种退缩,也不是一种胆怯,它是一次创造最佳学习时间的机会,更是一种从容的智慧,如果每个学生都去用心留意身边最佳的学习机会,那么我们学生将会更出色、更优秀。

▶幸福就在身边

李运梅

题记:师生关系的最高境界是相互欣赏。惟有这样,师生关系才会水乳交融,并达到教学相长的目的。

"起始于辛劳,终结于平淡",这是教师的人生写照。但是,我们既然选择了这份职业,就应无怨无悔,保持平常心态,用心去品味它给我们带来的幸福。

天下孩子千千万万。在我们的教学生涯中，仅有其中的几十个、几百个能走进我们的课堂，成为自己的学生，这是一种缘分，一种幸福，更是一种责任。我们得珍惜这种缘分，享受这种幸福，承担这种责任。

让我们走进学生中寻找属于我们的幸福吧，我们的心血会在学生身上时时刻刻地溶化，然后浇灌棵棵幼苗、萌芽、生长。虽然有的孩子淘气贪玩，反复叮咛的话儿被当成耳旁风，纠正几遍的错误会接连又犯，桌椅摆放歪了，作业又忘带了——但我知道，这就是孩子，孩子怎能不犯错？俗话说"十个指头有长短"，孩子各有差异，怎能整齐划一？我会悄悄地告诫自己，少一点挑剔，多一些理解；少一些批评，多一些微笑——让学生在我们的理解中成长，让我们在自己的宽容中幸福。

走近孩子，蹲下身子，我们会发现，其实孩子进步已经很大——虽然听写又错了好几个，课文背得还是结结巴巴，但是我知道他已经努力了；蹲下身子，我们会发现咱们班的孩子真的非常懂事——刚才还被老师批评得痛哭流涕，但一转身依然一脸灿烂地帮着分发作业本，或许他已明白老师的严格也是爱；蹲下身子，我们还会发现咱们班的孩子有时也很勇敢——虽然因为调皮擦伤胳膊碰破额角，但就是不流一滴眼泪，像个男子汉——蹲下身子，仰望我们的学生，欣赏我们的学生，在赞美中给他们播撒幸福，我们也会因学生的幸福而倍感幸福。

静静地用心感受我们正在经历的一切，珍惜我们所拥有的一切，真的，幸福就在你我身边。

▶嘘声一片

吴 平

题记:要有足够的智慧,允许学生喝倒彩。

今天上午第一节课,六(1)班又捅漏子了。

田华老师告诉大家:上午第一节课徐主任、邱主任要带着几位襄城区跟岗学习的校长要到六(1)班拍几张"实录"——校长们讲课的照片,邱主任要求同学们务必配合。话未说完,立刻引来嘘声一片:

"弄虚作假呀!"

"这也太虚伪了!"

"什么嘛? 太不道德了……"

"这不是教我们做假吗……"

……

教室里立刻乱成一锅粥,跟着田华一起进来的跟顶岗学习的那位女校长尴尬极了,脸上红一阵白一阵……

上课了,当我阴沉着脸走进教室时,全班顿时鸦雀无声。我以一种惯有的平缓而威严的语调说:"上节课起哄的请站起来"。同学们面面相觑。

不知谁在下面嘀咕一句:"站就站,又没说错!",齐刷刷竟站起来一大片,其中居然还有几个平时特别乖巧的女生,我不动声色瞟了一圈:"说说吧,我愿做你们忠实的听众。"

班长先站了起来,一副敢作敢当的样子:"我先起哄的,我觉得那样做太假了,那个老师根本没在我们班讲过课……"

屈俊杰又抢话了:"我们应该有知情权……"

但雨晨小心翼翼地说:"老师应该尊重我们,突然闯进课堂,有点不妥当。"

蔡镇宇站起来，息事宁人地说："其实大家没说什么，只嘘了几声，我在写作业，根本不知道发生了什么事。"此言一出，立刻招来全班鄙夷的目光。

邓立贤突然冒了出来，明显针对蔡镇宇："风刮两面倒，说了就说了，老师你不是经常教育我要敢于直言，坚持真理吗？"

全班的眼光都投向了我，我意识到这不是个简单的是非问题，我快速地思考着对策。

我背着手，在教室里走了一圈，然后在讲桌前立定，用了抑扬顿挫的语调说道："向你们独立之人格、自由之精神、民主之思想致敬，对于此事，校方会给大家一个合理的解释，并会用文明、民主的方式解决问题，请坐！上课！"

这件事就这样被我"雷声大，雨点稀"地解决了。

出乎意料的是，接下来的语文课，同学们情绪饱满，精神十足，发言是空间的积极，课堂是空前的热闹。

下课了，我夹着书本走出教室，不由想到：在精神奴役、权威压制的气氛中能有这样的课堂吗？只有在尊重学生、尊重学生个性心灵和其精神世界的独特性之下，课堂才会激情飞扬，师生才会和谐共振。

嘘声一片，启发无限！

▶爱在举手投足间

李运梅

题记：做一朵爱的云彩，化作无声的细雨，滋润那干渴的土地和稚嫩的花草。

爱的艺术在我们的学习和生活中无处不在，大到一件事的裁决，小到一个细节的处理。正所谓教育无小事，事事都育人。也正如教育专家魏书生所说："光强调教师要爱学生是不全面的，还应该具体研究怎样去爱。想爱还要会爱。如果不会爱，原来想爱，后来也会变得不爱。"是啊，魏书生老师说得真好。在教育实践中，我更加深了这份认识。

小樊同学上课经常做小动作，听讲不专心，不能按时完成作业。我没有放弃他，而是时刻关注他，并请学习成绩优异的学生与他同桌，当他的小老师，教他如何学习。平时我抓住他的点滴进步，不断鼓励他，在同学面前夸奖他是个聪明的孩子。一次考试后，我把他叫到办公室，拿出了他的试卷。见许多题都答错了，他惭愧地低下了头，我没有责备他，而是和蔼地说："我知道这些题你都做，你愿意重新再做一遍吗？"他默默地点了点头。我让他坐下，用卷子上每一道题逐一向他提问，他以口头方式进行回答，结果大部分都答对了。我高兴地说："你很棒呀！"这件事后，小樊与从前判若两人，学习成绩不断进步，有次单元测试还得了92分的好成绩呢。

学生青青脑子很灵活，课堂上表现也很好，可是听写生字却总是很差劲。有一次，她又写错了很多，我就把她叫来，让她把写错的字重写了一遍，结果全对了。我就给她重新打了分数，并对她说："小姑娘，老师发现你很聪明，相信只要你认真，将来一定什么事都干得好！"从那以后，她几乎每天都有进步，令人惊喜。

小帅性格内向，不善与人交往，总要我行我素。有一次，他又不戴红领巾，被值日生查到，班级自然被扣分。同学们生气地向我告了状。我走到他跟前平静地问："你为什么不戴红领巾？"他理直气壮地说："我就不想戴，戴在脖子里很难受，一点儿也不舒服。"听了他令人哭笑不得的理由，我没有动怒，也未讲任何大道理，而是我从他口袋里拿出红领巾，温和地说：

"来,老师帮你戴上,好吗?保证你舒舒服服的。"说完,我轻柔地帮他整理好衣领,将红领巾放到领子里。整个过程中,他一动也不动,头一直低着,脸红红的,写满了害羞和激动……

大鹏长得胖乎乎的,平时不爱运动。一次,同学们都排队出去做操了,他仍不慌不忙地写着作业。我说"快点儿!"他却不耐烦地嘀咕着:"催什么,烦死人了!"竟敢说老师烦?我大声喊道:"你是不是想偷懒,不愿做操了?"他这才抬起头说:"对不起,我的作业还没做完呢!"一双亮亮的眼睛望着我,此时,我反倒感觉出自己是急躁了些,怎么动辄就给人扣上偷懒的帽子呢?原本在他心里装的是学习呀!从此,再遇到类似的事情,我常常会站在孩子的立场上去思考,始终相信他们是可爱的,具有美好的情感。

教育心理学上讲,调动学生积极性不仅取决于教师的责任心和教育能力,也取决于教师的真诚,取决于教师对学生的热爱。在对学生施爱的过程中,我们多讲究一些方法,用爱的艺术给学生一份真真正正的爱,这是我一直在探索与追求的。我愿意去做一朵爱的云彩,化作无声的细雨,去滋润那干渴的土地和稚嫩的花草。

▶用我的真心换你的微笑

梁玉梅

题记:每一个孩子都是祖国的花朵,祖国的每一朵花朵都值得我们呵护,都有她盛开的理由。那些看起来并不美丽甚至是有点残缺的花朵一样可以芬芳四溢,前提是,老师,只要你愿意辛勤浇灌。

记得两年前,我刚接这个班,班上有一个女孩叫小安,性格内向,在校从不多说一句话，每次考试都不及格。男生和女生都欺负她。由于过早的身体发育，她看起来比别人显得"笨拙"一些，大家都叫她——安大妈。

一天，一名学生从她身边经过，随手拿了她的文具盒，丢进垃圾箱。面对这些，她毫无反应，事后家长询问笔盒的下落，她才支支吾吾说出原因，接下来就是家长对她的谩骂，同学的嘲笑。强烈的责任心驱使我要为这个自卑、可怜的孩子伸张正义。了解事情的缘由后，我当着全班学生的面严厉地批评了肇事者，勒令他赔偿一个新的笔盒，并宣布再有类似的事情发生一定严惩不贷。"杀一儆百"的做法很快见效，没人敢欺负她了，小安也一天天胆子大起来。但我知道，要想使她彻底摆脱自卑的阴影，必须走进她，和她交朋友。后来，略施几个小策略，让我明白：老师的真心关爱能改变一切。

由于个体差异，小安接受能力比别人差一些，尽管家长尽了最大努力，她及格的次数也很少。有一次课后，我把小安叫到一旁，将她的一张考卷递给她，那上面的答案全错了，"我知道你会做这些计算题，让我们再来一次好吗？"她点点头。我挨个儿将考卷原题让她做，她每答完一道题，我都微笑着说："答得对，你真聪明，我知道你其实懂这些题目。我相信你的成绩会好起来。"我边说边在每道题上打上钩。她见我面对不及格的试卷没有冷眼相对，出口骂"笨"，反而耐心讲解，真心表扬，脸上露出难得的笑容。我知道我离成功又近了一大步。

课堂上，我把小安的试卷展示给大家看，同学们都为她的进步感到高兴。"同学们，你们知道吗？每一个孩子都是祖国的花朵，当你愿意接近她的时候，你就会发现她一样在努力盛开，一样有着美好、芬芳和甜蜜。你们愿意接受她，和她做朋友吗？"我的话音一落，教室响起掌声一片……

▶把快乐还给孩子

刘晓云

　　题记：孩子是这个世界的天使，他们也是这个世界的旅行者、发现者和创造者，他们拥有成人所无法拥有的灵性，把快乐还给孩子，他们一定会还你一份精彩。

　　当铃声响起时，我手捧课本、作业本，无奈地站在教室门口。这一节本是孩子们喜欢的美术课，美术老师因病请假，只得由我来顶了。我早已习惯了这种无奈——每当有其他老师因为各种原因不能来上课，总是由我们这些语数老师临时来顶替。

　　上课之前，我已做好安排，这节课复习生字、报听写。正兴致勃勃唱歌的孩子看见我出现在教室门口，目光分明黯淡了下来，有的已无精打采地趴在了桌子上。"唉，又是语文课……"听着这样的抱怨，我心里也很不是滋味。是呀，他们还是一群六七岁的孩子，应该在幻想和创造的世界中去观察、去思考，整天把他们禁锢在机械的记忆和抄写中，是残酷的，为什么不给他们上一节美术课呢？

　　看着孩子们桌上摆放的橡皮泥，我想到了儿子小时候，自己和他一起玩橡皮泥时欢乐的情景，何不跟这些孩子们一起玩橡皮泥，把快乐还给他们呢？

　　想到这里，我对他们说："这节课，刘老师和大家一起玩橡皮泥……""吔！"没等我把话说完，孩子们已两眼放光，兴奋地叫了起来。

　　不一会儿，他们已安静地沉醉在自己的创作中，五颜六色的橡皮泥在他们手中变成了形态各异的人物、动物、植物。在孩子们中间穿行着，每一件作品都让我惊喜,让我赞叹。

我得承认,孩子是这个世界的天使,他们也是这个世界的旅行者、发现者和创造者,他们拥有成人所无法拥有的灵性,把快乐还给孩子,他们一定会还你一份精彩。

▶花　香

陈会芳

题记:一朵花,不论其品种是否名贵,不论其颜色是否鲜艳,只要花开,就能闻着花香。

今天,我对林田生有了新的认识。

林田生,6岁多一点儿,是全班最矮的一个,父母在南方做生意,上有两个姐姐,他妈妈说老家的教育质量好,就把他留在大字不识一个的奶奶身边上学,但早先娇宠惯了的他,已不是奶奶能驾驭得住的。一上学,爱动,不愿写作业,不讲卫生等不良习惯逐一暴露出来,很是令我和姜老师头疼。

下午,计划第二节一上课姜老师先布置作业,然后我们一起组织学生打扫卫生。过了一会儿,班长毛沐凡把我从办公室叫出来,看全班同学已把凳子搬出来坐在门前的操场上。我很是欣慰:姜老师很能干,这么短时间,能让一年级孩子做到这种程度! 于是我叫了几个个子高的孩子,和我们一起往外搬桌子。堆放在走廊上。出出进进,几个来回。感觉有点累了,但很清楚没有休息的余地,后面的活儿多着呢! 而且一年级的小不点儿不像高年级的孩子能自主打扫,全指望着老师呢! 我正这样想着走着时,只见一张桌子正从里往外移到了门口,斜上方只露一个小额头,这是谁? 被桌子压成这样!赶紧接过桌子一看,原来是林田生,他背着书包,用力地抱起桌子往外走,桌子把他的眼睛都遮住了。我很是心疼:"快出去,别把你累着了!"等我重新走进教室,发现林田生并没有听从我的吩咐,仍在教室继续搬桌子时,心底不由得升起一阵感动,我就不再催他出去,一转身,用红粉笔在黑板上重重地写下"林"字,这是我上课一贯用的表扬方法。我要让全班同学通过这个红色"林"字,感受到林田生人小心不小的精神和力量。果然,那几个搬桌子的孩子加快了步伐,很快搬出了全部桌子,林田生也坚持到了最后。

是啊!一朵花,不论其品种是否名贵,不论其颜色是否鲜艳,只要花开,就能闻到花香。像林田生,虽然弱小,身上还有这样那样的不足,但是这次的大扫除中,却像一朵小小的花绽放开来,给我们带来一股清香,我欣赏,我陶醉。

▶将"签字"进行到底

邱晓莉

题记:前苏联教育家苏霍姆林斯基说过这样一段话:"儿童只有在这样的条件下才能实现和谐的全面的发展,就是两个'教育者'——学校和家庭,不仅要一致行动,要向儿童提出同样的要求,而且要志同道合,抱着一致的信念,始终从同样的原则出发,无论在教育的目的上,过程还是手段上,都不要发生分歧。"

"请邱老师给杨雨聪把第五大题第3小题讲一下,这个题目应该是对的。如果可以,请把分数更改一下,这样可以给孩子一些鼓励,激励他以后做作业更认真一些。"这段话是杨雨聪的妈妈在第四单元《100以内数的认识》的考卷上签的字。看到这些签字后,我的第一个感觉是:我是不是把题讲错了?赶紧翻开试卷,找到第五大题的第3小题。这是一道判断题:一个数里面有9个一,8个十,这个数读作89( )。很明显这句话是错误的,数学老师都知道,一个数的读作和写作是不一样的,例如:89读作八十九,写作89。为了学生们便于记忆,让他们背了"读作用大写,写作用小写"的口诀。在这里"大写"指的是一、二、三……小写指的是1、2、3……证实了自己并没有把题讲错,我心中又涌起了说不清的滋味,"再看家长签字:请把分数更改一下,这样可以给孩子一些鼓励、激励。"我又没把题讲错,又没把分数算错,而且杨雨聪的这份考卷得了95分,并不低。家长的签字好像在指责我不负责任,不信任我,越想心中越不是味儿,怎么说也要为自己平平反吧。于是当即拿起电话,拨通家长的电话,告诉她,这道题是应判断错的,而且给她简单讲解了一个数的读作和写作的不同,并告诉她数学是很严谨的,一字之差就差之千里,并让她在家里把数学书上的例题看一看。电话那头的家长没有辩解。放下电话,心情平静了许多,但那种被人"否定"的感觉仍让我不舒服。

还是刘老师一语惊醒了我这个梦中人。"你想想,还有很多家长连卷子看都不看,毕竟这位家长在关注她的孩子了!"刘玉梅老师话虽不惊人,但让我顿时清醒了。是啊,老师和家长的培养目标是一致的,都希望孩子们能掌握所学的知识,有优异的成绩。在教学过程中,孩子的成长离不开家长的支持与配合,家长在关注自己孩子的时候,可能有不可取的方法,也有可能对老师误解的时候。但是,若能和家长及时沟通、交流,双方共同努力,那孩子的进步不就指日可待了吗?

我认为,让家长在作业和考卷上签字也是和老师交流的一种方式,更能让家长了解孩子学习的状况。从新学期开始,我都要求学生家长在考卷上签字,从起初的"家长已阅""家长已看"到现在的"有进步,继续努力"、"继续努力,改正马虎的毛病,做完作业要认真检查"、"错误已改,分析原因主要是马虎,希望下次做题时认真、专心,让老师、家长、自己都比较满意"等等,从签字中我感受到家长对孩子的关注,对孩子的期望,对孩子点滴进步的肯定……更使我有种义不容辞的责任。我应该感谢杨雨聪的妈妈,是她让我清醒地认识到,在上课时,改作业时一定要严谨、认真,不容出现半点错误,所以,我将继续把"签字"进行到底!

▶老师,我向你挑战!

刘晓云

　　题记:教育不是牺牲,而是享受,在教育中享受着生命,和学生一起成长,采摘一路的幸福果实。

　　这些日子一下课,男孩子们就三五成群地或蹲或跪围成一圈,小脑袋凑在一起,兴致盎然地拍起卡片来,一见我走来,便作鸟兽散。卡片收了很多张,也在班上强调了很多次,拍卡片会扬起尘土,对健康不利,希望男孩子们下课后玩玩别的游戏,可却屡禁不止。

　　这不,几天前又有几个男孩子玩卡片被我抓个正着。怎么办呢? 没收卡片后批评一顿? 作用不大……望着一个个小调皮鬼,我有了主意。

　　下课铃声一响,我让孩子们安静下来,说:"昨天,我学会了一个拍手游戏,现在我教你们玩。"一听说老师教他们玩游戏,孩子们又惊又喜,个个瞪大眼睛望着我。

　　游戏很简单,两人按一定节奏击掌,可以锻炼孩子的快速反应能力。

教完游戏,我说:"谁来向我挑战?""我!""我!"一个个小捣蛋鬼跃跃欲试。逐一请上台后,纷纷成了我的手下败将。不少孩子还不服气,要继续挑战。"这样吧,以后好好练,每节课后我都等着你们来向我挑战。"说完后我走出教室,身后立马响起"啪啪"的击掌声……

就这样,孩子们纷纷在课间苦练拍手游戏,再也看不到撅着屁股趴在地上拍卡片的现象了。一下课,就有孩子跑到我面前,"刘老师,我向你挑战!"于是我的身边马上聚拢起不少孩子,大家专注地看着我们手掌翻飞,期待着能成为下一个向老师挑战的人。

"刘老师,我向你挑战!"听,办公室门口又响起孩子们的叫声,呵呵,我得去应战了!

▶流泪的感觉真好
代道琴

题记:其实,孩子们的情是纯真的,和他们朝夕相处的日子应该开心,更应该像他们那样拥有一份童真。

机械地重复着每一天的生活,平凡而繁琐,让已步入中年的我日渐麻木。我不再有天真浪漫的想法,也不再有纯真可爱的念头,仿佛这所有的一切都随着时光的流逝而渐行渐远。在如此心境下,我唯一想做的是平淡地生活,日出而作,日落而息。也许正是这份心境,让我很少再流泪,那份流泪的感觉仿佛已被我遗忘。

今天是"六一"儿童节。像往常一样,我急步跨进教室。"祝同学们节日快乐!""我们也祝老师开心快乐!"听着那异口同声地祝福,望着那一张张灿烂的笑脸,刹那间,我的眼眶湿润了,一时间,我不知该如何去梳理那份久违的情感,也许我原本就是一个多愁善感之人,只是被那苍老的心境所蒙蔽了。"表现这么乖,今天,我请客。放学后,一人奖励一根雪糕!"教室里传来一阵尖叫。"马上安静下来,否则老师很生气,后果……""很严重!""连老师的话都敢抢白,反了啊……"呵呵,我开起了玩笑,玩笑过后,师生笑作一团……

其实,孩子们的情是纯真的,和他们朝夕相处的日子应该开心,更应该像他们那样拥有一份童真,不去在乎生活中的起起落落。当久违的泪水重回眼眶时,我只想说,流泪的感觉真好!

▶永不言弃

代道琴

题记:今后的路还很长,对每个孩子不离不弃,将是我人生的追求。

等待花开需要一年的光阴,看着花谢只需一天的时间,行走在这条教书育人的人生路上,我们虽渴望桃李满天下的辉煌,但更应该拥有对每个孩子永不言弃的情怀,也许只有这样,才能演绎教育真正的精彩。

黄文琪是一个着实让人头疼的孩子:经常迟到,经常不交作业,虽请过几次家长,但家长总以生意忙推托。开展"课外访万家"活动以后,我和邱老师决定把家访的第一站放在黄文琪家。

虽说今年是个暖冬,但寒风仍旧把脸吹得生疼。一路上,我们讨论着该怎样和家长交流,如何和家长一起把这个孩子引上"正路",然而,当敲开门,走进屋子里的一瞬间,眼前的一幕让我们着实吃了一惊:客厅的茶几上摆满了各种零食和快餐面的袋子、饭盒,茶几的一角,还有一桶正冒着热气的快餐面，一屋子里弥漫着快餐面的味道，看着这个满嘴红油、满脸灰尘的孩子，我们呆在那里，一时间不知道该说什么好。孩子告诉我们，妈妈已经出差一个月了，爸爸由于工作原因经常下乡，早上很早就出门了，晚上很晚才回来，有时，他都睡下了，爸爸还没有回来，家里也没有老人来照顾他，爸爸就每天给他一些零用钱，让他自己照顾自己。我们这才明白，孩子为什么经常迟到，经常不能完成作业了！我们边称赞孩子能干，懂事，能照顾自己了，边帮孩子把垃圾清理干净，告诉他父母忙自己的事业顾不了他，其实心里也一定很担心他，但是学习是自己的事，不能因为父母不能及时地督促就不完成学习任务，现在通讯很发达，如果遇到难懂的问题，可以打电话请教老师，求助同学。如果觉得不方便，可以第二天到校后，听同学讲解，听老师分析，但不能不交作业，至于每天早上迟到的问题，可以让爸爸多定几个闹铃，啊！……一个多小时的交谈之后，孩子表示一定改正自己这些不足，把成绩赶上来。

可是好景不长，没能坚持多久，他的"老毛病"又犯了。我和邱老师决定再次去家访，这次家访时，碰巧他的爸爸在家，我们和他一起分析了孩子的这些问题，并指出，对于一个十岁大的孩子来说，自我约束的能力还是很差的，孩子其实也想改正自己的这些毛病，但是家长对他的监管力度不够。今后，不管家长工作有多忙，一定要想办法解决这个问题。经过一个多小时的交流，黄文琪的爸爸表示一定想办法解决孩子的这些问题。

从那以后，每天都有一个老人来接送黄文琪，那是他的姥爷，孩子不仅不再迟到，而且学习也有了很大的起色，家长也抽空来校和我们交流，看着孩子一天天的改变，我们都觉得很欣慰。

在教书育人的这条人生路上，我已走过二十个春秋，但我知道今后的路还很长，对每个孩子不离不弃，将是我人生的追求，无论这条路有多艰辛，我永不言弃！

▶他们让我感动

袁雪玲

题记:孩子们,你们的行为感动了我,真为你们的进步感到高兴!

新学期的劳动任务分配下来了,四年级的几个班全是打扫厕所。一说起这个活儿,大家都满腹牢骚,一致认为无论你怎么干,都不会让领导有多高的满意度。

是啊,所有的女生都去打扫厕所,剩下的"孙猴子"们要负责教室卫生,女孩娇气些,男孩马虎些,我得兼顾一下。排好值日表后,我给孩子们讲了劳动的重要性,讲了怎样珍惜荣誉等,所有的学生都表示自己能干好,的确,已是四年级的学生,劳动起来比低年级时强多了。

日子一天天过去,班级没有因厕所卫生而扣分,倒是有几次教室的打扫让我不够满意,好在学生改进比较及时。一天下午放学后,五个班的老师都给学生做示范,当起了厕所清洁工,擦墙、擦地、刷便池,拿着84消毒液逐个攻破顽固的污渍。在老师的带动下,孩子们也热火朝天地干了起来。

天色已晚,几个小姑娘没有一个退缩……天色越来越暗,活终于干得差不多了,但是地板上的水渍却无法弄干,最后,一个孩子提议用干抹布擦,一遍又一遍,暮色中,我无法看清孩子们脸上专注的神情,但她们小小的身影让我有了莫名的感动——谁说她们都是娇气的公主？谁说她们没有一点责任心？

孩子们,你们的行为感动了我,老师真为你们的进步感到高兴!

▶把我的鼓励写在本子上

袁雪玲

题记：写在纸上的鼓励，能收到意想不到的效果。

办公室里，我正埋头批改让我深感头痛甚至有些惧怕的《课堂作业》，这时，一幅美丽的画出现在我酸胀的眼前，背景一片浅蓝，代表天空，弯弯的月牙挂在天边，调皮的星星眨着眼睛，远处是群山和楼房，近处有碧绿的荷叶和打着花骨朵的粉色荷花，最有意思的是几只小萤火虫打着小灯笼在飞行。看得出，小作者吕安婷非常用心地完成了这道"画一画"的作业。我在图画旁写下了一句话："画得真美！字再漂亮些就更好了。"要知道，这个姑娘自从入学来，字一直写得不尽如人意，我和家长沟通过多次，也尝试过不少方法，一直收效甚微。

傍晚，课堂作业又到了孩子们手中，他们翻看着，看自己是否得到了红旗，我无意间走到了吕安婷的身边，只见她睁大了眼睛，脸上露出抑止不住的喜悦，我的心也随之一动。第二天早上，作业收上来了，我首先翻开吕安婷的本子，这次的惊喜属于我，只见本子干净了许多，字迹工整了许多。哇，我的批语有了神奇的力量，那好，我要让它继续为我效劳。这次的作业，我写下："进步真大，继续努力！"这几个字。几次三番，吕安婷的书写有了巨大的变化，每次表扬书写有进步的孩子时都有她，其他方面自然而然地也前进了一大步！

我们老师每天面临七十多个学生，关注的目光往往在优差两头，最多能照顾到二三十人，相当一部分孩子处在中间地带，无人过问。怎样让他们知道老师没忘记他，他的点滴进步老师都看在眼里，记在心间？口头表扬是我们常用的法宝,可它的弊端是个性化不够鲜明,往往一带而过,孩子回到家在父母面前也没一个骄傲的凭据,那些学困生的家长甚至不信孩子会受到表扬。把老师的鼓励写在作业本上,让学生去看,去想、去努力,我们会看到远处一片光明。

老师,请拿起笔,把你的鼓励写在作业本上吧!

▶一次小纠纷

邓秀梅

题记:我们做老师的,在处理孩子的纠纷时,一定要多想一想,选取最合适的解决方法,这才是最明智的教育。

那天,姜老师领着他们班上的一个孩子来找我们,说这个孩子因为在537路车上被我们年级的一个学生恐吓,吓得不敢上学来了,请帮忙调查一下。我回忆了一下我班坐车的那几个孩子,肯定地说不是我班的。因为乘坐这辆车的孩子都还优秀,从没有寻衅滋事的"前科"。

但姜老师说,她班的这个孩子也有错:他到车上乱吐东西,吐到我们年级的那个孩子身上了。我为了让老师相信,就引着孩子从窗户察看,寻找打他的人。没想到他很快就指着教室里坐着的小波,很肯定地说,就是他。

我想了想,也的确有可能,小波是中途转来的,家里是做生意的,头脑很灵活,中午来了还经常主动打扫卫生,成绩也还优秀。只是这个孩子平时在纪律方面有些松散,另外还有些哥们义气,有自己的一套做人原则。该如何说这件事呢?

　　我把小波喊了出来，他开始不明白，爽快地跑出来了。但随即看到了那个孩子，脸色就变了。他狠狠地剜了那孩子一眼，就别过头去，一副等着挨批的模样。我故意问："你认识他吗？"小波面无表情地回答："认识。"我又问："你做了什么错事吗？"小波说："没有。"我说："那很好。这也是我希望的。我相信我班的孩子一定不会做欺负低年级孩子的丢人之事，我们只会保护他们，是吗？你一向是个懂事的孩子，车上经常给老师老人让座，在班上又主动打扫卫生，怎么会做坏事呢？"我的话马上让小波不好意思地低下了头。旁边的姜老师也会意地一笑，说："今天我们这个孩子是来谢谢你的，谢谢你教育他不能在车上乱吐东西。"我也趁热打铁，说："小波，我交给你一个任务，我们是大哥哥，以后在车上如果谁欺负这个同学，你一定要保护他，行吗？"小波是个多机灵的孩子呀，马上听出了我话中的弦外之音，点点头。我让这两个孩子握握手，又对小波说："那记住了，以后他再有事我可要找你呀。"小波红着脸点点头。我们便让这两个孩子回教室了。

　　后来，这个孩子再也没找来了，也没再听说有纠纷的事。

　　在高年级孩子中间，发生过不少这样的事情。很多时候，如果老师不多想，找来孩子大批一通，效果反而不好。因为高年级孩子叛逆心很强，而且要面子。也许你在校内解决了矛盾，可能在路上，他会找告状的孩子的茬儿，反而挑起更大的矛盾。但是，我们如果采用另外一种方式，就像刚才一样，效果反而好一些。我想，那个孩子估计不会再受欺负，因为如何去做，老师已经点明了，后果也已暗示。所以，我们做老师的，在处理孩子的纠纷时，一定要多想一想，选取最合适的解决方法，这才是最明智的教育。

▶我的眼中只有爱

代道琴

题记：无论是面对什么样的学生，我都会竭尽所能，去关注每一个孩子，让他们都快乐地学习和成长，因为我的眼中只有爱。

他是一名学困生，所以他的眼神中带着惶恐，流露出自卑，这是这个孩子给我的第一印象。

他经常不做作业。几次的鼓励，又几次的批评，也曾因此请过他的家长，可他依旧是他，没有丝毫的改变。对于这个在学习上软硬不吃的家伙，我竟无计可施了，甚至开始气馁起来。日子便在这"猫捉老鼠"的游戏中慢慢流逝。一晃，我和他相处已近一年。

"老师！乔小林的耳朵被小磊扯破了！"刚走进办公室，就听到孩子的小报告。我的心猛地一惊，脱口叫道"什么？竟有这事儿！什么时候扯的？""中午放学回家的路上！"我赶紧随学生奔向教室。"乔小林，赶快过来给老师看看，你伤得怎样？"尽管我的口气比较和蔼，可他死活不来，边后退边摆手："老师，没事，没事！我自己去医院抹药了。"别的孩子强行把他拉到我的面前，映入我眼帘的是他的耳朵旁两道深深的血痕，再往上看，耳根裂开着，赫然地凝着一条血沟！

我赶紧给他家长打电话，只听电话的那头妈妈说很忙，虽然中午孩子回家告诉了她受伤的事，可她忙得没来得及看。并叮嘱我不必管孩子，他是人小鬼主意多，谁也不知道他又在打什么主意！电话挂了，我呆在那儿很久，继而又有几许的难过，这是一个怎样的母亲！也许是孩子太让她失望，太让她气馁，甚至提起孩子的成绩让她羞愧。可孩子毕竟只是个孩子，作为一位母亲，怎能轻言放弃！

我也不禁反思起自己来,作为一位老师,我尽全力了吗?虽没有挖苦与嘲讽,可我也并没竭尽所能。此时,我的脑海里又浮现孩子那双惶恐而又自卑的眼神,久久的,挥之不去。是妈妈的忽略与冷漠,是老师的忽视和大意,是同学们的讥笑和挖苦,让这个孩子一直生活在惶恐与自卑中。

在教学中,我将会遇到更多表现差的孩子,这些孩子将来走进社会中,也许只是平平凡凡,普普通通的劳动者。然而投身国家建设的并不是只有科学家、工程师,更多的是普通的劳动者。想到这里,我释然了,我的眼中已没有了优生或差生,他们都是我的学生。有的孩子,我教他努力拼搏有所作为;有的孩子,我教他做人的道理,鼓励他自信,靠自己的能力去挣得一口饭吃。无论是面对什么样的学生,我将会竭尽所能,去关注每一个孩子,让每个孩子都快乐地学习和成长,因为我的眼中只有爱。

▶做学生的朋友

吴国红

题记:我是学生的朋友,我的学生在这种融洽的师生关系中学习着,并健康地成长着!

小时候坐在教室,抬头仰望着一脸威严的老师,心中便充满了恐惧,于是小心翼翼地听课,小心翼翼地完成作业,就算是没有听懂也不敢去问老师。我做不到"不耻下问",因为天生胆小的我害怕老师炯炯有神的眼睛。那时的我在心中默想:将来我如果当了老师一定要成为他们既能认真听我讲课,又能从内心喜欢我。

小时候的梦想在我十八岁那一年实现了,我成为了一名小学教师。我努力想成为孩子们的朋友,可是要想成为他们的朋友其实并不容易,在他们踏入学校大门之前,父母灌输给他们的思想就是老师很凶,不听讲会让你罚站;不写作业不让回家;迟到了要罚抄课文等危言耸听的话。在孩子幼小的心里,教师不是和蔼可亲的而是凶神恶煞的,当他们坐在教室里之后,或许这种感觉尤其的强烈,一个个身高只有1米多点的孩子,坐在凳子上就又矮了几分,而老师作为成年人个子本来就高又直立着站在讲台上,咱们的孩子只能仰视着高大的老师,心中能不恐惧吗?

看来要成为孩子的朋友,首先要让他们克服这种恐惧的心理,拉近和他们的距离,怎么办?最好的办法就是融入孩子群体,成为他们中的一员。操场上,一群小丫头在踢毽子,我丢下手中的教案狂奔到操场,孩子们看到我来了显得有些拘谨,我摸摸她们的头,亲切地说:"我和你们一起踢,好吗?"她们怯生生地点点头,我拿起她们手中的毽子,使出看家本领让毽子在我脚上飞舞起来,那群女孩被我高超的技艺感染,认真地数起数来,数完啧啧称叹道"老师好棒啊!"我停下来,告诉她们只要好好练习你们也能踢得很好!我坐在操场的台阶上,周围全是孩子,虽然耳边不曾清静,可也乐在其中。就这样,在一天一天的游戏中,我成为了她们的朋友,他们也为有我这样"能干"的大朋友而自豪。孩子们没事就爱拉着我的手找话和我说,有拉家常的,也有问问题的,在他们的心中我不仅是他们"严厉"的老师,更是他们亲爱的姐姐。

这样的师生关系并没有影响我上课的效果。因为有了理解,有了尊重,课堂上我的教学往往能取得事半功倍的效果,我经常告诉学生的一句话就是:"上课了我是老师,你得听我的;下课了,我们是朋友,想说、想问、想玩都可以"。孩子们在每一节下课时都会说这句话:"啊!这节课这么快就下了,下节还上数学好吗?"我知道没有距离的课堂,孩子们没有心理负担,他们可以畅所欲言,课堂效果反而更好。

我是学生的朋友,我的学生在这种融洽的师生关系中学习着,并健康地成长着!

▶受伤的天使

吴国红

题记:我会坚持给他以呵护,相信在不久以后,他会变成一名可爱的天使。

"吴老师,不好了,小瑞和科学课老师打起来了!"刚坐到办公室就有班干部跑来告诉我班上发生事情了,来不及细想,我赶快由北楼飞奔来到南楼,推开教室门,我被眼前的情景吓呆了,小瑞居然搬起桌子准备往老师身上砸,回过神来我立刻拦住他,止住了教室里的混乱场面。

我把这个孩子带到办公室,他还攥着拳头,浑身发抖,问他什么,他也不说,只好告诉他,先深呼吸,让心情平静下来。事后我了解到,其实只是杨老师要他好好听讲,他不听,老师批评了他,这是很正常的事情啊!他为什么会气成这样呢?把他的妈妈叫来和她长谈了一次,只因孩子浑身还在发麻,我让他先把孩子带回。第二天,他好像又回到常态,也就没有就此事再去说他、批评他。可是接着又发生了几次类似的事件,有一次他踢着教室的门,任何老师都没有能阻止他。此刻,我只有一个念头,让他发泄出来吧!他内心一定积压了太多的怨气。这一次,我决定要深入了解这个孩子,是什么原因让他受到如此的伤害。

通过多方打听,我了解到,他生活在一个充满暴力的家庭里,爸爸、妈妈脾气暴躁,经常发生口角,大打出手,而且孩子经常看到妈妈拿着菜刀在家里追赶着爸爸,他本人也经常受到暴打。难怪,在这样的环境里如何能健康成长？孩子是无邪的,可他的父母没有给他一个好的家庭环境,他有这样的行为完全可以理解,找来他的父母就他在校的表现和他们长谈,可是父母不以为然坚持说孩子没有任何的心理问题。我知道如果我不坚持,孩子的情况会更加严重,所以,我固执地要求家长带孩子去看病。在僵持了一个星期后,他的父母终于带他看了心理医生,检查的结果和我预料的是一样的,孩子的确存在很大的心理障碍,需要定期疏通。看着病历,他的父母也明白了许多,在以后的日子里,我们更加关注这个孩子,他的确有所改变了。

虽然,他的生活环境还没有太多的改善,可是,我相信我会坚持给他的父母以教育,给他以呵护,相信在不久的将来,他会变成一名可爱的天使。

▶宽容,原来这么美丽

罗志红

题记:学生的错误有时也很美丽,老师的宽容与呵护又显得那么难能可贵。

灏,个子不高,圆圆的小脸,一双忽闪忽闪的眼睛,显得十分可爱,刚劲有力的毛笔字令人折服,可扁歪的钢笔字、零乱的作业格式,又让人不安,上课好开小差,作业速度慢不说还老出错,只要作业没收齐,不用查,准是他没交。

可有时他还理由挺充分:"笔坏了,我怎么能写完？""他把我的位置占完了,咋写呀？"听上去蛮有道理,可一连几次作业不按时交,我禁不住想批评他。

一次下午放学前,未下课,灏的妈妈已经站在门外等候。这时,我想:今天一定要好好把这孩子的毛病数落数落。还没等叫他,灏就跑到我跟前,"老师,别把我干的那些坏事告诉我妈,行吗?"过了好一会儿,我才反应过来,"怎么,你想向罗老师'借点优秀'?""是,下次我一定改。""真的?""真的。""那好吧。"我说。

放学后,我和灏的妈妈只做了简单交流,回避了他的缺点,婉转地道出了孩子近期的表现(但悄悄告诉了家长我和孩子的约定,并请家长配合,从家长满意的微笑中,我看到了赞赏)。

后来,就我看到了灏的转变,作业工整了许多,大多数能按时交作业,若不能按时交,会告诉老师,还有一题,马上就交。

我很庆幸自己又读懂了一个孩子,真切地感受到学生的错误有时也那么美丽,老师的宽容与呵护又显得那么难能可贵。

▶俯身也是爱

刘湘丽

星期天我和刚入学不久的侄女聊天。我问她:"你们老师喜欢你吗?"她自豪地说:"喜欢!"我故意逗她:"吹牛吧?"她可急了,一本正经地争辩:

"没吹牛,老师还趴在桌上和我讲话呢!""讲了什么?"我追问。小侄女急切地说:"老师问我昨天吃的是什么。"

我震惊了。一个"趴",一句"昨天吃的是什么",本极为平常,却使孩子深深地受到被爱的幸福,看来,在他们纯真的世界里是多么崇高啊!教育是爱的事业。这种爱没有惊天动地的气魄,只有润物无声的永恒。既不是

"棍棒",也非"迁就",而是"春风化雨的滋润"。

　　教师的一言一行、一颦一笑,一声问候、一个抚摸、一句赞赏、无不洋溢着对学生真挚的爱,这爱对学生今后的学习,乃至一生的成长都至关重要。作为教师应充分意识到师爱之神圣,要摒弃师者唯上的旧观念,摆脱应试教育的铁枷锁,走出功名利禄的势利场。不追求轰轰烈烈的伪善,立足于平平淡淡的真诚。在教育这方净土中,建立民主、平等的师生关系,从学习、生活的每一个细微处关心、爱护学生,悉心呵护他们的健康成长,这才是爱的真谛!

▶孩子教会了我宽容

刘湘丽

　　题记:你相信吗? 宽容,是我的孩子们把我教会的。

　　在我教书生涯的第一年,"暴怒"是我生活中出现得最多的情绪。课堂上有人不专心,没完成好练习,不带实验材料,讲了N遍还是不按要求做……这些都会引起我的"暴怒"。

　　一次,我把上课要用的实验材料放在教室里,等上课时却发现,有些材料竟被好奇的学生给弄坏了,于是我又是大声呵斥犯错的学生,又是在班主任处慷慨陈词,弄得这个学生在班上念了自己写的检讨。而我只认为这样做会在全班起到震慑作用,却没有去想这个学生会有怎样的感受。

　　还有一回,班上有个成绩特别差劲的同学又在课堂上和同学嘻嘻哈哈,我怒不可遏地让他站起来,劈头盖脸就是一阵责骂,这个学生出乎我意料地冲了出去,这种"大不敬"举动深深地刺伤了我,我认为自己在学生前面出了大丑,心里一直耿耿于怀。

无意中我读到了一个故事,故事说古代有位老禅师,一日晚看见见墙角边有一张椅子,便知是哪位出家人违犯寺规越墙出去溜达了。老禅师不声张,走到墙边,移开椅子,就地而蹲。少顷,果真有一小和尚翻墙,黑暗中踩着老禅师的背脊跳进了院子。当他发觉刚才踏的不是椅子,而是自己的师傅时,惊慌失措,张口结舌。但师傅并没有厉声责备他,只是以平静的语调说:"夜深天凉,快去多穿一件衣服。"

故事深深地打动了我,想到自己自以为是的教育方式,想到含泪念检讨的学生,想到几乎受到所有老师指责而跑了出去的学生……我决定以后要有所改变,要对学生宽容,换个方式对待学生,学生才会自觉自愿地改正错误,健康成长。

▶教师——孩子心灵的"导师"

罗　红

题记:"歌者使人继其声,师者使人继其志",每一个梦想都值得被尊重,让孩子们坚定地去实现他们的梦想,不受庸俗的纷扰,这也许是我们当老师的能送给孩子最好的礼物。

曾听过这样一句话,教师是个永远年轻的职业。因为选择当医生总是和病人打交道,接触的基本是愁眉苦脸的人,心情难免有一种压抑;选择当工程师,接触到的都是机器和图纸,没有情感交流;而选择当教师都是和学生打交道,天天都与朝气蓬勃的少年儿童生活在一起,心情总是愉快的,我在工作中已经深深地体会到了这份年轻和喜悦。

　　我们班有一个胖胖的小女孩。她特别爱劳动,有一次我去检查卫生,我开玩笑地问她:"你扫得真干净,你现在是班级的卫生员,将来可能是整个城市的卫生员!"其他学生都笑了,而她却一本正经地说:"好啊!"在大家的笑声中,她似乎意识到了什么,慌慌张张地说:"不行,我可不想当这个。"接着,班级里的其他值日生开始讨论将来自己想当什么。他们的回答却令人有些吃惊,"我要当董事长!","老板!","我要当大官!"我问他们:"为什么想做这些啊?"一个孩子说:"老板可以管许多人,还可以想干嘛就干嘛。"说完,竟然有不少学生频频点头。我听了,心里很不舒服。于是,我对着教室里几个学生说:"三百六十行,行行出状元,卫生员和董事长只是承担的工作不一样,但劳动的价值是一样的!"这个过程不过才几分钟而已,却给我留下了深刻的印象。

　　实际上教师担负着培养学生丰富的情感世界和健康的精神家园的重任。教育为学生提供了获取知识的方式和渠道,但仅仅让学生掌握知识远不是教育的目的,教育的理想在于将一个孩子的知识转为智慧。突然想起一句话"歌者使人继其声,师者使人继其志",这也许是我们当老师的能送给孩子最好的礼物。

▶最是难忘师生情

罗　红

　　题记:春蚕到死丝方尽,蜡炬成灰泪始干。我想能够让我一直坚持在教师这个岗位上的,就是孩子们的那一张张笑脸,那一份份纯真的情谊了。在他们心中,老师永远是最敬爱的人,我唯有更认真的传道授业,方能不负这份深情。

　　人与人之间有着千丝万缕的联系,亲情、友情、爱情把人们紧密的联系在一起。我除了拥有这些之外,还拥有一份弥足珍贵的师生情。

　　忘不了当我生病拖着疲惫的身体上课时,孩子们争先恐后递来板凳的情景;忘不了当我沙哑着嗓子讲课时,孩子们安安静静地听课的情景;忘不了下课时,孩子们围着我叽叽喳喳问这问那的情景;忘不了已经毕业了的孩子们回校来看我的情景……有太多,太多的忘不了在我的脑中萦绕。但最让我记忆深刻的是去年的教师节。

　　记得在教师节前夕,由于才开学,孩子们还沉浸在暑期的快乐之中,心还没回到学习中来。在一节英语课上,我终于暴发了,整个教室里充斥着我愤怒的训斥声,孩子们都低着头,连看也不敢看我一眼。事后,我也为我的冲动而懊恼不已。到了教师节那天,孩子们纷纷到办公室给我送花、送卡片、送礼物,唯独不见"那个班"孩子们的身影。我的心中不由得一阵失落,难道他们生我的气了? 还是怕我,对我敬而远之了?

　　上课铃声快敲响时,那个班的课代表才走进办公室。我随口问了一句:"怎么来得这么晚?"课代表抱起作业本,没有回答我的问题,反问了一句:"老师,今天英语课我们上什么?""当然是上新课了,怎么了?"我很是诧异他提出的问题。"老师,今天上英语课,你能不用黑板吗?""为什么?"他笑了笑说:"没什么,你去了就知道了。"说完便跑了。我一头雾水地朝教室走去。

　　快走到教室的后门时。咦?今天怎么这么安静,居然听不到一点声音,要在平时,他们的说话声、笑声……早就传入我耳中,今天怎么……当我走到教室门口时,一黑板的各种各样的花映入我的眼帘。我在心中惊叹:好美! 这时课代表站起来对我说:"老师,今天是教师节,我们全班同学利用下课时间,画了一黑板的花送给您,祝您教师节快乐!"这时全班同学一起站起来对我鞠了一躬说:"老师,节日快乐!"那一刻,我的眼泪在眼眶里不停地打转,我努力不让它们流出来。我太高兴了,用几乎哽咽的声音说:"谢谢你们,这是我这么多年以来,收到的最好的教师节礼物!"顿时,教室里暴发出阵阵掌声,我看到了一张张喜悦、兴奋的笑脸。

最是难忘师生情!

▶为"我的火车向右开"喝彩

张德兰

题记:教师的民主教学思想是激活学生创造性思维的助推器。

在一节识字课上,学生学习生字后,老师让同学们开火车巩固认读生字。火车开起来了,老师说:"小火车开呀开,一开开到这里来。"火车一组一组开着,开到一位小女孩那里时,女孩大声问:"老师,我的火车向右开,可以吗?"老师一愣(此前火车一直是向后开的),随即笑着说:"当然可以,你的火车可以随意变换方向开。"话音落下,小女孩高兴地给火车转了向。这下可热闹了,"小火车"时而向前开,时而向后开,时而左开,时而右开。"小火车"在教室里欢快地行驶着,孩子们高兴地识记着生字。

课结束了,我的思绪还停留在热闹的课堂里,满脑子都是如音符般可爱的孩子。我为这位教师喝彩,为这个学生喝彩,也为这样的课堂喝彩。

这是一个民主的课堂。在这样的课堂里,没有冷若冰霜、高高在上的老师,没有唯唯诺诺、噤若寒蝉的学生,有的是老师和蔼的面容、鼓励的眼神,有的是学生思维的迸发、愉悦的笑脸。这一切源于民主的师生关系。

这是一个和谐的课堂,奏响和谐的琴弦,是每一位师生心中瑰丽的梦。课堂,是凸显新课改的主阵地,是彰显师生生命的场所。怎样的课堂才能让我们聆听到生命生长的声音,捕捉到生命绽放时最精彩的音符?心理学研究表明,人在轻松和谐的环境里,思维才表现的最活跃。反之,在压抑的思想环境里,在禁锢的课堂教学气氛中,很难产生创造性思维。

生命的生长和绽放是需要自由的空间和精心的呵护的。看看这节识字课,老师通过开火车识字,让学生在游戏中学习,为学生创设了轻松的学习环境,老师的一句"可以呀,你的火车随意开",折射了老师对新课改中"学生是学习和发展的主体""教师是平等中的首席"等理念的落实。老师满足了学生玩中学的愿望,满足了学生自主选择的要求,课堂上的学生向我们展示了他们的灵动飞扬。每一个学生仿佛都变成了跳动的音符,一个个"小音符"在课桌椅组成的琴键中弹起、落下,起落之间演奏出了快乐的旋律、和谐的旋律。

我对这位老师充满了敬意,因为她心中有学生,眼里有学生,她尊重学生,宽容学生,关注学生,因而在她的课堂里我们听到了花开的声音、生命生长的声音。

▶想说爱你不容易

吴晓玲

题记:爱,简简单单的一个字,饱含着无数种情感,说起来容易,做起来却不容易。

开学已近两个月,我和一帮六、七岁的一年级孩子们朝夕相处,成了名副其实的孩子王。虽然时间不长,但感触颇多。刚带完六年级下来的我看着这一张张稚嫩的小脸,觉得他们是那么可爱,可看着他们作业本上那无法言语的错误时,觉得他们是那么让人费解。更让人头疼的是班上还有个别孩子,无论你和他说什么,他都一脸茫然地望着你,让你一时不知如何是好,真替他们着急!

祝是个男孩,个子不高,大大的脑袋,说起话来慢条斯理,做事一点也不知道着急。上课读书时,他东张西望,别人都读完了,他的书还没打开。干什么事总比别人慢一拍。这不,早自习同学们早已坐在教室里跟着我读《弟子规》,他才慢吞吞地走到教室门口喊"报告",看见他那一点不着急的样子,我气不打一处来,看了看手表,指针已指向八点半,于是我没有理他,想让他好好站在那儿想一想,接着领着同学们读。他看见我没理他,又开始喊"报告",一声接着一声,一声比一声高,是那样地执著,看着他那一脸认真的样子,我虽然怪他来晚了,但还是让他进了教室。

课下,看见他在操场上活泼的身影,心想:其实祝是个懂事、可爱的孩子,不能因为他的缺点,就全盘否定他,更不能像要求六年级的学生那样来要求刚跨进学校门的一年级孩子们,教育他们时一定不能心急,要以鼓励为主,要多看到他们身上的闪光点。

看来,想要爱上这帮小不点们是件不容易的事,需要老师们要有平和的心态,要有双善于发现的眼睛。

\

▶让我欢喜让我忧

郑亚莉

新学期,怀着一种久违的新鲜感,我"白手起家"来带一班一年级新生。刚走进教室,望着一张张天真无邪的笑脸,犹如一张张洁白的纸,我满怀信心想去为它们涂抹上五彩缤纷的图画,喜悦之情溢于言表。

如今开学已一月有余,而那种新鲜、好奇早已荡然无存,其中滋味无法言表,真是让我欢喜让我忧!

许是带惯了高年级,刚上手还真有些不适应。一切事情都不是想像中那么轻松。教师身份要不断变换,不信? 你瞧:

清洁工人——每天早晚扫地、擦窗、摆桌椅,你方扫完,他又扔。

保育员——给孩子擦鼻子、提裤子、收书包的事没少做,耳边的啼哭声、告状声却总是络绎不绝,此起彼伏。

演员——上课要变着花样吸引他们的眼球,时而唱,时而跳,唱罢跳罢,他们个个又原形毕露。

教练员——纵然你口令喊得响铮铮,他就是不知怎么站。历经辛苦才成形的队伍,没走几步,就龙头蛇尾,不知其道了。

看来,这一张张白纸要想绘成美丽的图案,可要煞费一番苦心,唯有足够的耐心、博大的爱心、坚强的毅力,才能点石成金,妙笔生花呀! 我决定拾起心情,重整河山。如何坐、如何摆文具、如何握笔、读书、听讲……一切手把手、面对面地传授,现在这群刚套上缰绳的小"野马",似乎不再那么闹腾了。教师节,孩子们用鲜花、礼物包围着我的那一刻,真是觉得再苦再累也值了。

相信今后有这群可爱小精灵相伴的日子,一定会更精彩!

▶低下头,向学生认个错

吴晓玲

"李辉,你昨天晚上的作业呢?"临下课,我突然想起这个一不留神就

"欠账"的家伙。

"我交了！"他望着我,理直气壮地对我说。

好呀,开始抵赖了,其实刚才我在批改作业的时候就已经查过了,他的作业本没在里面。我断定,他的老毛病又犯了。

"交了?在哪儿呢?"我一边批改着作业,一边盯着他问,想用眼神逼出他的实话。

"又想骗人,明明没有做,想抵赖！"我唠叨着,"交了,在哪儿？找出呀！"我的火气一下子上来了,竟然敢当面说谎,"你过来！"我大声说,"快找出来呀！"

他走过来,望了望我,从我的办公桌角摸出一本语文本,递给我:"老师,我趁你没注意把本子放在你的桌子上了。"

哦,我犯了一个致命的错误,竟然用思维定势来处理这件事情,"对不起,我错怪你了！"我说。

接下来的一节课,我做了一个彻底的反思,我认识的李辉是个怎样的孩子呢？他是各科老师"告状"最多的人:"李辉今天的作业又没有做好！""李辉一天到晚就知道玩!""基础差,又不好好听课！"从心底里,对他的看法已成了定势,所以才会发生刚才的一幕。

下课铃一响,我就把他叫到办公室,拿出他刚交的那份作业:"李辉,老师今天不应该不相信你。"他脸上有点愕然,他没想到我会再次向他道歉:"不过你也应该向老师道歉,谁让你不说一声,就把作业交上来,以后有事就和老师、同学说,大家都会帮你的。"

李辉的脸红了,对我说:"老师,是我错了,我以后一定写作业！"哈哈,想不到我的一次认错居然会有意想不到的教育效果呢！

以前我只知道当老师的要蹲下来和孩子说话,今天我知道了老师有时也要向孩子低头认错！

▶微笑是最美的化妆品

张　慧

时光匆匆,实习老师习圆圆实习快结束了,二(5)班全体同学准备照一张合影,送给她留作纪念。我也精心打扮了一番,穿上了鲜艳的衣裳,略施粉黛,精神抖擞,往照相的地点走去。一个机灵可爱的小女孩说:"张老师,你今天好漂亮呀!"听了这话,心里美滋滋的。正当我陶醉时,一个声音传来:"老师,你这么漂亮,可为什么好生气呢?"我一愣,循着声音,发现说此话的是我班的聪明又淘气的"小活宝",我拉住他的小手,反问:"你说说为什么呀?"他羞涩地笑了,挣脱我的小手,跑掉了……

照完相后,我一直思考"这个为什么",在教学工作上一直自我感觉良好的我忽然意识到问题的存在,感到自己是那样失败。

第三节正好是我的课,我想何不趁此时机来一次讨论,开一次班会?我提前几分钟来到教室,上课后,我静静地注视每一名学生,怀着异样的心情对大家说:"同学们,今天上数学课之前,我们先来讨论一个问题,刚才有个同学问我'为什么好生气',这个问题问得好,大家说说老师为什么好生气呢?"话音刚落,有的孩子就开腔了,"老师,我们上课爱说话。""有的同学不按时交作业。""有的同学成绩不好。"孩子们争先恐后、七嘴八舌地说道,等大家都不再说话了,我说:"是啊,老师也喜欢漂亮,也不想生气,可老师心里着急呀!你们想想,上课时有个别同学不认真听讲,那不是白白浪费宝贵的时间吗?有的同学做题太马虎,有的同学的成绩忽上忽下,老师能不急吗?爱生气是老师的不对,可老师多么希望你们能多学一点呀!"不知什么时候,教室里静得出奇,六十九双眼睛齐刷刷地盯着我,我接着说:"老师有个建议,我尽量不生气,你们也尽量用心学习,我们来个约定,好不好?""好!"多整齐、多响亮的一个字,却让我真切感受到了孩子们情绪空前的高涨,一节课在这种轻松愉悦的氛围中结束了。

那天以后,当孩子忘带学习用具时,我不再生气,而是温和地告诉他,"你该学会自理了",并把学习用具借给他;当孩子作业写错时,我不再生气,而是微笑着耐心为他讲解;当孩子犯错误时,我也不再生气,而是静静地当好"听众",细心调解,连续几天我再也没有生气,笑容又回到了我的脸上。孩子们时不时在我耳边说"老师,你真漂亮!"我知道,这"漂亮"不仅仅指的是老师的外部形象,更是老师内在修养的体现。

我想告诉普天下的我的同事们:微笑吧!老师,微笑是最美的化妆品!

▶请你当老师

张 玥

"a,o,e……",我们班教室里传出了琅琅的读书声,这声音整齐而富有穿透力,荡漾在我的心头,久久没有散去。看,讲台上的那位"小老师",大方自信地拿着教鞭,带领大家畅游在拼音的海洋中。看着她,我的思绪一下子飞回到了刚开学时的情景。

"老师好!"报名时,一位文静秀气的小姑娘站在我的眼前,孩子的爸爸介绍说,孩子生性胆小,有些内向、腼腆,我不由得对这个小姑娘关注起来。在接下来的学习中,我吃惊地发现,这个叫薛雅文的孩子,识字量如此之大,教学中的字她都认识,而且完全不依靠拼音来读。她的这个优点,很值得全班同学学习,是大家的榜样,但同时,我也感受到,由于过于内向,小雅并不善于展现自己的优点，这可急坏了我这个急于把他"推广"到全班的老师了。怎么办呢？怎样帮她树立自信心呢？我陷入了沉思中……

下课了，我从走廊走过来，孩子们正在做的一个游戏吸引了我，她们正在玩"上课"的游戏，模仿着我的样子，一板一眼"装扮"起"老师"来，而那些扮演"学生"的孩子们，也一本正经地在听"老师"讲课。"啊！有了！"我的灵感来了！

"今天的这首儿歌，我们请薛雅文同学当'小老师'来教大家，好不好？"大家齐声回答"好！"教室里响起了雷鸣般的掌声，只见薛雅文有些局促不安地走向讲台，我肯定地看了看她，投以他赞许的目光，她也似乎从我的眼神中得到了力量，坚定地看了看我，认真投入到自己的教学中了……

经过一段时间之后，我渐渐发现，小雅文变了，说话的声音更洪亮了，变得爱笑了，在学校里，也能大方地与我打招呼了，她的家长也感受到了孩子的蜕变，频频向老师致谢。

每个孩子都是一粒种子，只有经过我们精心的呵护，热情的灌溉，才能绽放出美丽的花朵，我们不仅要给他们施知识的肥料，更要洒上自信的清泉，只有这样，才会在丰收的季节看见他们扬着花朵般的小脸向着阳光微笑！

▶我和"小丁香"的故事

吴厚珍

"请问谁是吴老师？""有事吗？"我从作业堆里抬起头来。"校长让我带孩子来您这儿测试一下。""噢，人呢？"我瞅了瞅，不见小孩子的影儿呀。

"来,冰鉴,叫吴老师。""吴老师好!"声音好听,却有点胆怯,眨眼间,一个瘦小的女孩闪到了妈妈面前。"就你?太小了吧?""老师,我五岁零一个月啦。"小胸脯一挺,脚尖一踮,可把我给逗乐了"。"噢,还不到入学年龄,上学前班吧。""不,学前班没意思,我就要上小学。"小嘴翘得能挂油瓶,小丁香的模样,要多可爱就有多可爱。"那好,老师考考你"。随手抽出几张字卡,全认得;来点高难度的,随手翻开课文,她竟读得叽里呱啦,有声有色。数学咋样?加减法,小菜一碟,乘除法,轻松过关,成千上万数字的口算,她眼睛骨碌一转,答案就脱口而出,了不得呀。

"这是个早慧儿童,学前教育很到位"。尽管如此优秀,校长说还没收过这么大点儿的孩子,得考虑考虑。

谁知,中午放学时,我送完路队转来,手忽然被一双柔软的小手拉住,低头一看,是小丁香。"吴老师,你收下我吧"。她奶奶也赶紧拉住我说:"这孩子就认准你啦,在这儿等你半天呢。"呵!好有主见,好倔强的小女孩,望着她期盼的眼睛,我不忍心拒绝,就说,再去找校长说说吧。

下午,奶奶牵着她喜滋滋地跑到我班上,兴奋地说:"校长同意让她跟班试读。"她也高兴地直摇我的手,绯红的小脸儿,一双大眼睛里满含着笑意。背上了书包,人儿显得更加娇小玲珑,走进教室,就有同学吃吃地笑,我想,一定是笑她太小。的确,坐下来时,她只能从课桌面露出半张脸来。

我们的师生缘就样开始了。

随着了解的深入,我对小丁香越来越喜爱呢!

小丁香喜静又好动,别看她课间叽叽喳喳,像只小燕子一样快活地飞进飞出,只要上课铃一响,她就像换了个人儿似的——目光紧紧追随着老师的身影,像舞台上的追光似的;两只耳朵支棱着,像雷达一样把老师讲的课全搜索了进去,那专注的神情好让人感动。你提了问题,她或者刷地举起了小手,或者沉思片刻之后,嘴角绽出一丝微笑,探着身子,把手高举着,嘴里"嗯嗯"地嚷着,生怕老师没看见她。点到她,她先从凳子上跳下,必定立正姿势站好,镇定一下之后才一字一句地说出答案,既不结结巴巴,也不重复遗漏,说得有板有眼,表达非常清楚。我微笑着向她点头示意,她照样不紧不慢地坐下,一点也不喜形于色,那模样不知比同班的学哥学姐们老练多少。

一开始写字,她稚嫩的小手捏笔不稳,字写不拢,我能理解,她却不甘落后,咬着下嘴唇埋头苦练,一个半月之后,果然很有起色——字的笔画清晰,结构也初现模样了,你一表扬,她得意起来,新问题又来了,字跑到格子外去了,我拿笔在田字格里示范,告诉她不要把字写得太满,四周留一点空白,字才好看。她一边念念有词:"字要写中间,四周留一点",一边认真练习,这回字老老实实地进了"家"门,好看得很哩。

小丁香人小志气大,每次考试都想得满分,听说没考好的那两次,她都掉金豆豆了呢。她有时静如处子,有时动如脱兔,画画时像个小画家,读书时像个小播音员,写字时像小书法家,跳起舞来生动活泼又像个舞蹈家,真好!

前不久她过六岁生日,自作主张给我打电话,见我答应了她的邀请,激动得在门口等了一个多小时,走进她家,清新又明朗,数量最多的就是书,充满了书卷气息,一块小黑板上写着古诗,她妈妈告诉我,冰鉴每天都得背一首。更可乐的是她家里放养着两只黄色鹦鹉,与她成了最好的伙伴,他们就在宽大的客厅里撒欢儿,跑的跑,飞的飞,鸟叫声,嬉笑声,深深地感染了我。丁香为何冰雪聪明、生动活泼?我全都在这里找到了缘由。

又有一天,她妈妈发来短信,告诉我,冰鉴昨晚躲在被窝里呜呜地哭,一问原因,原来是她写的童话故事结尾写得太感人,自己感动得一塌糊涂呢。

你说,这样一个可爱的小丁香,哪个做老师的会不喜欢呢?

▶特别的诠释

吴 平

5月12日午后突如其来的大地震,袭击最集中的场所之一即是校园。孩子们都在上课,春天的微风吹动着书页,手中的笔勾画着清新的智慧。谁也不会想到一场灭顶之灾会在瞬间爆发,将一个个幼小的身躯残忍吞噬!

襄阳也被无情的地震波及,让孩子们跑下楼梯到站在操场上,不过几分钟的时间,可在那短短的几分钟里,我第一次读到了最透明的友情。

他是班级里一个特殊的身影,上课迟到、不完成作业……是家常便饭,每天带着一副弱视眼镜,拖着和年龄很不相符疲倦的身子,每天他接触最多的便是地面……班级的同学从来不会让他做保洁也不会问他要作业,我一直认为他太多的特殊会让别人忽略。

所有的孩子都站在操场上,心里也平静了一半,"哎,张黄义豪呢?"一个声音打破了同学们的嘈杂,我那根平静的神经又紧张了起来,同一时间大家的第一反应就是寻找,站好的队伍一下子乱了,每个人都在喊着他的名字。不到两分钟,有人在墙脚下找到了他,他奇怪又若无其事地看着我们。同学中没有人问"你去哪儿了?"也没有人等待他感谢的言语。他们互相看着,突然,一个孩子跑了过去,把他抱住说:"我还以为你还在教室里呢,担心死了。"这个拥抱至今还定格在我的脑海里,它在那一瞬间诠释着世上最纯净的东西。

大人可能永远不能理解孩子的行为,不能透视他们的内心,但是教师最大的优势就是能碰撞到机遇,从而理解诠释孩子。

孩子是特殊人群,永远是这个社会肌体中最柔软的部分,同时孩子更是这个社会最有希望的"种子"。教师是这些幼小的心灵和躯体呵护者。在这样特殊的时间,特定的空间,我的心被学生的一次拥抱震撼。

我深深地懂得,人的血肉之躯远远不如钢筋混凝土坚硬,但我们的心比什么都坚强;我深深地懂得,瓦砾划烂了我们的肌肤挑破了我们的血管,但我们的热血终究可以沸腾能够销熔钢铁和顽石;我们深深地懂得,一次两次千万次天灾人祸可以让我们失去亲人和家园而泪流成河,但我们亿万同胞彼此扶持、同舟共济已经走过了五千年!

让我们彼此温暖,度过难关,让我们照顾好孩子,让他们走过灿烂开花的季节!

▶每个孩子都需要爱

许璐璐

"上课""起立",一阵呼啦啦板凳挪动的声音伴随着一些说话的声音,全班起立了,看着站起来后还在无所顾忌大声说话的几位男生,我决定先整顿一下纪律。

"我点到的同学先坐下来",顿时班上鸦雀无声,等待我的"钦点"。"第一组的前5排同学坐下来",这时,第五排的男生说:"老师,算不算他?"只见他手指着第一排单坐的男生,我认识他,他是小杨,头上有两个旋,很聪明,但是从上个学期开始就从不带书,从不学习,上课就和别人说话,从来就没有在板凳上坐好过,上学期期末考试还在科学试卷上涂鸦。他今天桌子上依然没有书!我看了一下已经坐在位子上的他,说:"算!"其他同学都有那么一瞬间的诧异,好像连他自己都没想到,他坐得更放松了,是那种精神上的放松,但我依然能感觉到他极力隐藏的伤心,我觉得这个时候他很需要我,需要老师的关心,哪怕只是一句话。我顿了顿,又说:"他是我们班的一员,为什么不算他? 就应该算!"同时看向小杨,给了他一个肯定的眼神。他也在看着我,我能感觉到他是想看老师是不是真心在为他说话。当我说完后,他的眼神里有着某些触动,某些情感在他眼神里跳动,他一定知道老师是真心的,并没有因为以前他犯的错而对他另眼看待。

接着,全班同学坐下,开始上课。

"请同学们把书本翻到第七课",这时,我看到小杨安静地将书翻到了那一页,专心看着书。

其实,每个孩子都希望得到老师的关心,不论他表面有多么的反叛,但其实那颗幼小的心是脆弱的,需要老师的呵护!

▶教一年级的日子

方　圆

今天是周一,升完旗走进教室,站在门口环视全班,孩子们很快安静下来。我不经意地一弯腰拾起门口的一张废纸片,顺手扔在门口的垃圾桶里。孩子们齐刷刷地望着我,我相信此时无言的身教一定重于无数次的说教。

按照我的习惯,新一周的第一课至少要拿出半节课甚至更多的时间来总结上周情况。我始终坚信,低年级时习惯与良好品格的培养远比学习知识更重要,而我也深信,教会孩子该怎样做,远比强制他们不能做什么更能起到引领作用。

"孩子们,今天上学的路上,你们看到什么?发现了什么呀?"孩子们七嘴八舌说着自己的见闻。"春天来了,你们看见春姑娘了吗?"我慢声细语地引导着他们,"是啊,春天来了,在微风的吹拂下,小草发出了嫩芽,花儿们露出了笑脸,你们一定想和春姑娘问声好吧?!但是老师啊,劝你们别走得太近了,要和春姑娘有一点距离",孩子们个个都眨着眼睛,似懂非懂的看着我,"因为啊,春姑娘可害羞了!"于是我接着说:"今天早上老师路过花坛时,有两个同学走在我前面,第一个同学踩在花坛上,一只脚伸到小草身上时,第二个同学赶忙把他拉了出来,提醒他不要踩草。同学们,老师请你们当当小法官断一断案,哪一个同学的做法是对的?"

"第二个同学!"人家异口同声地说。

"为什么?"

"小草也是有生命的,用脚踩它们,它们也会疼的。"

"踩小草,小草会哭的。"

……

孩子们的发言让我心中暗自高兴。

"咱们班有没有踩草的?"

"没有。"又是异口同声。

"看来啊,咱们一(3)班的孩子都是有爱心的,老师要表扬你们!"

春天是希望的季节,看着这群孩子们,我就像是看到了希望,同时也更加感觉到自己身上的担负的责任。我是多么幸运啊,可以与这群可爱的孩子们一同沐浴在春日里,伴他们一起成长!

孩子们,真棒!

教一年级的日子,真好!